東アジアと地域経済
2009

特集「世界同時不況下の東アジア——経済と環境」
「福井県の地域雇用と東アジア」

福井県立大学 編

京都大学学術出版会

はしがき

　このたび京都大学学術出版会から，本誌を刊行することとなった。本誌創刊号はすでに2008年に年報として創刊したが，福井県内企業，関係機関等を主要な対象に配布することを目的にしていた。地方の時代と言われ，その復権が求められる中，こうした出版物を特定県内にとどめるのでなく，全国に発信してはどうかとの意見もあり，大学出版部協会とくに京都大学学術出版会の助力を得ることとなったのである。

　全国に発信することとなった今，本年報が何を目指すかを，創刊号にも記したことであるが，やや視野を広げつつ改めて確認しておきたい。

　福井県立大学は日本海側に位置する大学であることから，建学以来，北東アジア地域を初めとして，東アジア諸国に目を向けてきた。中国，韓国，ロシア等の国々から教員を招聘し，研究交流，留学生相互派遣を続けてきた。こうした経緯から，本学の特色ある研究として一層強力に東アジア研究を継続発展させるとともに，その成果を学界に問い，教育に生かし，地域社会に還元することを大きな課題としてきた。

　現在金融危機によってやや停滞しているが，アジアとりわけ中国，韓国，台湾，ロシアなど東アジアの経済成長は目覚ましく，世界経済の中で大きな位置を占めつつある。そしてその勢いは次第に南下している。それらと日本経済の動きは，大きく連動し，一層関係を深めている。まさに「アジアの時代」と言われるゆえんである。本誌では，激動する東アジア諸国における経済・財政・金融政策，投資動向，市場動向，各国企業の参入実態，労働市場と雇用関係，企業経営の実態とあり方等々，また環境問題，地域格差問題等，そこに所在する多くの問題点や課題を，総合的に明らかにしていく。

　こうして本年報では，①東アジアの経済諸問題の研究を進めること，②日

本経済の動きは無論だが，むしろ福井県経済をはじめ国内の各地域経済の動きを知ること，そしてさらに，③東アジアと地域経済の関係性を明らかにしていくことを目指している。①と②についてはそれぞれに研究が進められているといってよいが，③の両者の関係性という点に関しては，これまで十分であったとはいえない。本誌は，地域経済の視点から東アジアに焦点を当てるだけでなく，東アジアと地域経済の関係性に力点を置くことに特徴があるといえる。これらは経済学研究者にとって，また企業経営者等経済人にとって，さらに行政担当者にとって，今や緊急の課題となっている。

いずれ近い将来，東アジア共同体の形成が展望されるが，それは人口規模においてはもちろんのこと，経済的規模，地域の歴史的関係の蓄積から見てヨーロッパ共同体をしのぐ独自の経済圏が構成されていくであろうことは自明である。そこには，環境問題をはじめ，多くの経済社会問題も内包しているが，それらは人類史的視点から克服していかなければならない。

こうした大きな諸課題に向かって，本学経済学部，地域経済研究所が協力し，編集委員に学外の識者にも加わっていただき，さらに日本国内及び海外の研究者の執筆協力を得て，変容する経済的現実と相互関係の内実に迫る，高いレベルの研究を推進し，情報を提供できるよう念願している。昨年の創刊号のテーマは，巻末に掲載した目次を見ていただけば分かるが，「東アジアの成長と地域経済」で，中国，韓国，ロシア，ベトナム等の諸国の動向と福井県経済を扱っている。今号は，やや福井県に大きな比重を置くこととなったが，今後は地域の概念を広げて内容編成をしていく予定である。創刊号も含めて，地域の経済の今後について，広い視野から関心を持つ多くの継続的読者を得ることができれば幸いである。

2009年3月

福井県立大学長　祖　田　修

目　次

はしがき　　［祖田　修］　i

第1部　東アジア経済の諸問題

第1章　米国発の世界自動車不況 ………………［大鹿　隆］……… 3

　はじめに　3
　第1節　米国経済・自動車不況　4
　第2節　日本経済・自動車産業への不況波及　6
　第3節　トヨタ自動車が赤字決算へ転落　9
　第4節　日本自動車会社の非正規従業員（期間従業員，派遣従業員）の
　　　　　解雇・失業問題　12
　第5節　米国・日本自動車メーカーの今後の展望　15
　第6節　フロンティアを求めて　19

第2章　国際金融危機下における中国金融政策の展開
　　　　 ……………………………………………………［邵　永裕］…… 21

　はじめに　21
　第1節　中国への金融危機の影響と金融政策展開の条件　22
　第2節　金融危機影響に向けての中国金融政策の展開動向　29
　第3節　金融緩和策による銀行融資拡大と
　　　　　不良債権問題の再発懸念　35
　第4節　為替レート変動下の金融対策の効果と
　　　　　国際収支アンバランスの課題　38
　第5節　金融改革の達成に向けてのチャンスとチャレンジ　42
　むすびにかえて　45

第3章 発展途上国における温室効果ガス排出削減 ……………［岡　敏弘］…… 47

はじめに　47
第1節　発展途上国の CO_2 排出と温暖化予測　48
第2節　途上国における CO_2 排出削減の中身　51
第3節　先進国がたどった道との比較　54
第4節　中国における排出削減の意味　59
付　録：図の基礎となる数値　63

第4章 気候変動問題への挑戦と中国の戦略的選択 ……………［荘　貴陽］…… 67

はじめに　67
第1節　気候変動問題に関する国際議論と中国の認識の変化　68
第2節　中国の気候変動の意思決定と影響要因の分析　72
第3節　中国の成長戦略の転換における資源・環境問題　77
第4節　中国の気候変動戦略の優先領域　81
むすびにかえて　90

第5章 制度化に立ち向かう中国労働市場の現状と展望 ―― 労働関連法の整備強化の主旨とその効果・限界について ―― …………［邵　永裕］…… 93

はじめに　93
第1節　労働契約法を主とする雇用関連法整備強化の主旨・背景　95
第2節　労働契約法への反応とその実施現状　99
第3節　法律の実効性を妨げる「労働力不足」と失業問題の並存　105
第4節　最低賃金の引上げ動向と都市部賃金水準の変動　109
第5節　転換期を迎える中国労働市場のシステム整備　113
むすびにかえて　117

第2部　福井県の雇用と東アジア

第6章　福井県の雇用状況はなぜよいのか　………………………………………………［服部茂幸］……123

　はじめに　123
　第1節　福井県の就業はどの産業で創出されているか　124
　第2節　都道府県の支出構造と就業構造の関係　127
　第3節　人口流失と失業率　131
　第4節　結論　137

第7章　中国特需の中の福井の製造業……………［服部茂幸］……139

　はじめに　139
　第1節　復活する福井の製造業　140
　第2節　中国特需と製造業の復活　145
　第3節　復活する製造業と衰退する製造業
　　　　　── いずれも中国が重要　151
　第4節　結論　159

第8章　人事制度，ワーク・ライフ・バランスと
　　　　　女性の昇進意識
　　　　　── 福井県内企業の従業員意識調査から ──
　　　　　　……………………………………………………［飛田正之］……161

　第1節　問題と方法　161
　第2節　管理職への昇進に対する意識　163
　第3節　回答者本人の諸特徴から見る昇進意欲を分ける要因　164
　第4節　企業の特徴から見る昇進意欲を分ける要因　167
　第5節　問題と今後の課題　174

第9章　新入社員の就職意識とキャリア形成
　　　　　………………………………………………［中里弘穂］……181

　はじめに　181
　第1節　新規学卒者の進路と就職状況　182
　第2節　全国の新入社員の就職意識　184

第3節　福井地域の新入社員の就職意識　189
           第4節　企業におけるキャリア形成　197
           むすびにかえて　198

第10章　福井県眼鏡産業の現状と将来 ………[山本　潤]……207
           はじめに　207
           第1節　眼鏡界状況の変化の検証と分析　208
           第2節　福井県眼鏡業界の現状と将来　211
           第3節　鯖江市にとっての眼鏡産業の位置　217
           第4節　福井県眼鏡産業の新たな成長戦略のために
　　　　　　　　　何が必要か　220
           むすびにかえて　224

            第3部　福井県企業の東アジア進出
              ── 県内企業の訪問調査 ──
              [服部茂幸・葉山　滉・中里弘穂]

       1　東アジア進出企業の事例①―セーレン株式会社―　228
       2　東アジア進出企業の事例②―株式会社アタゴ―　234
       3　東アジア進出企業の事例③―日華化学株式会社―　239
       4　東アジア進出企業の事例④―松浦機械製作所―　245
       5　東アジア進出企業の事例⑤―株式会社テクニカフクイ―　248
       6　東アジア進出企業の事例⑥―ホリカワ―　253

            第4部　ワークライフバランスの取り組み
              ── 県内外の訪問調査 ──

   1　日仏のワークライフバランス ── 企業内の支援策 ──
           ……………………………………………………[葉山　滉]……261
           はじめに ── 大幅な少子化，人口減少が予測される東アジア　261
           第1節　フランスにおける企業内での少子化政策　262
           第2節　医師不足とワークライフバランス　268
           おわりに　272

2 正規職員一時パート制等に見る福井県民生協の
　 ワークライフバランス ……………………………［中西泰之］……275
　　　はじめに　275
　　　第1節　福井県民生活協同組合の概要　277
　　　第2節　いわゆる両立支援策　281
　　　第3節　男女均等推進 ── 女性比率とその是正　290
　　　第4節　むすび　293

統計資料　　［坂田幹男］　297

あとがき　　［服部茂幸］　315

第1部
東アジア経済の諸問題

第1章
米国発の世界自動車不況

大鹿　隆

はじめに

　本章[1]は昨年来，政策課題となっている「米国経済・自動車不況」「日本経済・自動車産業への不況波及」「トヨタ自動車が赤字決算へ転落」「日本自動車会社の非正規従業員（期間従業員，派遣従業員）の解雇・失業問題」「米国・日本自動車メーカーの今後の展望」などを論点として筆者の考えを述べる。近時の情勢に鑑みれば，本来のテーマとしては"米国発金融不況はなぜ起こったか・日本経済に与えるそのインパクトはどの程度か"が重要であろう。しかし本章での議論の内容は"米国発金融不況"ではなく，筆者の専門分野である"自動車産業へのインパクト"を論点としていることをご了解いただきたい。

---

1) 本章は2008年度の決算予想を含めて執筆し，2009年1月30日に受理されている。

第1節　米国経済・自動車不況

「米国経済・自動車不況」については、まずGM、フォード、ダイムラークライスラーなどの米国自動車メーカーは2005、2006年頃からすでに赤字決算に陥っている。米国国内の自動車販売は2005年1744万台、2006年1704万台、2007年1614万台の高水準であるから（図1）、米国自動車市場が不況であったため赤字決算に陥ったのではない。米国自動車メーカーは米国自動車市場で日本メーカー、韓国メーカー（現代自動車）、欧州メーカーとの市場シェア競争で敗れたために生産・販売台数が減少し、固定費比率が高まり赤字決算になった、と考えられる。

(1) 米国自動車市場の特徴

日本自動車市場と異なる米国自動車市場の特徴を述べると、米国自動車市場は米国経済の好況・不況に対応して自動車販売台数が増加・減少する市場

図1　米国自動車販売台数の長期推移（単位：万台）
出所：日本自動車工業会（2008）『世界自動車統計年報』

である，つまり GDP 成長率と連動すると考えればよい。米国自動車販売台数は 1999 年から 2006 年までの 8 年間，1700 万台を超える販売台数となっている（1998 年は 1596 万台）。これは 1999 年以降の米国 IT バブルの好況と関連を持つといえるだろう。一方，日本自動車市場は 1997 年の 672 万台を最後として 600 万台市場に到達せず 500 万台水準の販売台数が 10 年間続いている，つまり日本自動車市場は成熟市場である。世界自動車生産台数は 1990 年で 5000 万台，2000 年で 5500 万台，2006 年で 6600 万台と推定され，自動車市場・自動車産業は世界という視点から見れば，まだまだ成長産業なのである。人口増加・移民増加の見られる米国自動車市場も成長市場なのである。このように増大してきた米国自動車市場であるが，2008 年は 1324 万台で前年対比 290 万台の減少（減少率：▲18％），2009 年見通しで 1200 万台と更に 124 万台の販売減少の予想が報道されている。

(2)「日本経済・自動車産業への不況波及」との関連

「日本経済・自動車産業への不況波及」はこの米国自動車市場の不況と密接な関連を持つ。その理由は日本自動車企業の米国利益依存度が非常に高いことが挙げられる。下記表 1 でトヨタ，日産，ホンダの連結決算報告書より抜粋し

表1 日本自動車メーカーの所在地別営業利益（2005 年度連結決算，単位億円）

	国内	北米	アジア	欧州	その他	合計
トヨタ	10,758 57.3%	4,956 26.4%	1,455 7.7%	939 5.0%	671 3.6%	18,783
日産	3,904 43.3%	3,869 42.9%		674 7.5%	576 6.4%	9,021
ホンダ	3,709 42.5%	3,539 40.5%	649 7.4%	263 3.0%	571 6.5%	8,733
3社 合計	18,371 50.3%	12,364 33.8%	2,104 5.8%	1,876 5.1%	1,818 5.0%	36,537
現代	2,264 91.5%	−4 −0.2%	131 5.3%	−173 −7.0%	256 10.3%	2,474

出所：各社連結決算報告書より筆者作成

た「所在地別営業利益」を示したが，これによると日本メーカー3社の北米利益は34％に達している。この北米利益は日本自動車メーカーの米国・カナダの現地生産工場による北米自動車生産・販売利益を示すが，各社の北米向け自動車輸出の利益は国内営業利益で計上されている。各社にヒアリングした結果では，北米利益と北米向け自動車輸出の利益を合計すると北米関連の営業利益は50％を超えるとの回答であった。つまり日本自動車企業はほとんどの企業で北米利益依存度が全体利益の50％を超えているのである。

第2節　日本経済・自動車産業への不況波及

次に「日本経済・自動車産業への不況波及」について述べる。2008年12月22日，トヨタ自動車は「2009年3月期の連結営業損益が1500億円の赤字になる」と発表した。これは衝撃的なニュースであった。第一に，トヨタ自動車は戦後一貫して赤字決算になったことがない会社であること，第二に2008年3月期決算では2兆2700億円の膨大な営業利益黒字の決算であった会社が，一転して赤字決算に追い込まれたことである（世界自動車メーカーの中で2兆円を超える営業利益を出している会社はトヨタ以外にはない，世界自動車販売台数ナンバーワンのGMですら過去の利益の最大値は1995年の税引き後利益で70億ドルである，例えば米国の法人税率を50％とすると，営業利益で約140億ドル，円ドルレート120円／ドルとして換算してもGMの営業利益推定額は1兆7000億円となる）。

(1) トヨタ自動車の営業利益修正の要因

日本経済新聞等の報道（図2）では，トヨタ自動車の営業利益修正報告の減益要因として，販売台数減少と為替変動要因が大きく取り上げられたが，筆者の見方では増益要因である原価改善がわずか200億円でしかなかったことが重要だと判断する。トヨタ自動車は，1994年の円高危機（円ドルレートが一時的に80円／ドルの円高になった）のとき以降，毎年1000億円〜1500億円の原価

第 1 章　米国発の世界自動車不況　　7

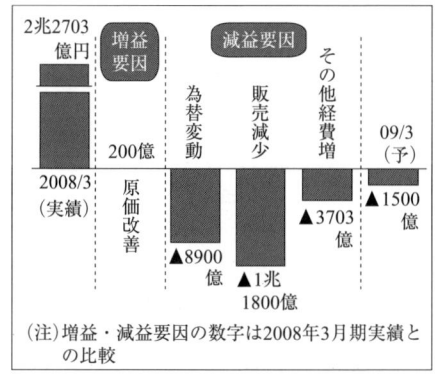

図 2　トヨタの営業増益・減益要因
出所：日本経済新聞（2008 年 12 月 23 日）

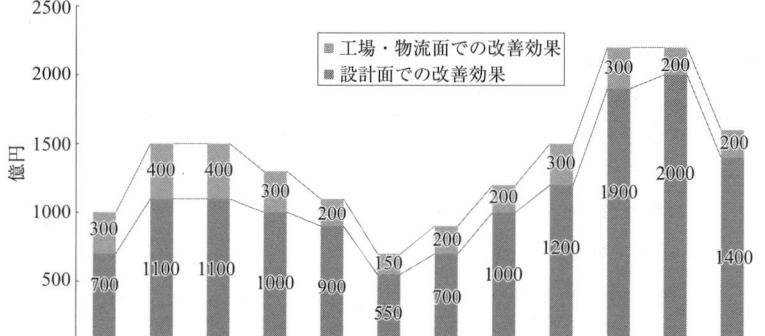

図 3　トヨタ自動車の原価低減活動実績（各年）
出典：近藤修司・勝眞一郎 (2005)「失敗事例から導くトヨタになれない三つの理由」『日経 BizTech』
　　　No. 005　日経 BP 社

低減を実施してきたといわれている（図3）。今回の決算予想発表では，それが
わずか200億円に減少しているのである。このあたりが今回の「日本自動車産
業への不況波及」のポイントと思われる。

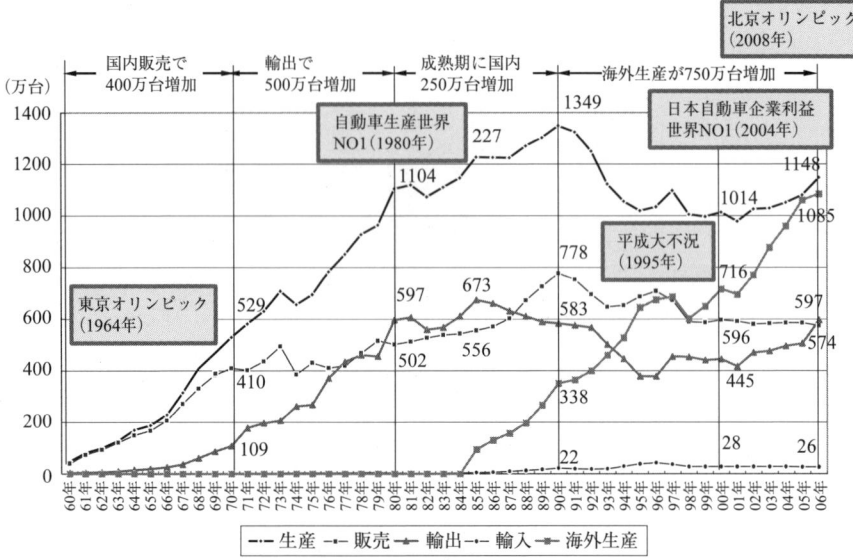

図4 日本の自動車生産,販売,輸出,輸入,海外生産の長期推移
出所:日本自動車工業会『世界自動車統計年報』などより筆者作成

(2) 日本の自動車生産・販売等の長期推移

次に,トヨタ自動車の経営成果の検討に入るが,その前にまず足元の日本自動車生産・販売の実績を確認しておく。2006年までの日本自動車メーカーの国内生産・販売・輸出・輸入・海外生産の長期推移は図4に示した通りである。2006年で国内生産台数1148万台,海外生産台数1085万台,世界生産台数2233万台である。2007年について日本自動車工業会の発表資料を見ると,国内生産台数1160万台,海外生産台数1186万台,世界生産台数2346万台である。自動車世界生産台数は統計資料がないが,筆者が2年ほど前に推計した結果では6600万台程度である。つまり,日本自動車メーカーの世界生産シェアは34%(=2233/6600×100)である。世界自動車市場は,日本メーカー,欧州メーカー,米国メーカーが世界市場を1/3ずつ分け合っているのである。

(3) 日本自動車メーカーのグローバル地域別供給構造

次に，日本自動車メーカーのグローバル地域別供給構造を検討する。日本自動車メーカーのグローバル供給構造（日本国内販売台数を除く）は2006年で世界合計1567万台，うち北米581万台（現地生産台数408万台，輸出台数173万台：シェア37%），欧州303万台（現地生産台数155万台，輸出台数148万台：シェア19%），アジア448万台（現地生産台数396万台，輸出台数52万台：シェア28%），その他地域244万台（現地生産台数101万台，輸出台数143万台：シェア15%）であって，北米市場のシェアが最も高いのである。また，2008年の国内新車販売台数は508万台であるから，台数ベースで見ても日本市場より北米市場のほうが大きい。この北米市場のうち米国で自動車販売台数が一年間に290万台（▲18%）減少したことはトヨタ自動車及び日本自動車メーカーの経営に大きなダメージを与えたと言えよう。

第3節　トヨタ自動車が赤字決算へ転落

次に「トヨタ自動車が赤字決算へ転落」について分析してみよう。分析の視点は「販売台数減少要因」と「為替変動要因」に加えて「原価低減要因」を検討する。「販売台数減少要因」については，トヨタ自動車は連結決算に変わった1999年以降，日野自動車・ダイハツ工業を含むトヨタの世界自動車販売台数は増加基調を続けてきた。1995年で約550万台，2000年で約620万台，2005年で846万台，2007年で891万台，2008年の当初計画は906万台あった。修正決算発表で示された販売台数計画修正値は754万台で，当初計画より約150万台の下方修正である。また，修正決算報告では「トヨタ単独の販売台数が2007年実績比17%減少の700万台（日野自動車・ダイハツ工業を含めると約800万台水準）でも利益を確保できる体質に転換する方針」との説明であった。また「販売台数減少」による減益要因は1兆1800億円と説明された。これはどのように解釈すべきであろうか。

(1) 販売台数減少要因

　まず，トヨタ自動車のクルマ１台当たりの平均販売金額は約 250 万円である。2005 年度の営業利益率 8.3％を活用すると，クルマ一台あたりの営業利益額は約 21 万円（＝250 万円×0.083）と推定され，販売台数減少は 150 万台であるから，販売台数減少の直接の影響で 3150 億円の利益減少（＝21 万円×150 万台）である。となると 8650 億円が生産されたクルマのコストアップ要因であったと解釈できる（＝１兆 1800 億円－3150 億円）。これはクルマ一台あたりで 11 万 5000 円（＝8650 億円/754 万台）のコストアップにつながったことになる。

　前述の図３「トヨタの原価低減活動の実績」は，1994 年 8 月に円/ドルレートが 100 円を超える円高（1995 年 4 月に 79 円/ドルでピーク）になってトヨタの営業利益が 1993 年度決算で 786 億円に低下した後の 1994，1995 年度から本格的に開始されている（1989 年度のトヨタ自動車営業利益額 5386 億円，図 7，図 8 参照）。1994 年度，95 年度の原価低減活動実績は 1500 億円，1994 年頃のトヨタの国内自動車生産台数は約 300 万台程度である。原価低減活動実績は 1500 億円であるから，クルマ一台あたり当たり 5 万円の原価低減活動を実施したことになる。1993 年度のトヨタ自動車の決算，その後の原価低減活動と比較すると今回報告された「トヨタ単独の販売台数が 2007 年実績比 17％減少の 700 万台（日野自動車・ダイハツ工業を含めると約 800 万台水準）でも利益を確保できる体質に転換する方針」を比較すると，2009 年度以降の原価低減（コストアップ 11 万円を原価低減すると想定）は，1994 年度以降の原価低減活動（5 万円/台）の 2 倍の規模で原価低減を実施するということを示しているだろう。

(2) 為替変動要因

　次に「為替変動要因」の影響について見てみよう。トヨタ自動車の 2008 年度期初の社内円/ドルレートは 100 円/ドルと設定されていた。これが今回の米国不況で，円/ドルレートは 2008 年 10 月以降 90 円/ドルと円高傾向が加速された（9 月以前は 110 円/ドル）。半年間の円高加速によって，「為替変動要因」で▲8900 億円の減益要因であったとの修正決算発表であった。そもそも，

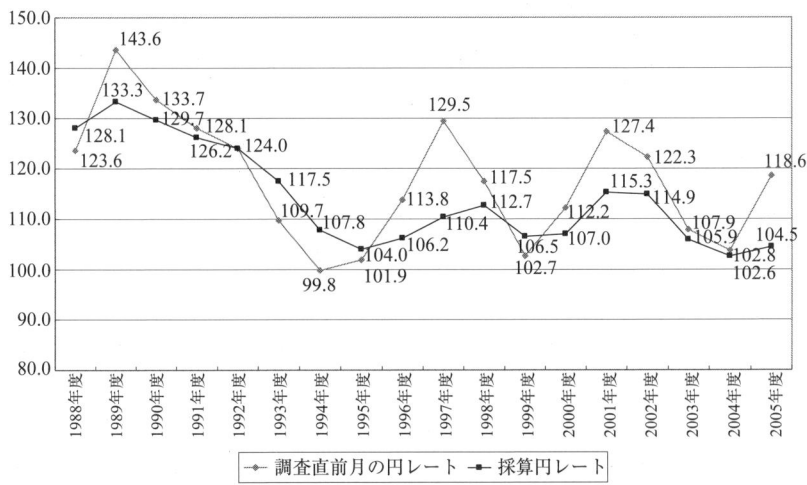

図5　輸出企業の採算円レートの推移
出所：内閣府『企業行動に関するアンケート調査』より筆者作成

　日本企業の輸出採算円／ドルレートはどの程度なのであろうか。これに関しては，内閣府が毎年調査している「企業行動に関するアンケート調査」に輸出企業の採算円レートのアンケート回答が掲載されている（図5）。これを見ると2005年度で調査対象企業平均104.5円／ドルであり，トヨタ自動車の社内レート100円／ドルは，各社平均に比べて5円／ドル程度強い輸出競争力を持っていると考えられる。それでも米国不況が続くかぎり90円／ドルの円ドルレートが100円／ドルの円安に戻すとは予想しにくい。その意味ではトヨタ自動車のコストダウン対策は「90円／ドルでも輸出利益が出せるコストダウンを目指す」という意味が込められているだろう。

第4節　日本自動車会社の非正規従業員（期間従業員，派遣従業員）の解雇・失業問題

　つぎに「日本自動車会社の非正規従業員（期間従業員，派遣従業員）の解雇・失業問題」を検討する。まず，言葉の定義の解説として「日本自動車会社の非正規従業員（期間従業員，派遣従業員）」について述べておく。日本の自動車会社は「非正規従業員（期間従業員，派遣従業員）」を多く雇用している。日本の自動車会社では非正規従業員比率の少ない会社で10％，多い会社で40％を超える。しかし，日本製造業では非正規従業員比率が60％，80％にも及ぶ精密機械メーカー，エレクトロニクスメーカーも存在しており，非正規従業員に依存した「ものづくり体制」は自動車会社特有のものではない。期間従業員とは自動車会社特有の非正規従業員である。これは1年のうち1月～3月，7月～9月までといった数ヶ月間の期間だけ自動車会社の非正規従業員として働く工員を示す。期間従業員は自動車会社採用担当者が直接工員を面接して採用する。この点から，自動車会社は派遣従業員よりも期間従業員を尊重する。彼らについてはその履歴も把握しているし，工場で何ができるかも把握しているからである。派遣従業員は従業期間が数ヶ月のケースから1年を超えるケースもある。派遣従業員は自動車会社が人材派遣会社に工員採用を委託して採用する非正規従業員である。

（1）日本自動車会社の非正規従業員削減

　日本経済新聞は，2008年12月23日のトヨタ自動車の営業赤字の報道と同時に自動車会社の非正規社員の削減を報道している。これによると，トヨタ自動車は期間従業員6000人，日産自動車は派遣従業員2000人，ホンダは期間従業員1200人を削減すると報じている。「労働力調査」などの雇用統計では「非正規従業員（期間従業員，派遣従業員）」の数は把握されていないが，トヨタやホンダなどは何人の非正規従業員を雇用しているのであろうか。トヨタ自動

車の正規従業員は2008年で65000人，トヨタの期間従業員は約9000人である。非正規従業員（期間従業員，派遣従業員）の雇用解雇が失業問題として議論されるが，日本自動車メーカーはすべての非正規従業員（期間従業員，派遣従業員）を解雇しているわけではないのである。むしろ，国内　自動車販売の減少，米国景気後退による自動車輸出の減少，以上より日本自動車メーカー国内自動車生産の減少により非正規従業員（期間従業員，派遣従業員）の一部を解雇して生産調整に臨んでいると解釈できる。また，日本自動車メーカーは正規従業員の解雇を実施していないことを評価すべきある。

(2) 日本自動車会社の雇用政策

　そもそも，日本自動車会社はどのような雇用政策を実施してきたか？　トヨタ自動車の従業員数（正規）は1991年がピークで75000人であった。また，1991年までトヨタ自動車の従業員数は増加してきた（日本の自動車生産台数のピークは1990年で1349万台，図4参照）。それが2008年には65000人であるから，1991年-2008年の17年間でトヨタ自動車は10000人の正規従業員の削減をしてきた。この人員削減は定年退職する従業員より，新規採用する従業員数を少なくして実施した。1991年まではトヨタ自動車は常に従業員数増加であったが，この方針転換のキッカケの第一が1994年の100円/ドルを超える円高の進行とバブル崩壊による自動車国内生産減少である。100円/ドルを超える円高が続けば日本自動車メーカー及びトヨタ自動車の輸出は利益が出せなくなるのである。

(3) グローバル生産計画展開

　第二は1995年以降のグローバル生産計画展開方針の宣言である。「これは為替変動に対してニュートラルな国際経営を目指す」，「今後の自動車需要の増加は国内でなく，米国・アジアを中心とした海外市場になる」ということの経営判断の帰結であろう。トヨタ自動車は海外の自動車需要に対して輸出主導で臨むのではなく，海外自動車需要地域で工場を建設して海外現地生産で

海外需要に対応するというように方針転換を宣言したのである。1995年以降トヨタ自動車は欧州工場・北米工場の生産能力を増加させてきた。その結果，1995年のトヨタ自動車の自動車世界生産台数は463万台，2000年で527万台，2005年では734万台となって，2005年ではフォードの世界生産台数を上回って世界自動車生産台数ランキング第2位になっている。トヨタ自動車はこのような自動車世界生産台数の増加に対して，正規従業員を増加させるのではなく，非正規従業員（期間従業員，派遣従業員）を増加させることによって対処してきたと考えられる。その背景には製造原価に占める賃金コストを削減して，コストダウンを図る必要があることが挙げられる。

(4) 自動車会社の非正規従業員比率

それでは自動車会社の非正規従業員（期間従業員，派遣従業員）比率はどの程度が妥当なのか。1990年頃の筆者の自動車メーカーインタビュー調査では非正規従業員（期間従業員，派遣従業員）比率は10〜15％程度との回答であった（2008年の期間従業員削減前のトヨタの期間従業員比率は13.8％）。また，自動車メーカー側もこの程度の比率が妥当と説明している。その理由は「品質問題」であり非正規従業員（期間従業員，派遣従業員）が多くなりすぎると，自動車の「品質問題」が発生しやすいというのが自動車メーカー側の認識であった。しかしその後コストダウン対策から見て，正規従業員の削減と非正規従業員（期間従業員，派遣従業員）の増加は実施しなければならない。一方，欧州自動車と並んで日本自動車の「高品質イメージ」は維持する必要がある。これらの問題の対処策として日本自動車メーカーが進めてきたのは，正規従業員の「多能工化」である[2]。自動車メーカーは正規従業員の「多能工」を増加させ，また，「多能工」の担当する工程・機械を増加させる教育を促進させて一人の「多能工」正

---

2) 自動車業界用語で，「多能工」と「単能工」，「多工程持ち」という用語がある。「多能工」とは自動車工場で複数の工程・機械を担当することができる工具を示す。「単能工」とは一つの工程・機械しか担当することができない工具を示す。「多工程持ち」とは複数の工程を管理できる工具を示す。非正規従業員（期間従業員，派遣従業員）は「単能工」である。

規従業員が管理する「単能工」非正規従業員数を増やして，非正規従業員の増加に備えた，また，「品質問題」を起こさないように対処したのである．

第5節　米国・日本自動車メーカーの今後の展望

まず，米国自動車メーカーの今後の展望を検討する．図6に日本・米国・欧州の自動車トップ企業である「トヨタ自動車」「GM」「ダイムラークライスラー」の純利益（税引き後利益）の推移を示した．米国自動車業界は1980年，1990年，2005年に経営不振となっている．1980年は第2次石油危機（1979年）による原油価格の上昇，米国ガソリン価格の上昇，燃費効率の悪い米国車から燃費効率の良い日本車への需要シフトが背景にある．このときクライスラーは経営破綻危機に襲われ米国政府から財政支援を受けている．1990年は米国景気後退・自動車需要の減少がGMの赤字を引き起こした原因である．

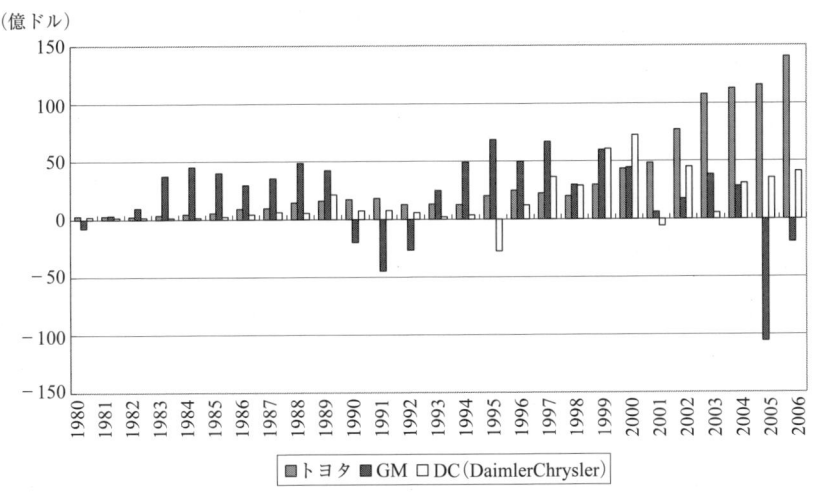

図6　トヨタ，GM，DC（DaimlerChrysler）の純利益の推移（単位億ドル）
出所：日刊自動車新聞社，日本自動車会議所共編『日本自動車年鑑』より筆者作成

(1) 米国自動車メーカーの2005年以降の経営不振

　2005年以降の経営不振は，米国自動車市場での米国メーカーの自動車販売シェア低下が原因である。米国自動車市場はクルマの車種・モデル構成比で乗用車よりもライトトラックという車種セグメントの構成比が高い（ライトトラックとは，ミニバン・SUV (Sports Utility Vehicle)・ピックアップトラックなどのクルマを示す），つまり米国では乗用車よりもライトトラックの方が販売台数は多い。特にピックアップトラックというのは，米国独特のクルマで日本のトラック（商用車）とはだいぶ異なったクルマのタイプである。米国農村部では最も人気が高く，またクルマの構造上の特徴から自動車メーカーの利益率が高い車種である。米国自動車市場は輸入車比率が高く，乗用車では輸入車比率は30％（2006年）であるが，ライトトラックの輸入車比率は15％であって米国国内自動車メーカーのブランド力・販売力が強い影響を持つ車種セグメントといえる。GMが1990年不況から回復した1993年以降2000年まで純利益でトヨタ自動車の2倍の純利益を獲得してきたのは，その背景の一つは米国ライトトラック市場での優位性である（フォード，クライスラーはGM以上にライトトラックに依存した車種構成になっている）。2005年以降GMの経営は赤字になっているが，これはライトトラック市場で米国ビッグ3のシェアが低下してきたこと（2004年79％→2006年74％），また，2007年，2008年では原油価格の高騰，米国自動車ユーザーの燃費効率重視が米国自動車メーカーの経営不振の背景になっている（ピックアップトラックは最も燃費効率の悪いクルマである）。

(2) 米国自動車メーカーの今後の展望

　1980年，1990年の経営不振は3年程度で回復に向かっている。2009年以降米国自動車メーカーの経営改善が進むであろうか？　米国自動車メーカーの経営改善のポイントは米国景気回復がいつになるかに大きく依存する。前述したように米国自動車市場は米国自動車市場の好況・不況に連動しているからである。現在の米国自動車メーカーの経営悪化問題はキャッシュフロー不足問題であって債務超過問題までには至っていない。米国自動車市場の回復が早けれ

ば，GM，フォードなどは経営改善を進めることが出来るだろう。

(3) トヨタ自動車の今後の展望

　次に，日本自動車メーカーの今後の展望を検討する。最も注目すべき点はトヨタ自動車の営業利益赤字からの脱出であろう。以下の図7，図8は1993，94年度の円高局面でのトヨタ自動車の営業利益額，営業利益率の推移を示している。

　1993年度の円高のときは，トヨタの営業利益は1993年度で770億円まで減少し売上高営業利益率は2.2％に下がった。その後1994年度，95年度では営業利益は1550億円，2350億円（営業利益率1.6％，3.0％）まで回復するが，1996年度以降の水準から見ると低空飛行である。今回のトヨタ自動車の利益回復も米国市場の回復が遅れた場合，低空飛行の営業利益水準で進むことが予想される。しかし，昨年12月の修正決算報告で「トヨタ単独の販売台数が2007年実績比17％減少の700万台でも利益を確保できる体質に転換する方針」を表明していることから，2年連続の営業利益赤字とはならないだろう。

(4) 日産自動車の今後の展望

　日産自動車はどうか？　日産は2008年10月に上期決算を発表している。これによると2008年度の上期純利益は1263億円，前年同期比40％減少である。主な減益要因は「円高による為替の影響」「米国市場の減速」をあげている。日産は2009年度3月末の年度決算見通しを発表していない。しかし，トヨタの「円高による為替の影響」「米国市場の減速」影響度から見ると日産自動車は2008年度「赤字決算」となる可能性が高い。「円高による為替の影響」「米国市場の減速」では日産はトヨタ以上にインパクトが大きいと予想されるからである。企業収益力体質として日産はトヨタより強いとは考えにくい。日産の利益低迷（営業赤字）はトヨタより長引くのではあるまいか。また，ゴーン氏が日産の経営を主導していく期間は伸びることが予想される。長期世界自動車不況への対応策を指導するのは，日産ではゴーン氏が最適任者といえるからである。

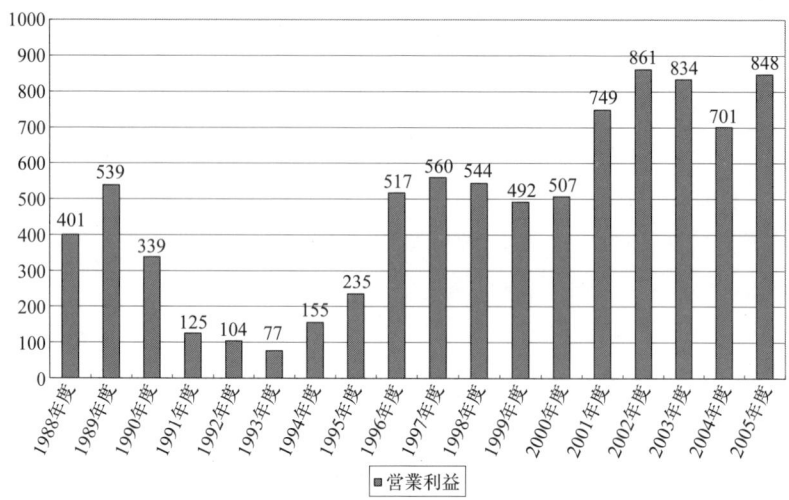

図7 トヨタ自動車の営業利益額の推移（単位：10億円）
出所：トヨタ自動車「決算報告書（単独決算）」より筆者作成

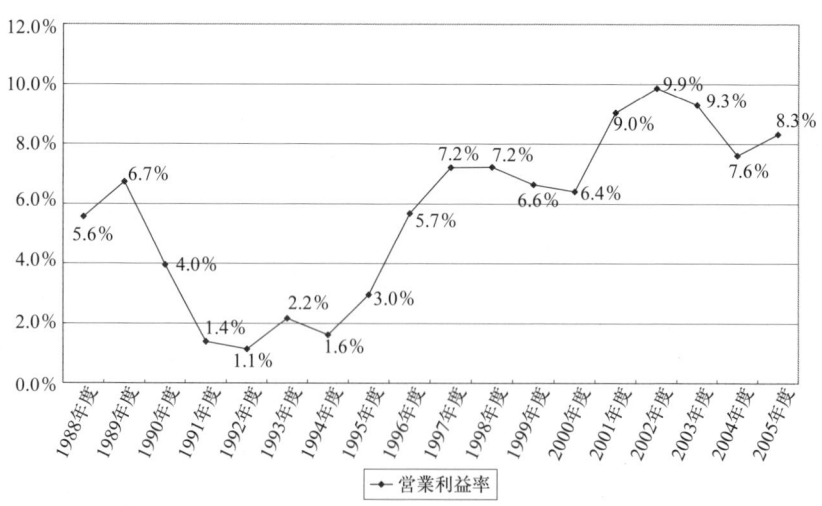

図8 トヨタ自動車の営業利益率の推移
出所：トヨタ自動車「決算報告書（単独決算）」より筆者作成

(5) 本田技研工業の今後の展望

　本田技研工業はどうか？　ホンダは 2008 年 12 月 17 日に「業績予想の修正」を発表している。これによると 2008 年 10 月に発表した 2008 年度連結決算営業利益は 5500 億円だが，12 月発表の営業利益予想は 1800 億円であり，▲ 3700 億円の下方修正である。しかし，トヨタのように営業赤字の修正にはなっていない。ホンダの場合「四輪車事業」のほかに「二輪車事業」「汎用エンジン事業」を持っている。「四輪車事業」の利益貢献度が一番高いのだが，トヨタ自動車，日産自動車にはない「二輪車事業」「汎用エンジン事業」がホンダの経営を支えている可能性がある。2008 年度の日本自動車会社決算では，本田技研工業が唯一「黒字決算」となるかもしれない。

第 6 節　フロンティアを求めて

(1) 市場のフロンティア

　日本自動車産業は今後どのような方向を目指すのだろうか？　筆者は「フロンティアを求めて」というキーワードで要約できるのではないだろうかと考えている。第一は市場の「フロンティアを求めて」である。従来，日本自動車メーカーは米国，アジアを中心にしてグローバル製品・市場戦略を展開してきたが，新たな市場を中国・インド，南米，東欧・ロシアに展開すると考える。米国発の世界自動車不況で，これらの国々の自動車市場の成長も減速した。しかし，中長期的にみて自動車市場の拡大が期待されるのは上記の国々である。日本自動車メーカーは今回の自動車不況で上記市場で計画してきた現地工場建設計画を全てストップしたが，経営回復を待って現地工場建設計画を再開すると考える。また，このような新たなグローバル製品・市場戦略はアメリカに依存してきた利益の地域バランスを変える性格を持つ。

(2) 製品開発のフロンティア

　第二は製品開発の「フロンティアを求めて」であろう。従来からガソリンエンジンに依存してきた自動車で「ハイブリッド自動車」「電気自動車」などの環境対応力のある自動車の製品開発を強めて世界自動車市場に投入することを試みると考える。これらの自動車開発は日本メーカーが先行している。競争相手は，欧州自動車メーカーとなろう。欧州自動車メーカーは現段階では環境対応自動車の開発の発表は見られない。しかし，欧州自動車メーカーは自動車技術に関しては彼らが最も優れていると自負している。「ハイブリッド自動車」「電気自動車」の開発が必要であると判断したときは，速いスピードで日本メーカーに劣らない環境対応自動車の開発・投入を進めてくる可能性がある。一方，米国自動車メーカーの環境対応自動車の開発は相当遅れているので日本自動車メーカーに技術提携を求めてくる可能性があるだろう。

[参考文献]

トヨタ自動車「決算報告書（単独決算）」。
日本自動車工業会（2008）『世界自動車統計年報』。
日刊自動車新聞社，日本自動車会議所共編『日本自動車年鑑』各年版。

第2章
国際金融危機下における中国金融政策の展開

邵　永裕

はじめに

　米国発のサブプライム問題による金融危機が世界的に猛威を振るっている。中国経済への影響を踏まえて，中国政府は4兆元（約57兆円）に上る大型の景気浮揚対策投資の展開[1]に加えて，金融業の発展を含む総合的な金融政策を打ち出した。本章はこうした当局の政策対応に着目して，政策立案の背景と適合性を考察したうえ，その実効性と限界を分析・展望したものである。本章における主な視角として，中国における直接金融と間接金融の発展現状と今後の戦略動向を明らかにするほか，人民元為替レート改革に象徴される開放経済下

---

1)　世界的に注目される中国政府による景気刺激対策は2008年10月9日に発表された4兆元（約57兆円）という空前のなもので，2008～2010年に併せて以下の10項目に及ぶ投資拡大が計画されている。①安価な住宅建設の拡大。②灌漑設備などの農村インフラ建設の拡大。③鉄道，高速道路，空港などの重大インフラ整備の拡大。④医療衛生，文化教育事業の促進。⑤環境対策の強化。⑥技術イノベーションの促進。⑦震災地の復興再建プロジェクトの加速。⑧国民収入の引上げ。⑨増値税改革による企業負担の軽減（1,200億元規模）。⑩銀行による貸出しの拡大。このうち，鉄道・道路・空港などのインフラ整備への投資は全体の45％に当たる1,8兆元，震災地の復興再建は同25％の1兆元（両者で全体の7割を占める）に上ると発表されている。

の金融政策展開の複雑性や難しさを検討してみる．それを踏まえて，製造業の調整・振興を含む中国の積極的かつ総合的な経済政策の有効性と限界性を指摘すると共に，近隣諸国や東アジア及び欧米などの世界各国との戦略提携や政策協調を強める必要性を強調したい．

影響が深まりつつある今般の世界金融危機・同時不況[2]において，中国は世界の工業・貿易の大国という経済規模や大きな市場ポテンシャルと成長ダイナミズムを有する新興経済として，目下の経済危機にうまく対応し，世界経済の早期回復や持続発展のために促進的・牽引的な役割を引き続き発揮することが強く期待されている．中国自らも金融危機を厳しいチャレンジとしてのみならず，金融改革の深化や金融システム増強及び金融業発展のチャンスとしても捉えている向きが強い．

第1節　中国への金融危機の影響と金融政策展開の条件

一般的に世界金融危機の中国金融システムへの影響が小さいとみられている．その背景には表1と図1から読み取れるような証券市場による国際資金調達量の小ささや国際比較にみる中国債券市場の未発達と金融資産に占める中国銀行部門の大きさ（銀行資産が7割近く占める直接金融が主体）が挙げられよう．しかし，今回の経済・金融危機は100年に一度と言われる未曾有のものであるだけに中国の実体経済への影響は決して小さくないことが確かであり，実際にも影響拡大に対する認識が中国内でも日増しに高まりつつある．

中国人民銀行主宰の今年第1号の『中国金融』に掲載された国家発展改革委員会マクロ経済研究院副院長の王一鳴氏の論文では，一部マクロ経済指標の急降下，鉄鋼，石化，建材，非鉄金属などの業界の伸び率も大きく失速，不動産，自動車などの消費需要の旺盛な分野の急激な減速，輸出入額と実物量の増加率

---

[2] 伊東光晴「世界金融危機から同時不況へ ―― サブプライム・ローンの軌跡」『世界』2008年12月号．

表1 中国の株式市場による資金調達近況

年月＼項目	国内外資金調達合計（億元）	国内調達合計（億元）	国内調達比率
2007年累計	8,680.2	7,723.0	89.0%
2008年 1月	787.6	787.6	100.0%
2008年 2月	325.8	325.8	100.0%
2008年 3月	372.1	167.4	45.0%
2008年 4月	326.5	324.9	99.5%
2008年 5月	428.8	404.5	94.3%
2008年 6月	209.3	169.6	81.1%
2008年 7月	191.1	191.1	100.0%
2008年 8月	295.0	253.1	85.8%
2008年 9月	32.5	32.5	100.0%
2008年10月	138.7	138.7	100.0%
2008年11月	264.9	264.9	100.0%
2008年12月	284.6	276.3	97.1%
2008年累計	3,656.7	3,336.4	91.2%

資料）中国証券監督管理委員会 WEB サイト「統計月報」より作成。国内調達率は計算値。

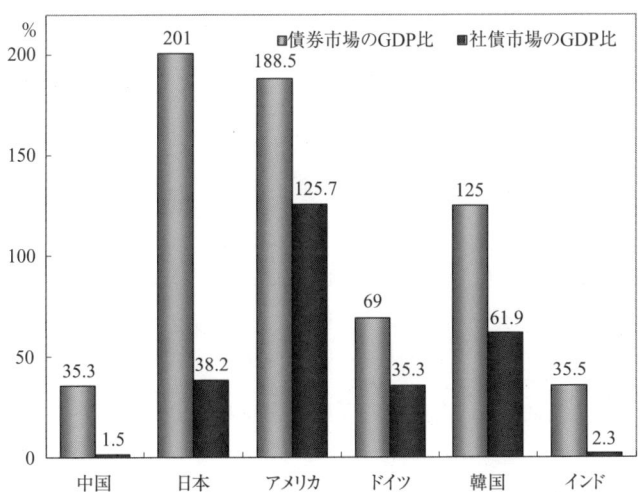

図1 国際比較にみる中国の債券市場と社債市場の GDP 比

注）中国は 2007 年末，他は 2006 年末の数値。

資料）中国証券監督管理委員会『中国資本市場発展報告』中国金融出版社，2008 年より作成。

の顕著な低下，企業利益と財政収入増加幅の減少，雇用情勢の悪化，金融リスクの増大（短期資本の流出など）の7点を挙げて，足元の中国経済情勢の厳しさを指摘し，経済成長の維持をマクロ経済コントロールのための主要任務とすべきであることを強調している。2008年の中国GDPの実質成長率は6年ぶりの1桁増（＋9.0%）に低下したことも金融危機の影響を端的に示している。

30年あまりの高成長による経済規模の拡大と2001年WTO加盟以降の国内市場の全面開放により，中国経済はもはや世界経済にすっかりビルトインされており，したがって世界金融危機と同時不況という経済環境の激変と無縁状態に身をおくことはもはやできなくなったことは明らかである。

加工貿易を主とする中国の輸出入貿易が対中直接投資と相まって驚異的に拡大し，2004年には中国の貿易依存度（輸出入/GDP）が史上最高の70%に達し，近年に至っても65%前後に高止っており，2008年は66%を越えている（表2）。

一方，貿易収支と強い相関関係を有する中国の外貨準備も2004年頃から顕著に増加しはじめ，2006年2月には日本を抜き世界一となり，昨年末には1.95兆ドルに達した。それにより，外貨準備の対GDP比は2004年から一気に30%台を上回り，2007年にはGDPの約5割近くに逼っている[3]。

こうした対外貿易の拡大による外貨収入の増大は，必然的に中国の対外債務のリスクを低減させ，2001年以降両者の比率（外債/外貨収入）が低減傾向を辿ってきている。中国の対外債務の残高が拡大しているにもかかわらず，GDP比でみると，1990年代の15%台から低減し，近年約10%に近づいている。これらの中国の対外経済の関連指標は，とりもなおさず中国経済の国際化やグローバル化の高まりを裏付けているだけでなく，世界金融危機の影響を緩和させる有力な武器や手段とみられている向きが強い。

---

3) 本山美彦＋武者陵司［パネリスト］「世界金融危機は世界恐慌へ向かうのか？」，『世界経済評論』2009年2月号（［特集］「金融危機とアメリカ新政権の行方」所収）のなかで，中国の外貨準備のGDPに占める割合の急増について，武者氏が中国の米ドルの信頼性を示す事象として捉えているが，世界一の米国債保有国として，中米間の経済・貿易関係が最近急速に深まっていることは確かである。

表2 中国対外経済関連指標の推移

年度	輸出入/GDP	外債/GDP	外債/外貨収入	外貨準備/GDP
1991年	33.42	14.91	91.90	5.36
1992年	34.27	14.40	87.95	4.03
1993年	32.56	13.90	96.55	3.53
1994年	43.61	17.11	78.04	9.51
1995年	40.11	15.22	72.39	10.51
1996年	35.08	14.20	67.73	12.71
1997年	36.05	14.52	63.20	15.51
1998年	33.73	15.20	70.41	15.09
1999年	36.39	15.32	68.71	15.60
2000年	43.92	13.49	52.13	15.34
2001年	43.98	14.68	56.82	18.31
2002年	50.18	13.85	46.90	23.15
2003年	60.38	13.74	39.92	28.60
2004年	70.01	13.86	34.90	36.98
2005年	63.90	12.63	33.59	36.79
2006年	65.54	12.30	30.42	40.59
2007年	66.24	11.50	27.84	46.57

資料)『中国金融年鑑(2007)』より作成。2007年は『中国統計年鑑(2008)』より算出。単位はすべて%。

　しかし，経済事象には「諸刃の剣」にたとえられるような両面性のものが多く，中国経済の国際経済へのリンケージの拡大は同時に国際経済危機や金融不安からの影響を無縁にするわけにはいかなくなったのである。金融危機の影響を大きく受けた米国やEU諸国などが主要な貿易相手国になっているだけに，中国の対外貿易や工業生産が経済危機による外需の減少も明らかになり，貿易黒字も2008年11月で初めて前年同期比マイナス増に転じ，12月に入っても輸出入とも前年同期比大幅なマイナス増を記録した(図2)。

　特に輸出よりも輸入の減速幅が大きく，受注減や在庫増による工業生産の見直しが増えているため，工業生産の減速が思った以上に大きかった状況である。

　2007年から2008年夏にかけての中国金融政策の展開はサブプライムローンがまだ顕在化しておらず，中国では物価上昇の猛威をいかに防ぐかが金融政策の最大目標であった。図2中にある銀行間貸出金利と消費者物価指数(CPI)の

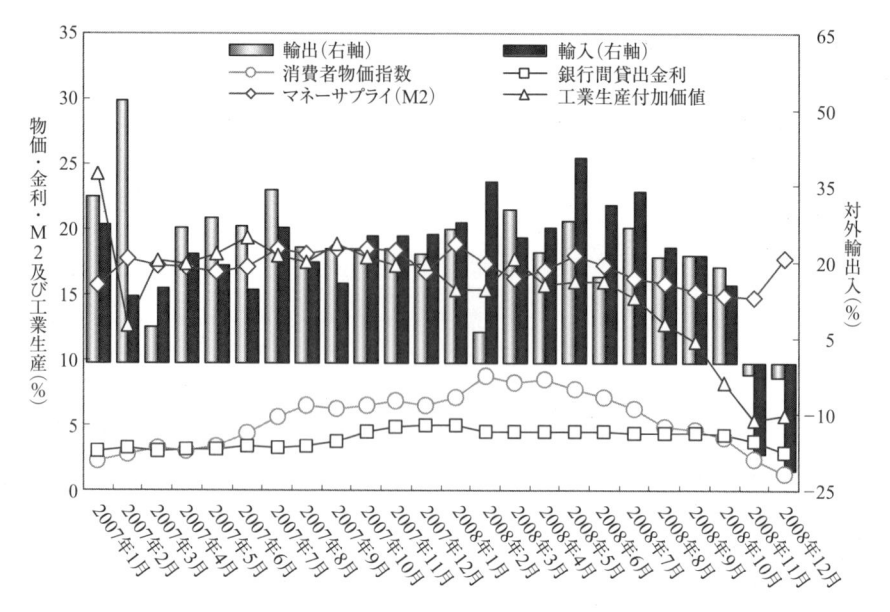

図2　月次ベースの中国主要なマクロ経済指標の推移

注）銀行間貸出金利以外，すべて前年同期比。
資料）中国国家統計局『中国経済景気』ほかより作成。

　折れ線グラフがほぼパラレルになっているように，金利調整は専ら物価上昇の傾向を照準していたが，物価上昇が一段落し，昨年後半から低下傾向に転じてからは若干のタイムラグをおきながら金利の切り下げが断行された。
　しかし，実際に中国では経済成長とほぼ無縁のように株価の動きがいち早く調整期に入ったことは図3をみれば明らかである。中国では，2006年の「非流通株」[4]の市場への投入により，株式市場に活気が戻り，株投資ブームが沸き起こった。このブームが続くことは政策立案者をはじめとする多くの株取引者の悲願であったが，それを北京オリンピックまで持つことはできなかった。

---

[4]　「非流通株」とは，未上場の国家株や国有企業の株式のことで，その割合はかなり大きく（発行済株数の7割を占めている），中国株式市場の発展を図るうえで大きなカギを握るものとして資本市場の整備に大きな影響を与えている。2010年までに解禁となる非流通株の数が1.14兆株，金額にして8.7兆元にも達すると言われている。

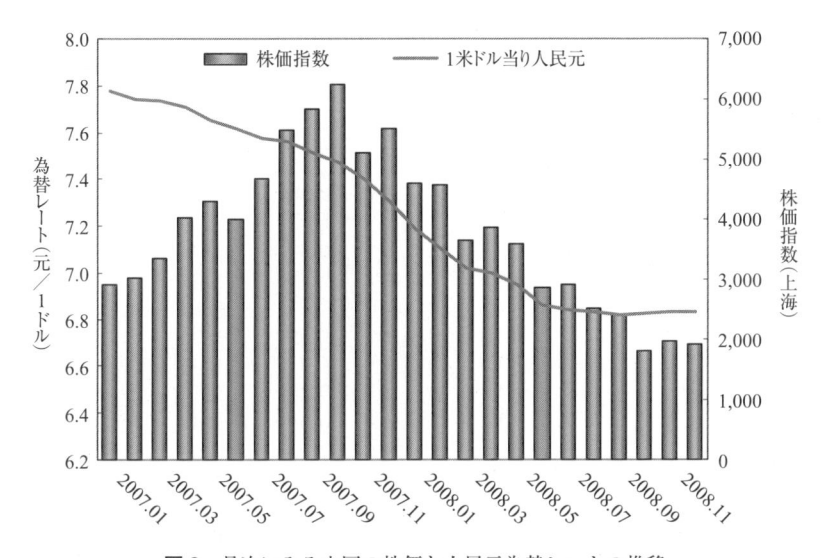

図3 月次にみる中国の株価と人民元為替レートの推移

注)為替レートは月末値,株価は上海A株。
資料)『中国経済景気月報』及び人民銀行WEBサイトより作成。

このことは年初からもすでに減速しはじめた世界経済と中国経済のマクロコントロールの動向と大きく関わりがあるであろう。9月中旬に至るまで中国の金利対策はインフレ対処を目的とする利上げの実施であったが,9月16日になってはじめて利下げへの緩和策に切りかえ,年末まで併せて5回ほどの金利引き下げを実施した[5]。政策転換の遅れや金利下げの目的説明不足などについて,中国で様々に物議されていたが,短い期間における国際経済情勢の急転直下の激変により世界の国々と同様,中国人民銀行の政策判断も従来より難しくなってきたことは確かである。

表3に示す上海,深圳の2大株式市場の発行株数と時価総額のデータから

---

5) 預金・貸出金利とも,2008年9月16日,10月9日,10月30日,11月27日,12月23日の計5回にわたり,1年もの貸付利率7.20%→5.31%,1年もの貯金4.14%→2.25%,預金準備率16.5%→14.5%といった水準で引き下げられ,これまでに無かった正に非常事態同然の金利対策であった。

表3　中国株式市場の取引近況（2007 ～ 2008 年）

区分 期別	発行株数（億株）		時価総額（億元）		取引金額（億元）	
	上海市場	深圳市場	上海市場	深圳市場	上海市場	深圳市場
2007 年累計	14,173	2,782	269,839	57,302	305,434	155,122
2008.01	14,198	2,819	225,355	52,500	30,760	15,771
2008.02	14,301	2,853	225,846	55,787	14,230	6,881
2008.03	14,476	2,903	181,350	45,439	19,419	9,114
2008.04	14,786	3,006	194,727	45,517	18,649	8,253
2008.05	14,980	3,138	181,247	43,620	19,793	9,674
2008.06	15,033	3,244	144,508	33,527	11,322	5,540
2008.07	15,095	3,307	146,667	35,217	15,315	7,945
2008.08	15,223	3,341	127,030	28,406	7,894	3,915
2008.09	15,268	3,386	121,615	26,549	8,117	3,425
2008.10	15,285	3,415	91,720	20,348	7,324	3,072
2008.11	15,287	3,420	99,153	23,332	11,882	5,230
2008.12	15,410	3,442	97,252	24,115	15,725	7,863
2008 年累計	—	—	—	—	180,430	86,683

資料）中国人民銀行 WEB サイト掲載の金融統計データより作成。

中国の株式市場の動向変化をはっきり読み取ることができる。2007 年現在，両市場への上場企業は 1500 社以上であり，その株式発行数は少し増加しているものの，株式時価総額は急激な下落を続けている。人々が待ち望んだオリンピック前後の株価回復もみられず，サブプライムローンの暗雲が依然立ち込めている。世銀や IMF などの国際機関は相次いで中国の 2008 年〜 2009 年の GDP 成長率に対する下方修正を更新した。

中国社会科学院世界経済政治研究所の研究者の IMF 予測を踏まえた計量モデルによる研究論文（呉海英「美国経済減速対 2008-2009 年中国経済増長的影響」中国社会科学院世界経済政治研究所ウェブサイト掲載）も昨年の 10 月以降と 2009 年において中国の GDP や需要部門（投資・消費・輸出入）の成長率はいずれも米国経済の減速幅よりも度合いが大きいと推計されている。

金融危機による各国経済への影響は，外需の減少に加えて信用収縮による貸し渋りや操業停止，企業倒産，人員削減，雇用不安，消費低迷といった連鎖的なものとなっているのと同様に，中国でも特に雇用問題の対応が最も切羽詰

まっている[6]。経済対策の基本原則として、「高成長の維持、内需の拡大、構造調整の促進」の3点を断行する必要があり、2009年は「積極的な財政政策と穏健的な金融政策」という中央政府の経済政策を貫き通すことが求められている。

とはいえ、中国ほど金融危機に対する環境条件や対策展開の余地がある国はないとみられているのも事実である。中国が持つ有利な政策条件を要約すると、経済発展の潜在性や市場需要の大きさ及び世界一の外貨準備高と比較的な有力な財政基盤、都市化が待たれる広大な農村や発展段階の異なる多様な地域経済の存在などが挙げられよう。

第2節　金融危機影響に向けての中国金融政策の展開動向

昨年11月9日に発表された財政出動による10か条の対策に並んで、金融政策の展開においては、その約一月後の12月13日に国務院弁公庁から通達された9大項目の総合的な金融政策（以下『若干意見』と略す）の展開が注目される。文書のタイトルに明示されるように、この通達は、金融による経済発展に対する仲介や促進機能を強調して、銀行を主とする間接金融から証券市場を主とする直接金融まで、9大項目のもとにより詳しく各方面の事業展開について政策方針と実現目標を明示している（表4）。

これは、明らかに財政政策と組みあわせたポリシーミックスへの取り組みである。その背景には、これまでの金利対策を主とするマクロコントロールが今回の深刻な影響を及ぼす経済危機の影響下では限界があると認めたほか、未発

---

[6] 特に加工貿易の受注減による中小企業の倒産（昨年広東省だけでも6万社以上の企業が倒産）による雇用削減の影響が大きく、今年の雇用情勢もこれまでにない最も厳しい状況を迎える見込みである。海外から帰国する大量の人員の求職需要をはじめ、800万人以上の都市部失業者の就職支援や2000万人の帰郷出稼ぎ労働者の再雇用及び史上最大規模の600万人の大学新卒者の新規雇用の確保（未就職の分を加えて合計1000万人の大学卒業生の職場が必要）など、雇用確保の課題が極めて大きい。

表4 九大項目に分かれる国務院の「経済発展促進のための当面の金融に関する若干意見」の骨子

一．適度な金融緩和策の着実な実施により，通貨・貸出の安定的な増加を促す。	①銀行システムに十分な流動性を保持し，マネーサプライの増加率をGDP成長率と物価上昇率との和を3～4％上回る水準（17％前後）に確保すること。②政策銀の08年貸出規模を1,000億元追加し，商業銀の中央案件への融資を奨励する（合計年間4兆元以上目指す）こと。③金利決定における市場的役割と為替レートの弾力性を高めること。
二．銀行の貸出業務を強化・改善し，合理的な資金需要に応える。	①通貨政策や貸出政策などの産業政策の協調，協働を強化し，関連産業の発展を支援し，「三農」，重大案件，災害復興，省エネ，排出削減，技術革新及び合併・再編などの事業への貸出支援を拡大する。②中小企業への融資保証・利息補填に対する地方政府と中央政府の資金や制度的支援を強化する。③輸出と産業移転の貸出や個人の住宅・自動車金融を奨励する。
三．多層的な資本市場体系の構築を加速し，市場の資源配分機能を発揮する。	①株式市場の安定を図り，中小企業向け株式市場の諸制度を改善し，ベンチャー企業向け株式市場を創設し，多層的な資本市場のシステムを段階的に構築する。②先物市場の安定発展を促進し，鋼材や穀物などの商品先物の新商品を早期に打ち出す。③債券の発行鬼規模を拡大し，企業債，会社債，短期及び中長期CPなどの資金調達手段を積極的に推進する。
四．保険の保障と融資機能を発揮させ，経済社会の安定的な運営を促進する。	①「三農」保険を積極的に発展させ，農業保険の適用範囲を拡大すると共に，住宅や自動車関連保険を奨励する。建築や建設工事関連保険の発展や災害復興保険補償の履行を奨励する。②保険会社の機関投資家としての役割を発揮させ，保険会社の公社債購入を奨励する。③個人・団体等の保険業務を積極的に発展させ，保険業の医療関連投資を奨励する。
五．融資方式を開発し，企業の資金調達手段を拡大する。	①商業銀行の国内外企業に対するM＆A関連貸出を認める。②不動産信託投資ファンドを試行し，不動産企業の資金調達チャネルを拡大する。③民間投資の領域を広げ，より多くの社会資金を災害後のインフラ復旧事業などに参入させる。④農村信用組合などの役割を発揮させ，郷村銀行や小口ローンの試行を拡大する。⑤信用リスク管理手段を開発する。
六．外貨管理を改善し，貿易・投資のため便宜を図ることを推進する。	①貿易外貨の受け取りや元転・貿易活動の真実性や一致性に関わる審査照合を改善し，企業，特に中小企業の貿易融資のために便宜を図る。具体的に輸出入の照合制度の改革を速め，手続きを簡素化するほか，企業の輸出前受金の元転比率を適度に引き上げると共に，企業の前年度輸入決済の支払い外貨額を引き上げる（それぞれ10％から25％に伸ばす）。
七．金融サービスの近代化を速めるとともに，金融サービスのレベルを全面的に高める。	①支払手段としての金融システムを更に充実させ，支払い決済の効率性を向上させ，資金回転の速度を速める。積極的な財政政策の実施にあわせて，各種投資案件の実施に必要とされる資金の調達・配分を確保する。
八．財政・税制政策による支援を拡大し，金融業の経済発展への促進機能を高めていく。	①金融機構からの中小企業や農業向け貸出の貸倒債権償却条件を緩和する。②税務部門による金融機関の貸倒債権の償却手続きを簡素化し，金融機関の不良資産の効率な処理と貸出の収縮防止に努める。③財政資金のレバレッジ効果を発揮させ，銀行の貸出資金を経済成長の下支えに活用する。金融機関の中小企業向け貸出専門チームの設置等を奨励する。
九．金融改革を深化させ，リスク管理を強化し，金融の安全・安定を確保する。	①国際金融危機の監視機能及び対応メカニズムを改善し，国際金融危機の動向や影響等のトレース及び評価を遅滞することなく進める。②金融の監督管理システムを改善し，中央銀行と金融の監督管理部門の連携を強化する。③商業銀や各種金融機関の改革と内部統制を促進する。

資料）国務院弁公庁2008年12月8日付公布「関於当前金融促進経済的若干意見」（国弁発［2008］126号）より抜粋・作成。

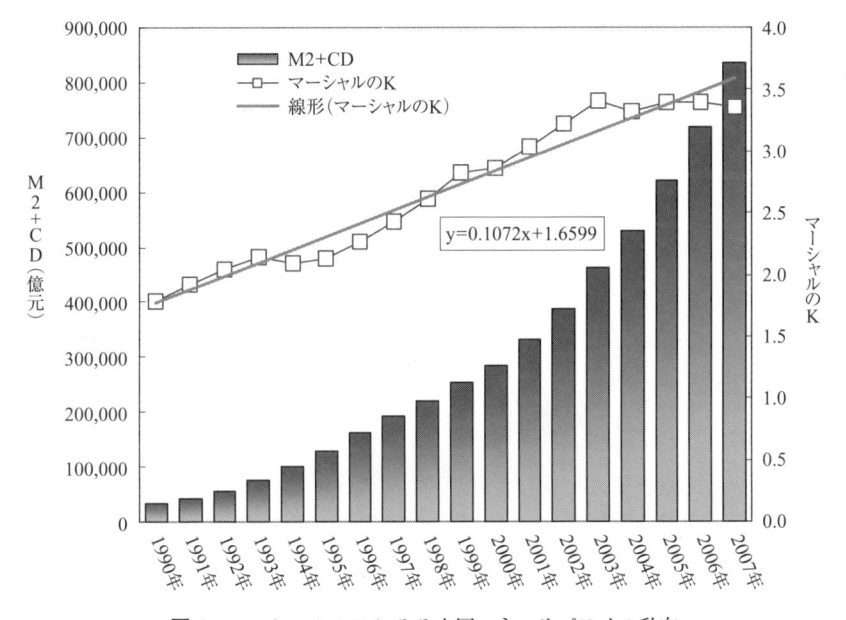

図4 マーシャルのKにみる中国マネーサプライの動向
資料)『中国統計年鑑(2008)』ほかより算出・作成。

達の証券市場という直接金融の体制づくりを今こそ積極的に取り組んでいこうという中国政府の思惑を感じさせる。裏返せば，これはまさに金融危機は改革促進のチャンスという観点から施策されたもので，その最終の目的は，金融危機下の中国金融システムの安定化をはじめ，金融業を積極的に経済成長やその他の産業発展及び社会保障事業の促進に役立たせようという狙いがみてとれるであろう。

ここで，その中身についてもう少し現状に関連付けながら触れてみよう。まず，掲げられている政策目標のマネーサプライの現状についてみると，当然ながら残高が増えているが，近年の増加率はペースを若干落としており(2008年1月～11月はM2＝16.6％増，M1＝14.53％増。図4のマーシャルのK[7]の基準から

---

7) マーシャルのKは一国の経済活動を表すGDP（国内総生産）にとって，マネーサプライが適正水準にあるかどうかを判断するための指標で，その値が平均（図4の傾向線）か

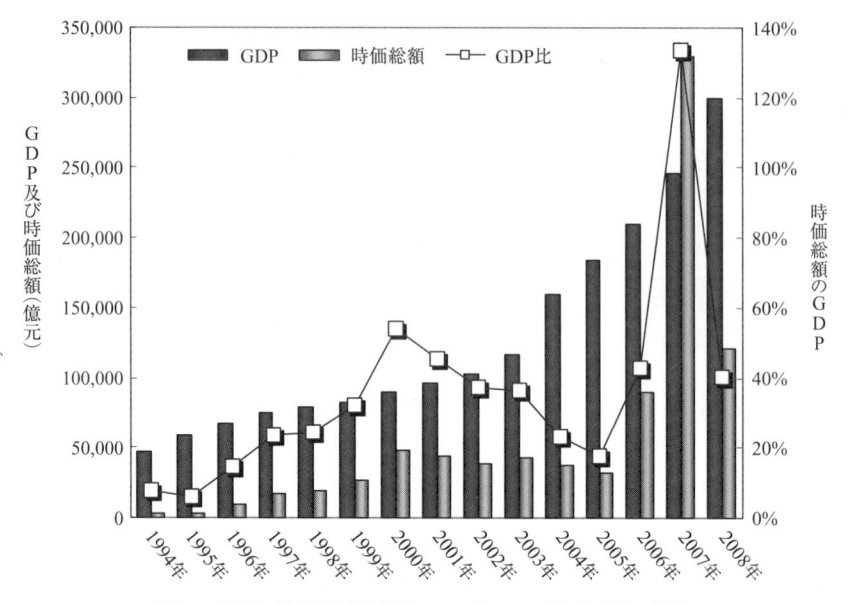

図5　中国の株式時価総額とGDP比にみる資本市場の拡大
資料)『中国金融年鑑』及び人民銀行統計・速報告より作成。

でも適正な判断であろう），これを17％のレベルに引き上げて，堅実な金融市場の環境づくりを図りたいという政策指向である。

　一方，第3項目の多層的な資本市場の建設については，現在の発展の遅れを強く意識したものであるといえる。目下，中国の直接金融は極めて立ち遅れており，これを大いに浮かび上がらせようというわけである。図5のように，中国の株式市場は時価総額とGDP比が2007年でピーク水準に達したように，大きく発展したにもかかわらず，国内での株式発行による資金調達は銀行貸出額にははるかに及ばず，2006年に後者の8％に留まっているが，2007年に21％に高まっている。

　一方，資金調達の主要目的である固定資産投資総額に占める国内外での株式

らどれくらい乖離しているかをみることで，通貨供給が過剰でないかどうかがわかる。図4から近年の中国のマネーサプライが過剰から不足に変わったことが読み取れ，これを拡大する政策が正当であろう。

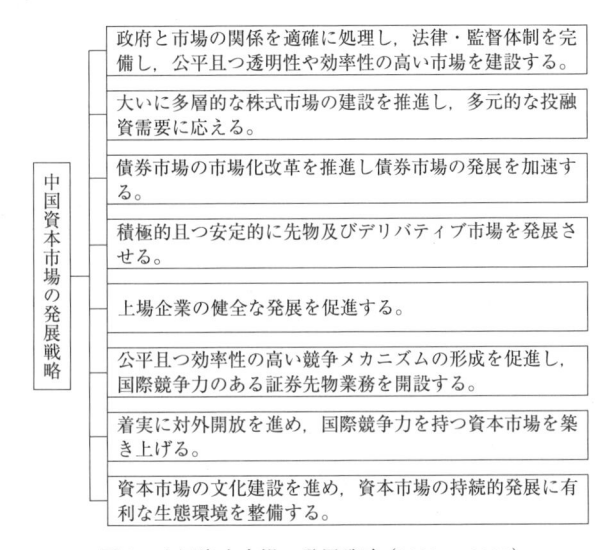

```
                    ┌──────────────────────────────────────────────┐
                    │ 政府と市場の関係を適確に処理し，法律・監督体制を完 │
                    │ 備し，公平且つ透明性や効率性の高い市場を建設する。 │
                    ├──────────────────────────────────────────────┤
                    │ 大いに多層的な株式市場の建設を推進し，多元的な投融 │
                    │ 資需要に応える。                              │
                    ├──────────────────────────────────────────────┤
      中           │ 債券市場の市場化改革を推進し債券市場の発展を加速す │
      国           │ る。                                         │
      資           ├──────────────────────────────────────────────┤
      本           │ 積極的且つ安定的に先物及びデリバティブ市場を発展さ │
      市           │ せる。                                       │
      場           ├──────────────────────────────────────────────┤
      の           │ 上場企業の健全な発展を促進する。                │
      発           ├──────────────────────────────────────────────┤
      展           │ 公平且つ効率性の高い競争メカニズムの形成を促進し， │
      戦           │ 国際競争力のある証券先物業務を開設する。         │
      略           ├──────────────────────────────────────────────┤
                    │ 着実に対外開放を進め，国際競争力を持つ資本市場を築 │
                    │ き上げる。                                   │
                    ├──────────────────────────────────────────────┤
                    │ 資本市場の文化建設を進め，資本市場の持続的発展に有 │
                    │ 利な生態環境を整備する。                       │
                    └──────────────────────────────────────────────┘
```

図6　中国資本市場の発展戦略（2008 ～ 2020）
資料) 中国証券監督管理委員会『中国資本市場発展報告(2008年)』より作成。

発行による資金調達規模はわずか6.3％程度である（うち国内株式発行による調達分は5.6％。2007年）ため，資本市場の育成促進で資金調達のチャネルを増やし，直接金融の役割増大を図って発展途上にある金融市場の環境整備を進めたいという金融当局の狙いが読み取れる。

実際，中国証券監督管理委員会作成の『中国資本市場発展報告（2008年）』に掲載された中国資本市場の発展戦略措置（図6）からは中国政府の資本市場の発展促進に対する意欲が高く，また2020年までに国際競争力を備えた証券業及び金融業の育成を目指していることが分かる。同発展報告の中では，1990年代以来の中国株式市場の発展と業容拡大を高く評価したと共に，中国の直接金融の立ち遅れや資金調達の銀行への偏重問題及び欧米日などの先進国に比較した場合の資本市場・債券市場の発展不足を強調し，さまざまな対策を提言している。

しかし，同報告書は2008年3月に作成・公表されたものなので，同年9月以降のリーマンショックをはじめとする米欧の投資銀行の破産・再編の動向は

表 5 中国の株式市場の資金構成と債券発行及び国内企業の海外上場による資金調達動向

[A] 株式市場の資金構成（2007 年）		[B] 中国各種債券の発行額と中国企業海外上場の資金調達額							
投資者区分	株式市場における投資額構成比	年次	国債	金融債	企業債	社債・転換社債等	短期 CP	資産担保証券	中系企業海外上場の調達額
個人投資者	51.30%	1999 年	4015	1800.9	158	15	—	—	47.1
証券投資ファンド	25.70%	2000 年	4657	1645	83	28.5	—	—	562.1
一般機関投資家	16.60%	2001 年	4884	2590	147	0	—	—	73
保険会社	2.50%	2002 年	5934	3075	325	41.5	—	—	192.3
QFII	1.70%	2003 年	6280.1	4561.4	358	181.6	—	—	537.3
証券会社	1.40%	2004 年	6923.9	5093.3	327	209.3	—	—	647.7
全国社会保障基金	0.80%	2005 年	7042	7117	2046.5	0	1424	140.6	1691.3
企業年金	0.01%	2006 年	8888.3	9520	3938.3	248.4	2919.5	279.9	3136.7
合　計	100.00%	2007 年	21883	11904.6	1719.9	301.9	3349.1	178.1	921.5

資料）[A], [B] とも中国証券監督管理委員会『中国資本市場発展報告（2008 年）』年より作成。[B] の単位は億元。

もとより，金融危機の深層にある欧米諸国の直接金融（短期金融）の弊害[8]や金融工学への過信と管理体制の不備などによる危機要因の醸成に関する認識はまったく触れられていない。それにもかかわらず，今般の「若干意見」の中でも同様に直接金融に関わる事業の発展促進を謳っており（表 4 の第三・四・五項目参照），その意味で，中国政府は自国の金融業の発展不足を自覚するあまり，必ずしも直接金融の限界と弊害を深く認識していない恐れがあると考えられよう。表 5 のように，株式市場への個人投資者比率の大きさや増大する各種債権の発行額及び中国企業の海外上場による資金調達の増加状況からでも，目下の中国直接金融の発展が決して遅いものとはいえない状況である。中国は今回の世界金融危機の原因と自国の金融体制への影響についてさまざまな角度から研究したうえ，今後の金融業発展を主とする金融体制の構築を慎重に図っていく

---

[8]　本山美彦『金融権力 ── グローバル経済とリスク・ビジネス』（岩波新書，2008 年）や本山美彦・萱野稔人『金融危機の資本論』（青土社，2008 年）及び伊東光晴「世界金融危機から同時不況へ ── サブプライム・ローンの軌跡」『世界』（2008 年 12 月号）のなかで米欧諸国の直接金融を主とする金融体制の弊害やこの度の世界金融危機の要因を分析しており，また日本も金融改革のなかで従来の間接金融を主とした金融システムの解体を言及し，短期的な直接金融の不安定要素を指摘している。

必要があると思われる。

　一方，中小企業への融資促進や為替管理の機能化は金融面から中小企業の資金繰りの改善と貿易拡大の促進に一助となる内容である。最後の2か条はまとめでもあるが，同政策の目指す最終的，総合的目標として財政政策との協働を意識しており（先に打ち出した4兆元の投資財源の保証を示唆するものである），また中央銀行の人民銀をもとに，金融改革を深化させながら金融危機の影響に対する監督管理の強化，各種金融機関の連携強化による金融リスクへの防除を訴えている。

　このようなまとまった金融政策は今まで初めてであり，中国政府が金融危機を重要視する姿勢を反映するだけでなく，金融危機に疲弊した欧米勢の金融機関が整理・再編を余儀なくされているのをチャンスに改革の時間稼ぎを果たし，不十分な金融システムの整備と金融改革の完成を図ろうとする意図も読み取れよう。

　このように，国際金融危機下における中国政府の金融政策が相当まとまった内容を有するうえ，その目標も目下の景気浮揚はさることながら，経済の安定成長への促進効果を強く求めている。ただし同通達の中で特に具体的なタイムテーブルで関連目標の実現を明示しているものがないことからもわかるように，世界的な債券市場の調整過程にある現状では，もともと立ち遅れている資本市場への資金調達効果を即座に期待することは到底無理であり，中国政府発表の固定資産投資を主体とする4兆人民元の投資計画の資金的な裏づけは，主に銀行融資に依存するしかないというのは明らかである。

第3節　金融緩和策による銀行融資拡大と不良債権問題の再発懸念

　中国固定資産投資に占める国内外株式市場による資金調達額の動向をみると，2006年時点で，調達金額はそれまでの2000億元台以下から5594億元，2007年には8680億元に，かなり大きく拡大したものの，固定資産投資に占め

る割合は依然 6％ に過ぎず，2000 年の 8.7％ の水準にまだ届いていない状況である。

　従って，政府表明の 4 兆元規模の投資の大半は銀行融資に頼るしかなく，またこれは基本的に政府の行政命令を含む貸出の拡大によってまかなわれるしかないのである。実際，上記の『若干意見』において，何よりも民生，農業，重大プロジェクトの建設，四川大地震被災地再建，省エネ・排出削減などの分野への貸出拡大や関連サービスの改善を求めていることは，今年 1 月 10 日に出された銀監会 (銀行監督委員会) の中小銀行の預貸率 (最高限度 7.5％) を適度に超えることを容認するなどの 10 項目の措置からも読み取れよう。その 10 項目とは，①条件の合う商業銀行の合併・買収 (M&A) への融資業務展開への支持，②主要金融機関 (政策性銀行，国有商業銀行，株式制商業銀行含む) の小企業への融資サービスを専門的に扱う機関の設立促進，③農業分野への貸出増加，④融資の組み換え奨励と金融危機の影響で経営困難に陥っている企業への貸し付け援助，⑤プロジェクトの融資範囲の拡大，⑥貸付資産の譲渡支援，⑦条件の合う中小銀行に対する預貸率の適度な超過の容認，⑧新たな担保融資方式移行への支援，⑨融資に関する責任の科学的な追及，⑩信託会社と財務会社の業務の新規開拓への支援である。

　政府の緩和的な金融政策と財政出動への資金調達の必要性から，金融機関の貸出急増は必至である。実際，昨年 11 月の銀行融資増加額は早くも 4769 億元と 10 月の 2.6 倍 (前年同月比 5.5 倍) となっており，今年 1 月の貸出し実績も前年同期比の 2 倍以上に達している。ただし，中国の銀行収益は 6 割以上を純利息収入に頼っているため (図 7)，今後低金利融資の利益の相対減少が銀行経営に一定の影響を与えることとなるだろう。貸出増強が促進される中で，国有銀行を主とする金融機関からの貸出が主流を占めることはいうまでもない。表 6 より，近年の国有銀行の貸出構造をみると，工業貸出が全体の 30 ～ 40％ を占め続けており (2004 年 38％，2007 年 29.2％，2008 年上半期 29.48％)，農業と郷鎮企業への貸出も近年増加してきている (2007 年両者計約 20％。このほか，「その他短期貸出」30％ 未満)。昨年 2 月 19 日の「全国工業・情報化工作会議」で

表6　国有銀行による業種別貸出割合の推移　　　［％］

項目＼年期	2004年	2005年	2006年	2007年	2008年上半期
工業貸出	38.00	35.00	42.00	29.20	29.48
商業貸出	30.00	31.00	28.00	15.70	15.03
建築業貸出	3.00	2.00	3.00	3.37	3.12
農業貸出	3.00	3.00	2.00	13.90	13.95
郷鎮企業貸出	4.00	4.00	0.00	6.24	6.01
三資企業貸出	3.00	3.00	2.00	1.81	1.81
私営企業・個体貸出	2.00	2.00	1.00	2.97	3.10
その他の短期貸出	18.00	19.00	21.00	26.66	27.50
合　計	100.0	100.0	100.0	100.0	100.0

資料）巴曙松・林宇霊「経済回落期中国銀行業的挑戦：従管理角度的考察」『国際経済評論』2008年11～12月，中国社会科学院世界経済政治研究所より作成。

は，2009年に重点的に支援する産業として，軽工業・紡績・鉄鋼・非鉄金属・自動車・石油化学・船舶・電子通信・物流というの9大業界を提起しており，中でも特に融資規模の拡大をはじめ，中小企業の融資難の解消などを強調している（『金融時報』08年12月20日）ため，農業や，農村基盤整備への投資傾斜の景気対策のもとで，農工業や中小企業への融資拡大が目立ってくるであろう。しかし，これらの工業分野の多くはすでに過剰設備を有する構造調整対象であった分野だけに，融資拡大による不良債権が発生しやすい分野でもある。農業・農村と中小企業（農村地域に立地するものが多い）分野も農業銀行の不良債権が最も高いことにあらわされるように，不良債権になりやすい分野である。中国では,これまでの金融改革推進の中で様々な手法で不良債権問題を処理し，2007年～2008年上半期現在では四半期ごとに不良債権の比率が低下してきている。こうした農工業向け貸出増の趨勢ではかつて中国金融業を長らく悩ましてきた不良債権問題が再燃する恐れがある。中国商業銀行不良債権準備金率は不良債権額の減少により近年大幅に伸びているが，2007年でもまだ40％未満であり（表7下部の［付表］参照），不良債権額のリバウンドによりこの比率が低下する恐れがあるため，貸出リスクが高まるであろう。

　むろん，国有銀行を主とする金融体制の中で国有商業銀行への貸出拡大への

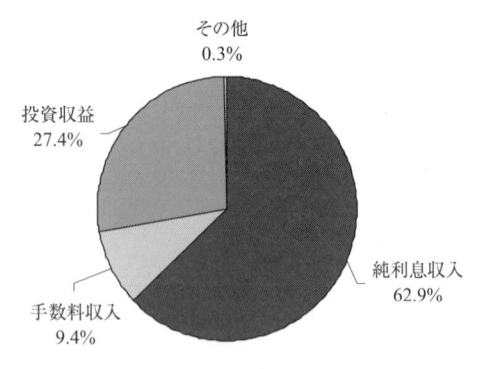

図7 中国銀行業の利益構成（2007年）

- その他 0.3%
- 投資収益 27.4%
- 純利息収入 62.9%
- 手数料収入 9.4%

期待が最も強く，国有銀行の性格やこれまでの度重なる政府資金注入による資本増強の経緯などから国有銀行が政府の呼びかけや行政命令に積極的に応えていく義務があるともいえるが，政府による銀行への過剰な関与は金融改革の方針にそぐわず，また，近年の国有商業銀行への外資系株式参入[9]拡大により，不良債権の増大による影響対象や利益関係が，以前よりも複雑化してきており，少なくとも一枚岩的な政策判断が難しくなるであろう。

第4節　為替レート変動下の金融対策の効果と国際収支アンバランスの課題

冒頭で触れたように，WTO加盟による中国経済の国際化が格段に進んでおり，中国の金融政策展開ももはや従来の計画経済体制の下ではできなくなり，

---

[9] いわゆる外国戦略投資家の中国系銀行への資本参入について，関志雄・朱建栄／日本経済研究センター編『中国は先進国か』勁草書房，2008年に詳しい。外資出資率は1社当たり20％までとされているが，2007年末現在，農業銀行を除いてほかの3大の国有商業銀行への外資参入比率はいずれも最大10％程度となり（建設銀行は15％以上），交通銀行は19.9％に達している。

表7　中国各種銀行における不良債権の保有動向　　　　　　　　　　[％]

年期 区分	2007年 第1四半期	第2四半期	第3四半期	第4四半期	2008年 第1四半期	第2四半期
不良債権規模	6.63	6.45	6.17	6.17	5.78	5.58
内訳：次級類貸出	1.39	1.24	1.13	1.06	0.98	0.97
可疑類貸出	2.75	2.56	2.36	2.25	2.06	1.93
損失類貸出	2.48	2.65	2.68	2.86	2.75	2.68
不良債権保有金融機関	—	—	—	—	—	—
主要商業銀行	7.02	6.91	6.63	6.72	6.30	6.10
国有商業銀行	8.20	8.14	7.83	8.05	7.55	7.43
株式制商業銀行	2.78	2.59	2.41	2.15	2.01	1.65
都市商業銀行	4.52	3.95	3.67	3.04	2.90	2.72
農村商業銀行	5.32	4.80	4.21	3.97	3.68	3.26
外資系銀行	0.62	0.51	0.54	0.46	0.49	0.50

注）現在，中国の不良債権には①「次級」(Sub-standard)，②「可疑」(Doubtful)，③「損失」(Loss)の3タイプに分かれる。①は債務者の正常な経営収入だけでは全額の元利返済の保証は出来ないもの。②は債務者が元利の返済が出来なくなり，抵当や担保を執行しても一部の損失が確実になるもの。③は可能なあらゆる措置や法的手続きをとっても元利の全額が回収できないまたは一部しか回収できない債権。
資料）表6に同じ。

[付表]　中国主要商業銀行の不良債権金額と貸倒準備金率の推移

	貸倒準備金（億元）[A]	不良債権残高（億元）(B)	貸倒準備金比率（A/B）
2002年	1,577.7	22,793.0	6.9%
2003年	4,152.7	21,044.6	19.7%
2004年	2,430.6	17,175.6	14.2%
2005年	3,030.8	12,196.6	24.8%
2006年	4,009.9	11,703.0	34.3%
2007年	4,706.7	12,009.9	39.2%

資料）図は表6と7に同じく，[付表]は『中国金融年鑑(2008)』より作成。

　特に2005年以降の人民元対米ドル為替レートの切り上げ改革により，中国の金融市場が国際金融市場の一部になりつつあるといっても過言ではない。中国の金融政策はマクロ経済策の一環として「貨幣価値の安定維持並びに経済成長の促進」にあるとされるが，マネーサプライのコントロールを中間目標としている。この中間目標を実現するための手段として，預金準備率，金利調整，再割引，中央銀行貸出，公開市場操作，窓口規制などがあり，これらが商業銀行

を対象として実施され，つまり，銀行行動を通じて企業の生産や投資活動及び個人消費に影響を及ぼし，最終的にはマクロ経済に影響を与える[10]。その意味で，『若干意見』に盛り込まれた大項目9か条小項目30か条の金融政策は，通常の教科書に書かれているものよりはるかに総合性と包含性をもつものであり，金融システムの改革促進を目指した広義的な金融政策として受け止められる。

経済学の教科書にも書かれているように，狭義の金融政策でも特定の政策展開によるトレードオフ効果が避けられない以上，広義的な金融政策の展開による経済効果の矛盾や相殺効果を考えることがさらに重要となってくる。

例えば，繰り返しになるが，『若干意見』で提起されるマネーサプライという「中間目標」（増加率17％。2008年のM2は17.8％増達成）は経済成長と物価上昇率をもとに考え出されているが，経済学的に利用されるマーシャルのKという基準で測っても適正と思われても，低金利政策との連動で貸出増に伴う不良債権増大の懸念に加えて，国内資本の流出増と海外資本の流入減というマイナス効果をもたらしやすい。また，マネーサプライは人民元為替レートと逆の相関関係がみられるため（直近07年1月から08年12月までの月次データの相関係数は－0.5122），GDPの動向のみならず，為替レートによる貨幣供給の影響にも気を配る必要があろう。

特に，経済の国際化進展と人民元為替レート改革による為替管理にかかわる政策運営は，国際金融危機によりさらに難しくなっていることが明らかである。例えば，人民元対米ドルの為替レート変動や欧米市場での金融危機拡大による輸入貿易の減少により，中国政府はこれまでの人民元建の貿易決済という為替管理制度を東南アジア諸国や近隣諸国との貿易決済において部分的に解禁しはじめているが，人民元の国際化につながるとの議論がなされる一方で人民元為替レートの更なる高騰や為替管理の困難化とも言われ，まさにトレードオフの状況が誘発されかねないことを懸念する声も聞かれる。

10）桑田良望「改革の最大のネック　金融システム」日本経済研究センター『大解説中国経済——巨大経済の全容と未来』（日本経済新聞社，2005年）参照。

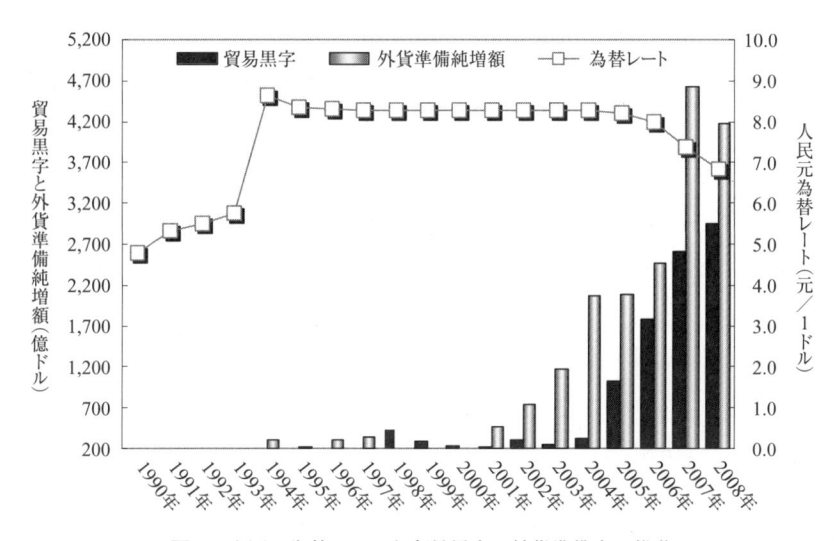

図 8　中国の為替レートと貿易黒字・外貨準備高の推移
資料）中国政府統計（『中国統計年鑑』及び「統計公報」（但し，外貨準備純増額は計算値）より作成。

　そもそも中国人民銀行は近年の外貨準備高の急増（図 8）に伴う通貨供給量の増加に対し，公開市場において債権売却や借入手形発行などで資金供給を操作してきたが，近年の貿易黒字の減少と外貨準備高の資金運用などによる減少も物議されるほか，国有商業銀へ資本参入した欧米の一部銀行の持ち株売却による撤退も潜在的な金融不安要素として報道されはじめている。

　このように，もはや世界経済との一体化から引き戻せなくなった中国経済は今回の金融危機において通貨管理のみならず，為替レート管理，構造化する経常黒字・貿易収支不均衡問題，世界一の外貨準備の運用などにおいても，多くの課題や困難に直面せざるを得なくなり，金融市場の開放と金融政策の独立及び為替相場の安定という「国際金融のトリレンマ」(impossible trinity) の対応が至難であり[11]，少なくとも 1998 年のアジア経済危機に対処した程度の政策手段（大量の国債発行が主体）では対応しきれず，財政，金融，産業，社会など多

---

11) 西村陽造「アジア危機の教訓を経済再生に活かすには」，東京三菱銀行調査部編著『アジア経済・金融の再生』東洋経済新報社，1999 年。

面的な政策の総動員が必要であるほか，不況対策に伴う欧米の貿易保護主義の台頭への応酬も必要となり，現段階での人民元自由化へのアメリカなどからの要求を更に受け入れ難くなったことも理解されよう．

第5節　金融改革の達成に向けてのチャンスとチャレンジ

　第2節で触れたように，今回の金融危機は中国にも決して小さくない影響を及ぼしたにもかかわらず，中国の直接金融分野の発展不足や金融体制の違いなどにより，比較的影響は小さいと考えられるが，銀行システムに対する危機管理の重要性が中国にも突きつけられた形となった．

　無論，今回の世界金融危機は中国のマクロ経済コントロールにとってある意味では金融システムの改革推進によいチャンスを与えたともいえる．それは最近までの過熱な経済に対し，軟着陸のための外部要因として作用したことは考えられる．これに加え，これまでの国内外での経験や教訓を総括し，稼ぎ上げた時間を有効に自国の資本市場の整備と金融リスク防除の体制づくりに取り組むこともできるであろう．ただし，これらはいまだ「金融弱国」と称される中国の恵まれた偶然な幸運に過ぎず，中国の金融システムの発展や健全化の賜物では決してないことが強調されるべきであろう．具体的にいうと，中国は国際金融体制から一重の扉が設けられたおかげで損害が小さかったことに負うところが大きいであろう．

　その扉とは，為替相場の自由化，資本勘定における人民元の兌換性，中国資本の大手金融機関への外資持ち株比率の改革に対する管理や規制である[12]．一方，今回の金融危機を受けて，中国では欧米諸国での金融自由化の弊害や金融デリバティブ商品の氾濫，消費者層の過剰な消費性向に対する批判論文が多く発表されているほか，中国の金融危機への積極的対応や中国の果たせる国際

12）夏斌「変貌する世界経済情勢下での中国の金融改革開放をめぐる考察」『季刊・中国資本市場研究 2007　Summer』．

的な役割などを多く取り上げられているものの，①中国金融市場における市場化の立ち遅れ，②株式市場におけるインサイダー取引問題，③上場企業の情報開示不足，④粉飾決算の横行などの問題についてあまり言及されていない。

　実際，①により，中国金融市場のメカニズムやいまだ形成されず，諸般の金融政策の実効性も抑制されている。②は金融市場における秩序や金融取引の公正さを損ない，金融リスクを助長する要因とみなすべきであろう。③と④は明らかに投資者の市場への信頼をそぐもので，現在の中国内外の資本市場における信頼喪失に通じており，金融リスクの温床としてしかるべき対策を取るべきであろう。

　サブプライムローンによる欧米系銀行の市場評価が低下したのと裏腹に，中国系国有銀行の時価総額が世界ランキングの上位に躍り出た（08年末時点上位10社に中国勢4社がランクイン）ことは象徴的な意味合いが強く，必ずしも中国金融業の国際競争力の強さを意味しているわけではない。中国政府の対外投資促進の方針の下で近年の中国対外投資が対内投資と同様に拡大しており（図9[13]），エネルギー関連の国有企業と共に，中国の金融機関による国際展開も拡大し，2007年の6月末から年末までだけでも，中国投資有限責任公司をはじめ中国工商銀行，国家開発銀行，CITIC証券，中国平安保険及び中国民生銀行の有力金融機関の世界金融機関への投資が行われた[14]。特に国策金融会社の中国投資有限公司は米国ブラックストーンへ30億米ドルを出資した（最大9.4％までの出資になるとも発表）ほか，モルガン・スタンレーにも50億米ドルを出資（最大9.9％の株式保有との発表）したことで，昨年多額の損失が出たこと

---

13) 但し，鄭海東「中国経済の新局面──変化する外資政策と投資環境──」，福井県立大学『年報　東アジアと地域経済』（創刊号），2008年3月などで指摘されるように，近年の中国対内・対外直接投資の拡大には金利や為替レートの調整によるホットマネーの流入や迂回投資などの国内資本の流出（「資本逃避」）が含まれており，またこれらにより中国の資本市場の管理が難しくなってきたことを看過できない。
14) 小原篤次「中国へのサブプライム・ローン問題の影響──米中金利の逆転・人民元高，対外投資の拡大に注目」（新光証券株式会社，2008年2月1日）には，中国の金融機関への適格外国機関投資家（QFII）の上位20社リストと共に，2007年の中国金融機関による世界金融機関への投資リストも出ており，参照されたい。

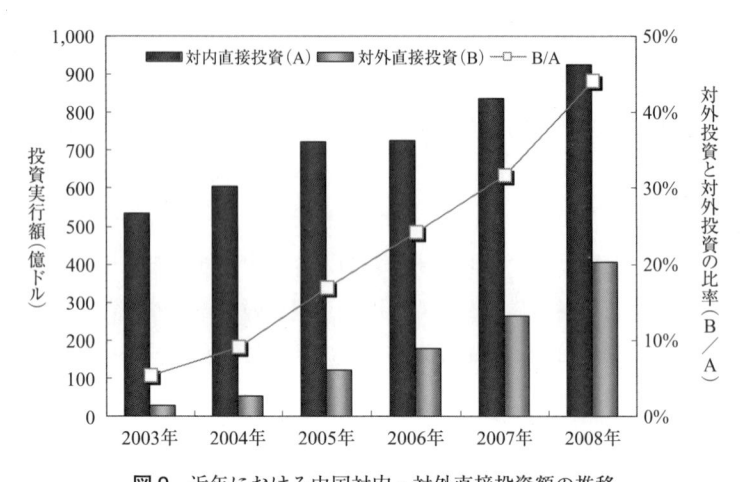

図9 近年における中国対内・対外直接投資額の推移

資料）2003年〜07年は『中国商務年鑑(2008)』，2008年は国家統計局「2008年統計公報」より作成。

が報道されたように，中国金融業の国際資本市場への展開においてすでに失敗を喫しているケースが複数に出ていることが無視できない。

金融危機の影響が鮮明になった昨年10〜12月に中国内上場の企業総数の2割弱に当る241社の企業において通年利益が50％以上減少するか赤字に転落する見通しで，また業績の下方修正をした企業には保険や証券などの企業が目立っている。そのうち，中国平安保険が保有するオランダ・ベルギー系金融大手のフォルティス株（2007年11月27日に18億ユーロ＝約26.9億ドルを出資して同社の株式の4.18％を取得）の下落で157億元（約2100億円）を損失処理したように，株式や先物取引で巨額損失を迫られるケースが多いという（『日本経済新聞』2月16日）。

このように，中国はすでに金融業の国際投資で痛手を受けている事実をまともに捉えて今回の金融危機の影響により，グローバルな金融プレイヤーとして慎重に事業展開を行う必要が迫られていると共に，内なる金融システムの改革を徹底させ，国内外における金融リスクへの認識を高め，コーポレートガバナンスを強化しながら着実に市場化や国際化に耐えうるための体制づくりと実力

増強を図っていかねばならない。

むすびにかえて

　中国は今回の金融危機を自国の金融・経済システムへの挑戦よりも金融業の発展促進と国際展開の良いチャンスと捉えている側面が強いだけに，直接金融の発展促進による資本市場の構築促進に大きな意欲をみせているだけでなく，米ドルの一極体制による世界金融体制に対して人民元の国際化を射程に据えた新たな世界通貨体制の模索や構築についても積極的な提言や参加意向を示している[15]。

　世界経済に占める中国の地位向上に相応しい義務履行や発言権の拡大は必要であるが，上述したように，1998年のアジア金融危機と違って今回の金融危機により中国も相当大きな影響を受けたことが実態であり，国内金融システムの整備や金融改革が未完成なままの状況下[16]で直接金融への拡大指向よりも国内金融システムの安定につながる金融改革の深化と自国に見合ったような金融体制の構築がより重要であろう。

　金融危機への産業政策の強化として，中国では最近重工業や伝統的な優位産業への重視姿勢がよみがえり，軽工業・繊維産業に加えて，鉄鋼・非鉄金属・石油化学・自動車・設備製造・造船・物流との10大産業に関する産業調整・振興計画が相次いで打ち出されている。これは正に「財政・金融・産業」という三位一体の政策展開による相乗効果を志向するものであり，単独の財政・金融政策よりも大きな政策効果が期待できるものの，産業構造調整の長期化や貿

---

15) 夏斌「全球通脹到金融危機——這一輪世界經濟周期的發展邏輯」『中国金融』2009年第3期など。
16) 樊綱著/関志雄訳『中国　未完の経済改革』岩波書店，2003年のなかでも，中国の経済改革の未完成の状況を中心に分析しており，特に中国の資本市場の先進国並のレベルに築き上げるにはあと20年必要である見解を示している。

易摩擦の拡大化などの新たな課題をもたらすであろう。

資本市場の発展方向や経済不況に対する財政・金融政策の適合性[17]を見極めたうえで，金融体制の制度化建設を進め，多様な発展段階や可能性を持つ地域金融のシステム創り[18]に取り組んでいくと共に，東アジアの近隣諸国をはじめ，米欧諸国などとも積極的な2国間や多国間による国際金融・貿易・産業分野における広範かつ総合的な戦略提携や政策協調を強めていく必要がある。

---

17) 伊東光晴「世界金融危機から同時不況へ―サブプライム・ローンの軌跡」『世界』2008年12月号では，経済史における公共投資による有効需要政策の限界やデフレとインフレに対する金融政策の異なる効果（前者に無効・後者に有効）が指摘され，参考になる。

18) 地域や共同体における金融システム創りについて，本山美彦『金融権力―グローバル経済とリスク・ビジネス』岩波新書，2008年と本山美彦＋武者陵司［パネリスト］「世界金融危機は世界恐慌へ向かうのか？」，『世界経済評論』2009年2月号（[特集]「金融危機とアメリカ新政権の行方」所収）で提唱された金融危機の対策であり，中国にとっても示唆的で重要である。

第3章
発展途上国における温室効果ガス排出削減

岡　敏弘

はじめに

　京都議定書の第1約束期間（2008年〜2012年）の後の地球温暖化防止の国際的枠組に関する議論の中で，発展途上国での温室効果ガスの削減をどう進めるかが注目されるようになった。現在の京都議定書では明示的な削減義務を負っていない発展途上国に，新たに義務を課すのか，また，どのような義務を課すのかが，2013年以降の枠組の議論の焦点になっている。

　そのような議論が出てきた背景には，途上国の中で新興国と呼ばれる国での近年のCO_2排出量の急激な増加と，今後の世界のCO_2排出量の増加へのそれらの国の寄与の大きさとがある。先進国がいくら削減しても，発展途上国での排出増加によって先進国の削減努力はかき消されてしまうから，途上国にも削減義務を課さなければ意味がないと言われるようになったのである。また，先進国で温室効果ガスを減らすよりも途上国で減らす方が費用が小さいとも言われる。費用の小さくところで減らす方が世界全体として効率的だというわけである。途上国の中でも新興国としての特徴を最も強く持ち，CO_2排出に関して重要な国である中国での排出削減が注目されている。

途上国での排出削減についてのそのような捉え方が，地球温暖化問題の中心を射ているのかということを，本論文では問いたい。効率性ではなく，世界史の大きな流れと公平性とに注目した場合に事態がどう見えるかを描いてみたい。

初めに，上のような認識の基礎になっている，今後のCO_2排出量増加予測と温暖化予想について述べる。次に，新興国にどのような排出削減が求められているかを，IEAの『世界エネルギー見通し』に依りながら述べる。そして，これまでの中国の経済活動の水準とエネルギー消費とCO_2排出量との関係を，過去の日本のそれと対比する。その上で，発展途上国において排出削減を進めることの意味を明らかにしよう。

第1節　発展途上国のCO_2排出と温暖化予想

気候変動に関する政府間パネル（IPCC）第4次評価報告書によれば，2004年の世界の温室効果ガスの排出量は49$GtCO_2$等量であり，1970年の28.7$GtCO_2$等量に比べて70％増加した（IPCC 2007b, p. 3）。温室効果ガス排出のうちCO_2は2004年で77％を占める。こうした温室効果ガス排出の増加が，大気中の温室効果ガス濃度の上昇をもたらし――2005年のCO_2濃度は379ppmに達したが，これは工業化以前の約280ppmの約35％増である（IPCC 2007a, p. 2）――，地球の平均気温をこの100年間で0.74℃上昇させたという（同p. 5）。

2004年に，世界人口の19.7％を占める附属書Ⅰ国（主に先進国）が世界の温室効果ガスの46％を排出した（IPCC 2007b, p. 3）。国際エネルギー機関（IEA）の報告『世界エネルギー見通し2008』によれば，2006年のエネルギー起源のCO_2排出量は28Gtで，そのうち46％をOECD諸国が占めていた。しかし，2030年までに予想されるエネルギー起源CO_2の排出増加13Gtの97％を非OECD国の排出増加が占めると言う（IEA 2008c, pp. 381, 385）。この増加に大きく寄与すると予想されているのが中国である。

IEA の『世界エネルギー見通し 2008』は，2006 年から 2030 年までのエネルギー起源 CO_2 の排出増加の半分近くである 6.1Gt を中国が占めると予想している。その根拠は近年の中国の急速な経済発展である。1980 年以来，中国は高い率での経済成長を続けている。購買力平価での米ドル表示の GDP の成長率は，1980 年から 2006 年までの平均で 1 年あたり 9.6％であり，2003 年以降の成長率は毎年 10％を超えている（データは巻末の表 1 に記載）。2006 年の中国の GDP は，市場為替率換算の米ドル表示では世界全体の 6.1％だが，購買力平価での米ドル表示では世界全体の 15.5％を占め，世界第 2 位の経済規模をもつ国となっている。

急速な経済成長に伴ってエネルギー消費も増えている。2003 年から 2006 年までの 3 年間の中国の一次エネルギー供給は年平均 11％の率で増加した。その 3 年間の増加分は，日本の 1 年分の消費量に匹敵する。2006 年の世界の一次エネルギー供給に占める中国の割合は 16.2％に上っている。

エネルギー消費の増加に伴って CO_2 の排出量も急速に伸びている。エネルギー起源の CO_2 排出量の増加率は 1980 年から 2000 までは年率 3.9％だったが，2003 年から 2006 年の 3 年間は年率 13.4％に上昇した。エネルギー消費の増加もさることながら，エネルギー消費の増加を石炭でまかなっていることが CO_2 の増加を加速している。2006 年だけで 105GW の新たな発電能力が造られたが，その 90％近くが石炭をエネルギー源とするものであったと言う（IEA 2007, pp. 264, 266)。2000 年では，新規発電設備のうち 70％が石炭火力であったにすぎない。

こうして，特段の政策がなければ，2030 年のエネルギー起源の CO_2 排出量は世界全体で 41Gt になるが，そのうち 63％の 26Gt を非 OECD 国が占めることになる。このシナリオに沿った排出量の増加が続けば，2100 年の大気中 CO_2 濃度は 660ppm 〜 790ppm になり（温室効果ガスで 855ppm 〜 1130ppm CO_2 等量），それは，IPCC によれば，気温を工業化以前と比べて 4.9℃ 〜 6.1℃ 上昇させると言う（IPCC 2007b, p. 15)。

IPCC の報告書によれば，温室効果ガス濃度を 445ppm 〜 490ppm に安定化

させることは，気温上昇を2.0℃〜2.4℃に抑えることに相当するが，そのためには，温室効果ガスの排出量が2000年〜2015年の間に下落に転じ，2050年の排出量が2000年に比べて85％〜50％下がっていなければならない。また，535ppm〜590ppmの濃度に安定化することは気温上昇を2.8℃〜3.2℃に抑えることを意味するが，そのためには，排出量が2010年〜2030年の間にピークを迎え，2050年の排出量が，2000年のそれのマイナス30％〜プラス5％の間になっていなければならない（IPCC 2007b, p. 15）。

　IEAの『世界エネルギー見通し2008』は，450ppmから550ppmの間での安定化が国際的議論の焦点になりつつあるとの認識の下に（IEA 2008c, p. 410），450ppmと550ppmという2つの濃度での安定化シナリオを描いている。それによれば，550ppmでの安定化のためには，特段の政策がない場合のシナリオ（Reference Scenario，以下RSと称す）の下でのそれと比べて，世界全体のエネルギー起源のCO_2排出を，2020年で3.7Gt，2030年で7.6Gt削減して，それぞれ32.7Gt，32.9Gtと安定化させ，その後急速に減少させなければならない（IEA 2008c, p. 415）。450ppmでの安定化のためには，2020年で32.5Gtに抑えた後急速に減少させて，2030年では25.7Gtまで減らさなければならない（同）。

　550ppm安定化シナリオでの2030年の削減量7.6Gtは，RS下のOECD諸国の2030年の排出量の58％に相当する。したがって，OECD諸国だけの排出削減によってこれを達成することはきわめて難しい（同p. 418）。さらに，450ppm安定化シナリオでの2030年の削減量14.9Gtは，RS下のOECD諸国の全排出量よりも大きい。したがって，OECD諸国だけの排出削減によってこれを達成するのは不可能である（同）。したがって，非OECD国もCO_2排出削減に参加することが不可欠であると『世界エネルギー見通し』は言う。

　細かな量的な根拠は様々であっても，これが，発展途上国へもCO_2排出削減努力を求める場合の共通の論理である。つまり，450ppmないし550ppmでの安定化を所与の目標とすれば，発展途上国での排出削減が必要になるということである。これは大きい目標からトップダウンで導かれる帰結である。しかし，その排出削減の中身はどのようなものだろうか。実際に発展途上国でどの

ような方法で CO_2 の排出が減らされ，そのとき，そこの産業やエネルギー生産部門がどのような状態にあり，人々がどのような生活を送っているのだろうか。まず，『世界エネルギー見通し』が削減の中身についてどう言っているかを見てみよう。

第2節 途上国における CO_2 排出削減の中身

　『世界エネルギー見通し 2008』は，温室効果ガスを 550ppm で安定化させる政策シナリオでは，2030 年の世界の一次エネルギー供給は，RS 下のそれと比べて 1500Mtoe（石油換算百万 t）少ない 15,483Mtoe となり（これは 2006 年の 11,730Mtoe の 32％増），その削減分 1500Mtoe の 58％は，「その他の主要な経済 (Other Major Economies，中国，ロシア，インド，インドネシア，ブラジル，中東，以下 OME と呼ぶ）」によって担われ，28％が「OECD＋（OECD 諸国に非 OECD ヨーロッパを加えたもの）」によって，残り 14％がその他の国によって担われる（IEA 2008c, p. 440）。OME の 2030 年の一次エネルギー供給は 2006 年の 70％増となる。

　550ppm シナリオでの OME のエネルギー起源 CO_2 排出量は，2012 年に OECD＋ に追いつき，2030 年には 16.8Gt になる。これは，2006 年の排出量に比べて 61％増である（RS では 100％増）。OME の 1 人あたりエネルギー起源 CO_2 排出量は，2006 年の 3.3t から 2030 年の 4.4t に増える。この間，OECD＋ のそれは 10.6t から 7.8t に減少する。世界全体では 2006 年の 4.3t が 2030 年には 4.0t に減少する（RS では 2030 年で 4.9t への増加）。

　部門別に見ると，550ppm シナリオの下で，発電部門では，2030 年に OME の石炭火力発電量が RS に比べて 70％程度減る（IEA 2008c, p. 454）。ガス火力発電量も RS に比べて 350TWh 減る（同）。再生可能エネルギーによる発電は，OME でも 2030 年には 5000TWh を供給し，中国での再生可能エネルギーによる発電の割合は，RS の 16％から 26％へ上昇する（同 p. 455）。OME では水力

の割合が22%となり，風力が443TWh，バイオマスが381TWhを供給する。原子力はOMEで7%を占めるようになる。中国とインドの2030年の発電からのCO_2排出はそれぞれ4.4GT，1.3Gtであり，これはRSと比べてそれぞれ29%減，26%減である。

世界の産業からのCO_2排出は，550ppmシナリオで2030年に5.4Gtであり，これはRSの14%減である。削減の大半（82%，0.7Gt）がOMEで起こる（IEA 2008, p. 459）。OECD+の削減は0.1Gtである。2006年と比べてOECD+は14%減，OMEは43%増，その他は22%増である。世界の石炭需要はRSと比べて19%減，総エネルギー需要は9%減る。鉄鋼業で最も大きな削減が起こる。OMEの産業からのCO_2排出は2030年で3.4Gtとなり，RSよりも18%少ない。OMEの鉄鋼からのCO_2は17%減る。世界の鉄鋼からのCO_2排出は2006年の1.4Gtから2030年1.7Gtに増えるが，RSに比べると16%減である。利用可能な最善の技術を前提とすれば，世界の鉄鋼生産のCO_2削減ポテンシャルは0.34Gtあり，鋼1tあたり平均300kgあるという（IEA 2008c, pp. 459-460）。その導入は古い設備がどれだけ早く廃止されるかにかかっている。

運輸部門からのCO_2排出削減については，OECD+についてもOMEについても，自動車の燃費効率改善だけが想定されている（IEA 2008c, pp. 461-464）。民生部門についても，機器・建物の省エネルギーかだけが書かれている（同pp. 464-466）。

450ppmに安定化させる政策シナリオでは，2030年の世界の一次エネルギー供給は，RS下と比べて16%減の14,400Mtoeとなる（IEA 2008c, p. 441）。世界の石炭消費は，RSの51%減で，その削減の3分の2はOMEによって担われる（同p. 442）。石油は2030年の世界の消費が，RSの16%減で，OECD+もOMEも等しく17%減となるが，OECD+では2006年の消費量の80%以下となるのに対して，OMEでは60%増となる。世界の2006年から2030年にかけてのガスの消費の伸び率は年0.9%となり，これは，RSの場合の半分の伸びである。世界の削減分686Mtoeの40%はOMEによって担われる。

450ppmに安定化させるシナリオの下で，OMEのエネルギー起源CO_2排出

量は，2020年に15Gtでピークに達し（それでもRSよりも2Gt少ない），その後低下して2030年には12Gtになる（IEA 2008c, p. 446）。OECD＋の2030年の排出量は1990年よりも3Gt（30％）少ない8.2Gtである。OMEの2030年のRSと比べた削減量は8.3Gtでこれは世界の削減量の56％を占める。OECD＋のそれは5.2Gtで世界の削減量の36％である。

450ppmシナリオでは，OME諸国にもキャップ・アンド・トレードが導入され，炭素に価格がつくので，原子力，再生可能エネルギー利用，CCS（CO_2回収貯留）などの低炭素技術が次々に有利となり，導入されると想定されている。その結果，OMEの発電部門からのCO_2排出は550ppmシナリオでの7.9Gtから36％減って5.0Gtになる（減少率はOECD＋とほぼ同じ）（IEA 2008c, p. 468）。

産業からの排出も550ppmシナリオに比べて，世界全体で1.3Gt（23％）減って4.3Gtになり，そのうち，OMEは0.9Gt減の2.5Gtである。エネルギー利用効率の改善とエネルギー源の転換がその主たる手段である（IEA 2008c, p. 472）。運輸部門では，もっぱら，軽量車での電気自動車やプラグ・イン・ハイブリッド車やバイオ燃料車の普及によって，世界全体でRSから1.1Gt，550シナリオから0.4Gt減って7.8Gtになる。2030年の走行距離あたりの平均排出が，OECD＋で90gCO_2/km（今日の49％減），OMEで110gCO_2/km（同38％減）に減っている（同p. 473）。民生部門では，OMEまで拡張されたキャップ・アンド・トレードが電力価格を高める効果（OMEでRSの7％上昇，OECD＋で25％上昇）によって，2030年の世界の電力需要がRSよりも1850TWh下がる。その各800TWhが，OECD＋とOMEとによって分担される（同p. 474）。その中身は，蛍光灯照明の普及，温水・暖房への太陽熱利用の普及，建物の省エネ化などであるという（同）。

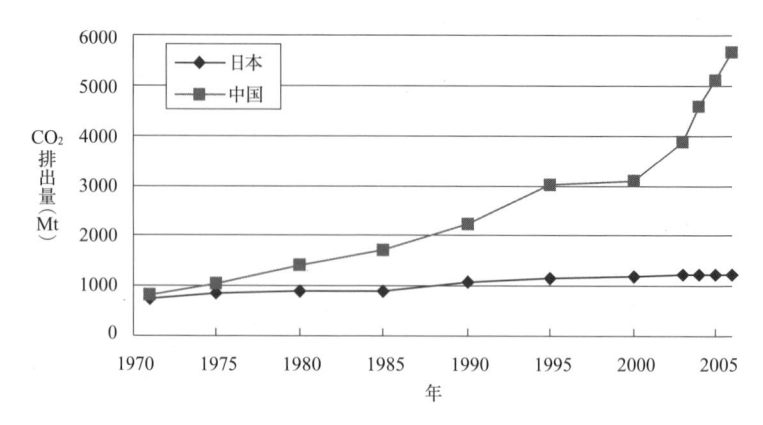

図1 中国と日本のエネルギー起源 CO_2 排出量
IEA, *CO_2 Emissions from Fuel Combustion 2008* から。

第3節　先進国がたどった道との比較

　以上が,『世界エネルギー見通し』が描く, 新興国での排出削減である。今後も経済成長と生活水準の向上とが見込まれる新興国で, 果たしてここに描かれたような CO_2 排出の削減が起こるだろうか。具体像に裏打ちされた確信を持ってそれを予想することはできない。ここでは, それを想像する材料として, 先進国がこれまでたどった道との比較を提示しよう。

　『燃焼起源の CO_2 排出 2008』(IEA 2008a) から, 日本と中国の CO_2 排出, 一次エネルギー供給, GDP などの動きを見てみよう。図1に示すように, 中国のエネルギー起源 CO_2 排出量は 2000 年以降に急速に増加し, 2006 年は 56 億 t と日本の 4.7 倍に達している。その基礎には, エネルギー消費の増加があるのであって, 図2に示すように, これも 2000 年以降急増して, 2006 年には 79,000PJ (日本の 3.6 倍) に達した。そのまた基礎には, 急速な経済成長があるのであって, これも, 図3に示すように, 生活水準をよりよく反映していると思われる購買力平価の米ドル (2000 年) 表示で見ると, 中国の 2006 年の GDP は 8 兆 9000 億ドルに達している (日本の 2.5 倍)。

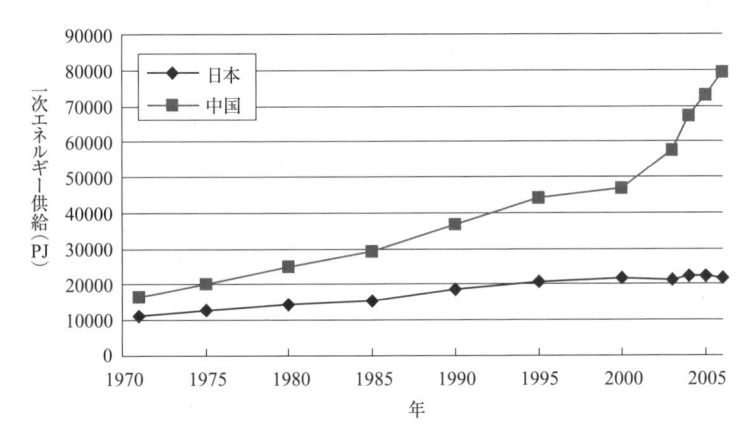

図2 中国と日本の一次エネルギー供給

IEA, *CO₂ Emissions from Fuel Combustion 2008* から。

　しかし，中国の1人あたりGDPはまだ低く，購買力平価（2000年米ドル）でも2006年で6800ドルにすぎない（日本の4分の1）。そして，1人あたりCO_2排出量もいまだ4.3tであり，日本（9.5t）の半分以下である。

　1人あたりGDPと1人あたりCO_2排出量との間には関係がある。日本と中国の1971年から2006年の1人あたりCO_2と1人あたりGDPとを1枚の図にプロットし，それに，日本の1950年から1970年までのそれを重ねて描いてみると，図4のようになる。ここから，中国の1971年から2006年の1人あたりCO_2排出量が日本の1950年から1965年のそれに近いものであることがわかる。1人あたりCO_2排出量と1人あたりGDPとの関係もまた，日本のその時期と似ているが，現在の中国の方がGDPの低い割にCO_2排出量が若干高い。しかしながら，現在の中国の傾向をそのまま伸ばすと，1971年の日本の状態に達すると見るのは自然である。

　しかしながら，日本の1971年から1985年までと1990年以降とではかなり傾向が違うので，この間の1人あたりCO_2排出量の動きを2つの要因に分解してみよう。2つの要因とは，1人あたり一次エネルギー供給量と一次エネルギー供給量あたりCO_2排出量とである。

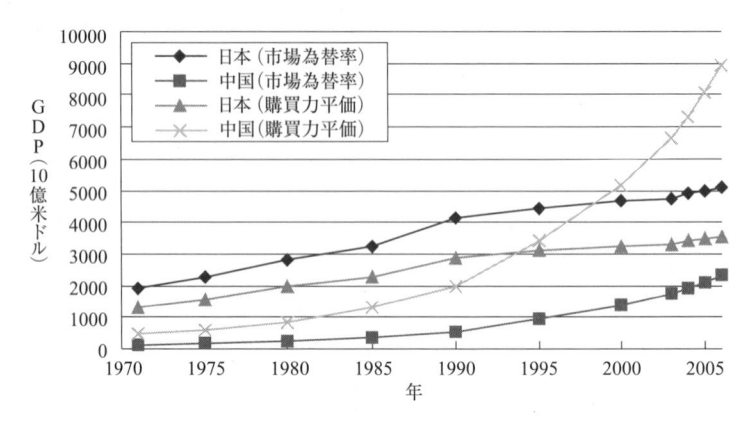

図3　中国と日本のGDP

IEA, *CO₂ Emissions from Fuel Combustion 2008* から。

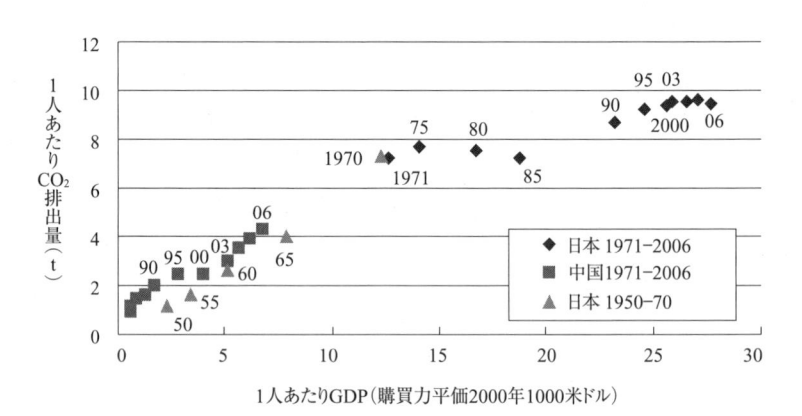

図4　中国と日本の1人あたりGDPと1人あたりCO₂排出量

1971 年から 2006 年の 1 人あたり CO_2 排出量と 1 人あたり GDP は，IEA, *CO₂ Emissions from Fuel Combustion 2008* による。日本の 1950 年から 1970 年までの 1 人あたり GDP は，『エネルギー経済統計要覧 2007』274～276 ページに記載されている実質 GNP（2000 年価格円表示）を 2000 年の購買力平価 1 ドル = 154.94 円（OECD, Purchasing Power Parities（PPPs）for OECD Countries, http://stats.oecd.org/wbos/Index.aspx?datasetcode=SNA_TABLE4 による）で購買力平価米ドルに換算したものを，『エネルギー経済統計要覧 2007』284 ページに記載されている人口で除したもの。1950 年から 1970 年の日本の CO_2 は『エネルギー経済統計要覧 2007』290～292 ページの炭素換算 CO_2 排出量に 44/12 を乗じて CO_2 量に直し，同 284 ページの人口で除したもの。

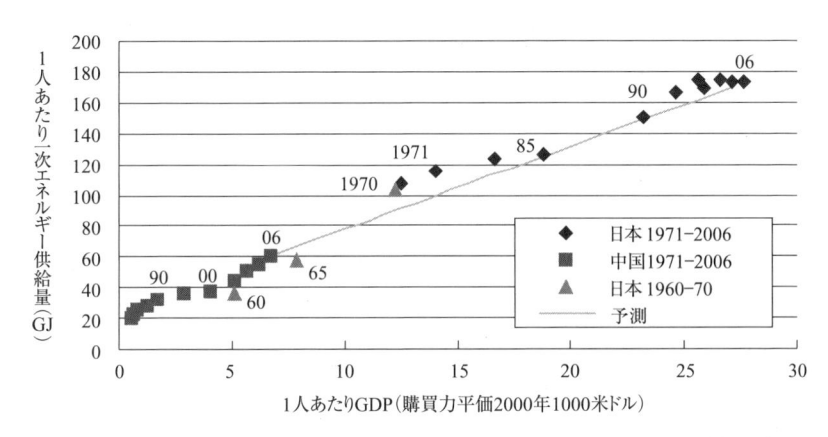

第3章 発展途上国における温室効果ガス排出削減　57

図5　中国と日本の1人あたりGDPと1人あたり一次エネルギー供給量

1971年から2006年の1人あたり一次エネルギー供給量と1人あたりGDPは，IEA, *CO$_2$ Emissions from Fuel Combustion 2008*による。日本の1960年と1970年の1人あたり一次エネルギー供給量は，IEA, *Energy Balances of OECD Countries, 2008 Edition*の一次エネルギー供給量を『エネルギー経済統計要覧2007』284ページに記載されている人口で除したもの。日本の1965年の1人あたり一次エネルギー供給量は，IEA, *Energy Balances of OECD Countries 1998-1999, 2001 Edition*の一次エネルギー供給量を『エネルギー経済統計要覧2007』284ページに記載されている人口で除したもの。1960年から1970年の日本の1人あたりGDPは図4と同様。

　1960年から2006年までの日本と，1971年から2006年までの中国の，1人あたり一次エネルギー供給量と1人あたりGDP（購買力平価2000年米ドル）との関係を示したのが図5である。また，同じ期間の一次エネルギー供給量当たりCO$_2$排出量と1人あたりGDPとの関係を図6に示す。図5は，日本が豊かになるにつれて，1人あたりエネルギー消費が一貫して増えてきたということを示している。図6は，1960年以降，エネルギー当たりCO$_2$排出は下落したということを示している。

　日本の1960年から1965年の豊かさの中にある中国が，日本のたどった道をたどると仮定してみよう。すなわち，中国でも，これからさらに豊かになるにつれて，1人あたりエネルギー消費は増えるが，エネルギー当たりCO$_2$は，今後は減り始めると仮定しよう。

　1人あたりエネルギー消費は，日本のたどった道よりも，より効率的な道をたどるとしよう。すなわち，それは，中国の2006年の1人あたりGDPと1

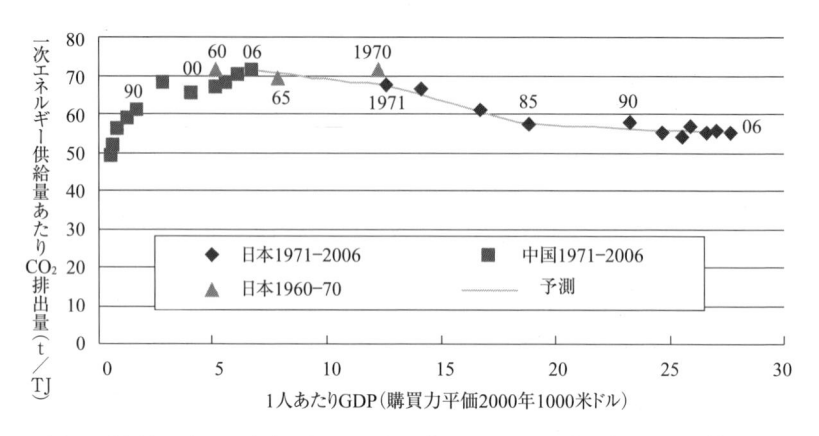

図6 中国と日本の1人あたりGDPと一次エネルギー供給量当たりCO_2排出量

1971年から2006年のCO_2排出量と一次エネルギー供給量と1人あたりGDPは，IEA, *CO₂ Emissions from Fuel Combustion 2008*による。日本の1960年から1970年のCO_2排出量は『エネルギー経済統計要覧2007』290～292ページの炭素換算CO_2排出量に44/12を乗じてCO_2量に直したもの。日本の1960年と1970年の一次エネルギー供給量は，IEA, *Energy Balances of OECD Countries, 2008 Edition*，1965年の一次エネルギー供給量はIEA, *Energy Balances of OECD Countries 1998-1999, 2001 Edition*から。1960年から1970年の日本の1人あたりGDPは図4と同様。

人あたり一次エネルギー供給量の組—6800ドルと60GJ—から出発して，日本の2006年のそれらの組—27,700ドルと173GJ—へ直線的に向かうと仮定しよう。図5の直線がその経路を示している。また，エネルギー当たりCO_2は，日本がたどった道をたどり，2006年の中国の値の組—6800ドルと71t/TJ—から出発して，12,000ドルと68t/TJ，18,000ドルと58t/TJ，27,000ドルと55t/TJの3点を結ぶ折れ線に沿うと仮定しよう。その経路を図6の折れ線が示している。

この2つの経路を組み合わせると，中国の今後の1人あたりGDPと1人あたりCO_2排出量との組が，図7の折れ線をたどると予想できる。この経路は，各々の1人あたりGDPの値に対応する1人あたりCO_2排出量が，日本が経験した排出量を超えないという意味で，日本の実績よりも低炭素の成長経路である。

IEAの『世界エネルギー見通し2008』(IEA 2008c, pp. 64, 66)に倣って，中国

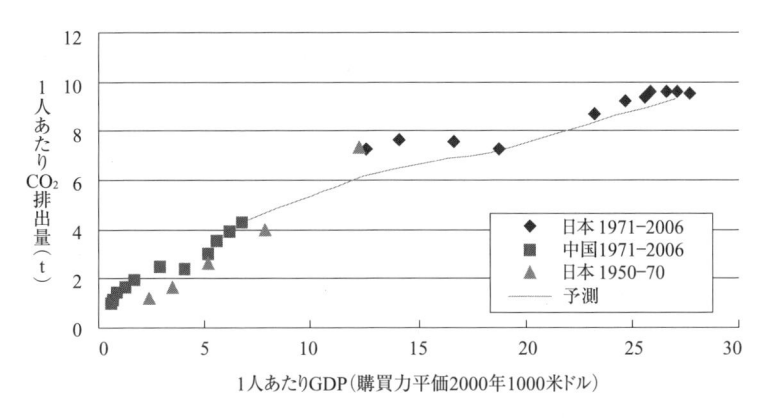

第 3 章　発展途上国における温室効果ガス排出削減　　59

図7　中国の 1 人あたり GDP と 1 人あたり CO_2 排出量の予想
データは図4と同じ。「予測」は4点 (6800 ドル, 4.3t), (12400 ドル, 6.1t), (18300 ドル, 7.1t), (27000 ドル, 9.3t) を通る折れ線。

の 2006 年から 2030 年までの年平均 GDP 成長率を 6.1% とし，人口増加率を同じく 0.4% とすると，1 人あたり GDP の成長率は 5.7% となる。その仮定の下で，中国の 1 人あたり GDP は，2030 年に 26,000 ドルとなり，日本の 2004 年の水準を超える。上の予想経路の下では，このとき，1 人あたり CO_2 排出量は 9.0t である。人口は 14.6 億人になっており，CO_2 排出量は 142 億 t となる。

第 4 節　中国における排出削減の意味

この経路を，『世界エネルギー見通し 2008』が描く経路と比べてみよう。RS，550ppm シナリオ，450ppm シナリオの下での日本と中国の 1 人あたり CO_2 排出量と 1 人あたり GDP との関係を図 7 に重ねて描くと，図 8 のようになる。

　RS において，中国の 1 人あたり CO_2 排出量と 1 人あたり GDP との関係は，日本の 1980 年代のそれに近いところへ向かい，その後，CO_2 排出量の伸びが抑えられ，2030 年には，26,000 ドル／人の所得がありながら，CO_2 の排出量

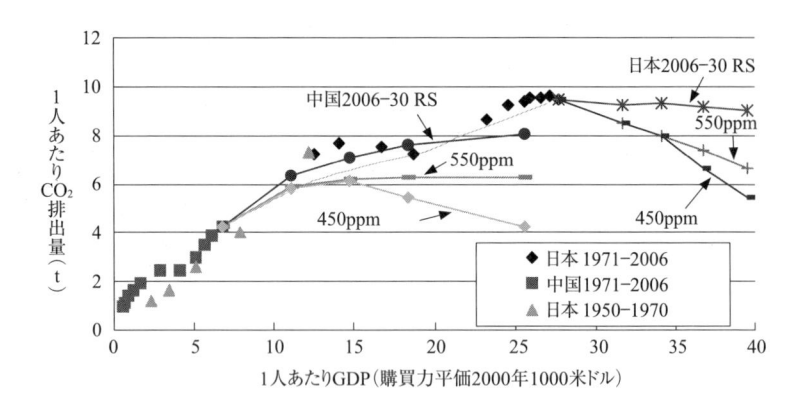

図8 政策シナリオの下での1人あたり GDP と CO_2 排出量の予想

「RS」は特段の政策のない場合，「550ppm」は温室効果ガス濃度を 550ppm に安定化させるシナリオ，「450ppm」は同じく 450ppm に安定化させるシナリオ（2006-30）を指す。RS の1人あたり CO_2 排出量は，IEA『世界エネルギー見通し 2008』pp. 516，517，530，531 から得た。550ppm シナリオ，450ppm シナリオでの1人あたり CO_2 排出量は IEA から提供いただいた。1人あたり GDP は，2006年から2030年日本の人口増加率が年マイナス0.3%，GDP 成長率が年1.2%（IEA 2008c pp. 63，66），同じく中国の人口増加率が年0.4%，GDP 成長率が6.1%（同 pp. 64，66）という仮定から計算。

は 8.0t/人にとどまる。550ppm シナリオではこれが 6.2t/人に下がり，450ppm シナリオではさらに 4.3t/人に下がる。この間，日本の GDP も伸びて 2030年には 40,000 ドル/人に達する。RS での CO_2 排出量は，2020年まで横ばいでその後やや低下し，2030年には，所得が 40,000 ドル/人ながら，CO_2 排出量は 9.0t/人にとどまる。550ppm シナリオではそれが 6.7t/人に，450ppm シナリオでは 5.5t/人に下がる。中国が，先進国のたどった道をたどって豊かになることはできないということが，この予測にも現れているが，エネルギー消費で見ると，それはもっと顕著になる。

RS，550ppm シナリオ，450ppm シナリオの下での，2006年から2030年までの1人あたり一次エネルギー供給量の推移を，図5に重ねて描いたのが図9である。RS でも中国の1人あたり一次エネルギー供給量は，日本がたどってきた道を早々と離れて停滞し，GDP が 26,000 ドル/人に達しても，110GJ/人と，日本の2000年代の3分の2にすぎない。550ppm シナリオや 450ppm シナリオではそれぞれ 96GJ/人，80GJ/人と，現在の日本の半分程度のエネ

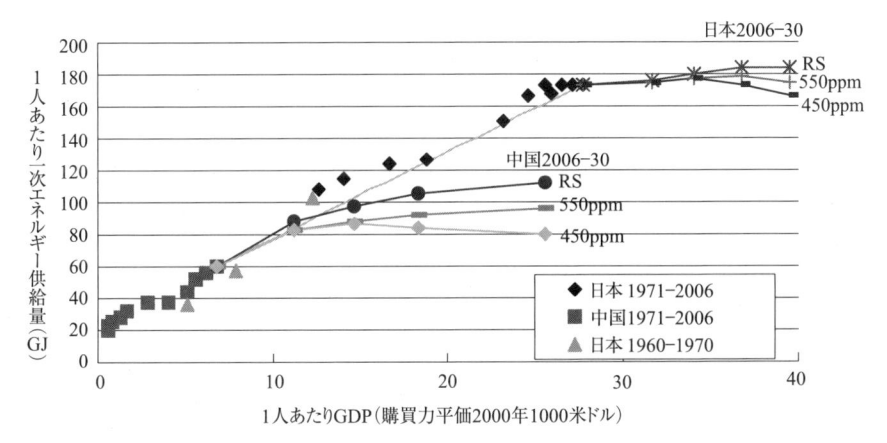

図9 政策シナリオの下での1人あたりGDPと一次エネルギー供給量の予想
根拠は図8と同様。

ギー消費に抑えなければならない．世界の温暖化防止は，中国に，先進国がたどった道を通ってエネルギー消費の面で豊かさを享受することを許さないのである．この間，日本のエネルギー消費面での豊かさは，RSでは2030年まで，550ppmシナリオでは2025年まで増加しつづける（450ppmシナリオでも2025年は現在よりも高い）．

ちなみに，図10に示すように，中国のエネルギー消費あたりCO_2排出量は，RSでは高いままとどまると想定されている．だから，RSでのCO_2排出抑制はもっぱらエネルギー消費の抑制によってもたらされる．550シナリオや450シナリオでは，エネルギーのCO_2集約度の低下も，CO_2排出削減に寄与する．しかし，550ppmシナリオでは，GDPが26,000ドル/人に達しても，エネルギーのCO_2集約度は，日本の2000年代よりも高いところにとどまり，450ppmシナリオでようやく現在の日本並になる．この間日本はエネルギーのCO_2集約度をさらに低下させるわけである．

このように，中国は，高い率で経済成長するが，550ppmシナリオ，450ppmシナリオでは，1人あたりCO_2排出量は，同じ程度の経済的な豊かさの時の日本の3分の2から半分に抑えられる．この間エネルギーのCO_2集約度は2006

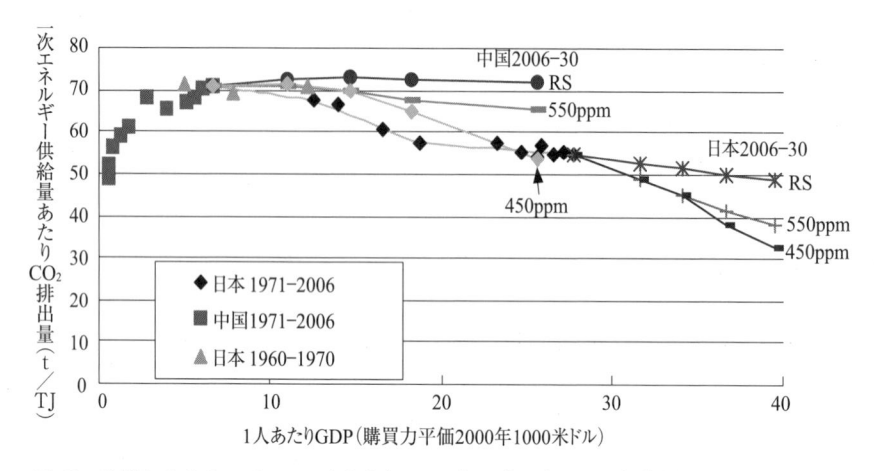

図10 政策シナリオの下での1人あたりGDPと一次エネルギー供給量あたりCO_2の予想
OMEのRSのCO_2排出量は，図9の一次エネルギー供給量と同様の方法で算出した。

年頃の日本よりも低くはならないので，CO_2削減はもっぱらエネルギー消費の削減によって担われる。エネルギー消費を増やさない経済成長は中国でどうして可能になるだろうか。

『世界エネルギー見通し2008』では，産業での利用可能な最善の技術の導入，低燃費自動車や電気自動車の普及，機器や建物の省エネルギー化によって可能になると言われている。しかし，それは，先進国では，経済成長と生活水準の向上が生み出す余力の中で，その豊かさに見合った形で徐々に実現してきた。新興国では，それが，先進国が経験したのよりももっと急速に実現するということが可能だろうか。学習効果ということが言われている。確かにそういう面はある。最新の工場を建設すれば，多くの場合最新の省エネ技術がついてくるだろう。しかし，古い設備の残存もまた多く，最新の技術を生かすにも，それに見合った豊かさが必要ともなる。実際，日本の製造業の省エネ効率を上回る新興国が現れたという話も聞かない。

そうだとすると，1人あたりGDPで現在の日本と同じ程度の水準に達した中国の人が，現在の日本人1人の半分のエネルギー消費しかしない状態が何を意味するか。そのとき，日本はさらに豊かになっているということが重要であ

る。つまり，1人あたり26,000ドルのGDPに到達した中国は，そのときさらに先を行く日本と比べれば相対的に貧しく，それゆえに，限られた世界のエネルギー資源を，同じく所得水準が26,000ドルだった頃の日本ほど十分には購入できないということではなかろうか。そうだとしたら，そのとき中国の所得水準は，実質的には26,000ドルには達していなかったと見る方が正しいかもしれない。

そもそもCO_2排出量を減らすのに，エネルギーのCO_2集約度を減らすのと，エネルギー消費を減らすのと，どちらがより多くの痛みを伴うであろうか。前者は，より多くのエネルギー消費を行いながら，エネルギー生産技術を変えるということであり，後者はより少ないエネルギーで辛抱するということである。前者は，高度な技術の基礎としての十分な経済的豊かを必要とし，後者は，相対的な貧しさによって可能になるだろう。前者が日本で，後者が中国で実現するのは，中国が相変わらず相対的に貧しいからではなかろうか。

温暖化防止政策を論じる中で，確かに新たな技術の導入によるCO_2排出削減が多く語られてはいるが，その政策の実現は，新興国が相変わらず相対的に貧しいということにも依存しているように見える。そのような解決策が持続可能か，あるいは公正かということが問われなければならない。そうすると，豊かさの追求において先進国があくまで先を行くことを前提にするのでなく，豊かさを犠牲にする方向への転換が必要になるだろう。それは政治的・経済的にきわめて難しい課題である。しかし，技術導入によるCO_2削減について多くを語る政策論議の中に，現状の経済構造の温存による解が密かに仕込まれているように見える。そこに触れることなくして，温暖化問題の解決もないように思われるのである。

付録：図の基礎となる数値

図1～図10の基礎となる数値を表1～表3に掲げる。

表1 図1～図10のデータ（中国 1971-2006）

年	CO_2排出量 (Mt)	一次エネルギー供給 (PJ)	GDP 市場価格 (10億米ドル)	GDP 購買力平価 (10億米ドル)	人口 (百万人)	1人あたり CO_2 (t)	1人あたり エネルギー供給 (GJ)	1人あたり GDP（市場価格）(千米ドル)	1人あたり GDP（購買力平価）(千米ドル)	エネルギー当たり CO_2 (t/TJ)
1971	809.6	16546	132.9	471.2	845.2	0.96	19.6	0.16	0.56	48.9
1975	1062.0	20444	166.5	587.9	920.9	1.15	22.2	0.18	0.64	51.9
1980	1420.0	25285	241.3	819.8	986.3	1.44	25.6	0.24	0.83	56.2
1985	1726.8	29295	381.1	1343.2	1056.5	1.63	27.7	0.36	1.27	58.9
1990	2244.0	36589	553.0	1957.9	1140.9	1.97	32.1	0.48	1.72	61.3
1995	3021.8	44454	935.0	3438.3	1211.0	2.50	36.7	0.77	2.84	68.0
2000	3077.6	46967	1367.2	5149.9	1269.3	2.42	37.0	1.08	4.06	65.5
2003	3871.1	57738	1736.2	6651.0	1295.2	2.99	44.6	1.34	5.14	67.0
2004	4587.3	67090	1908.8	7320.0	1302.9	3.52	51.5	1.47	5.62	68.4
2005	5100.5	72773	2098.3	8061.2	1311.3	3.89	55.5	1.60	6.15	70.1
2006	5648.5	79421	2315.0	8915.7	1318.7	4.28	60.2	1.76	6.76	71.1

表2 図1～図10のデータ（日本 1950-2006）

年	CO_2排出量 (Mt)	一次エネルギー供給 (PJ)	GDP 市場価格 (10億米ドル)	GDP 購買力平価 (10億米ドル)	人口 (百万人)	1人あたり CO_2 (t)	1人あたり エネルギー供給 (GJ)	1人あたり GDP（市場価格）(千米ドル)	1人あたり GDP（購買力平価）(千米ドル)	エネルギー当たり CO_2 (t/TJ)
1950	98.0	—	281.3	195.7	83.2	1.18	—	3.38	2.35	—
1955	144.4	—	444.5	309.1	89.3	1.62	—	4.98	3.46	—
1960	242.0	3387	686.9	477.8	93.4	2.59	36.3	7.35	5.11	71.4
1965	392.3	5650	1111.1	772.9	98.3	3.99	57.5	11.31	7.86	69.4
1970	766.7	10785	1840.2	1279.9	104.7	7.33	103.0	17.58	12.23	71.1
1971	758.8	11255	1894.9	1317.9	104.8	7.24	107.4	18.08	12.58	67.4
1975	856.3	12833	2259.9	1571.8	111.5	7.68	115.1	20.27	14.10	66.7
1980	880.7	14480	2800.6	1947.9	116.8	7.54	124.0	23.98	16.68	60.8
1985	876.0	15264	3261.9	2268.7	120.8	7.25	126.4	27.00	18.78	57.4
1990	1071.4	18586	4122.4	2867.2	123.5	8.68	150.5	33.38	23.22	57.6
1995	1156.7	20966	4445.4	3091.8	125.5	9.22	167.1	35.42	24.64	55.2
2000	1192.4	22049	4667.5	3246.3	126.8	9.40	173.9	36.81	25.60	54.1
2003	1222.8	21528	4754.6	3306.9	127.7	9.58	168.6	37.23	25.90	56.8
2004	1222.4	22225	4885.1	3397.6	127.8	9.56	173.9	38.22	26.59	55.0
2005	1227.7	22122	4978.3	3462.5	127.8	9.61	173.1	38.95	27.09	55.5
2006	1212.7	22088	5087.1	3538.1	127.8	9.49	172.8	39.81	27.68	54.9

表3 図8〜図10のデータ(中国,日本2006-2030)

シナリオ	年	中国					日本				
		人口 (百万人)	1人あたり			エネルギー当たり CO_2 (t/TJ)	人口 (百万人)	1人あたり			エネルギー当たり CO_2 (t/TJ)
			CO_2 (t)	エネルギー (GJ)	GDP(購買力平価) (千米ドル)			CO_2 (t)	エネルギー (GJ)	GDP(購買力平価) (千米ドル)	
RS	2006	1318.7	4.3	60	6.8	71	127.8	9.5	170	27.7	55
	2015	1366.9	6.4	88	11.1	73	124.4	9.3	180	31.7	53
	2020	1394.5	7.0	97	14.7	73	122.5	9.3	180	34.1	52
	2025	1422.6	7.6	110	18.3	72	120.7	9.2	180	36.7	50
	2030	1451.3	8.0	110	25.6	72	118.9	9.0	180	39.6	49
550	2006		4.3	60		71		9.5	170		55
	2015		5.9	83		71		8.5	170		49
	2020	同上	6.2	88	同上	70	同上	8.0	180	同上	45
	2025		6.3	93		68		7.3	180		41
	2030		6.2	96		65		6.7	170		38
450	2006		4.3	60		71		9.5	170		55
	2015		5.8	82		71		8.5	170		49
	2020	同上	6.1	87	同上	70	同上	8.0	180	同上	45
	2025		5.5	85		65		6.6	170		38
	2030		4.3	80		54		5.5	170		33

[参考文献]

[1] EDMC編 (2007)『エネルギー経済統計要覧2007』省エネルギーセンター。
[2] IEA (2001), *Energy Balances of OECD Countries 1998-1999, 2001 Edition*, OECD.
[3] IEA (2007), *World Energy Outlook 2007: China and India Insight*, OECD.
[4] IEA (2008a), *CO_2 Emissions from Fuel Combustion 2008 edition*, OECD.
[5] IEA (2008b), *Energy Balances of OECD Countries, 2008 Edition*, OECD.
[6] IEA (2008c), *World Energy Outlook 2008*, OECD.
[7] IPCC (2007a), *Climate Change 2007: The Physical Science Basis. Contribution of Working Group I to the Fourth Assessment Report of the Intergovernmental Panel on Climate Change*, [Solomon, S., D. Qin, M. Manning, Z. Chen, M. Marquis, K. B. Averyt, M. Tignor and H. L. Miller (eds.)], Cambridge University Press, Cambridge, United Kingdom and New York, NY, USA.
[8] IPCC (2007b), *Climate Change 2007: Mitigation. Contribution of Working Group III to the Fourth Assessment Report of the Intergovernmental Panel on Climate Change*, [B. Metz, O. R. Davidson, P. R. Bosch, R. Dave, L. A. Meyer (eds)], Cambridge University

Press, Cambridge, United Kingdom and New York, NY, USA.
[9] OECD (2009), *Purchasing Power Parities (PPPs) for OECD Countries*, http://stats.oecd.org/wbos/Index.aspx?datasetcode=SNA_TABLE4.

第4章
気候変動問題への挑戦と中国の戦略的選択

荘　貴陽

（鄭　海東訳）

はじめに

　気候変動は典型的な地球規模の環境問題である。地球全体の環境保護の制度化が進む中，気候変動に関する公平かつ有効な国際的枠組の構築は，今日の世界政治の主要な課題の一つとなっている。国連気候変動枠組条約が締結され，京都議定書が発効し，さらにポスト京都の気候変動交渉が困難の中で発足するという，気候変動に関する国際枠組形成の過程において，中国の注目度および重要性は日増しに大きくなっている。総合的国力の増大，環境問題への認識の深化および国際交渉の経験の蓄積によって，気候を巡る国際議論に参加する中国の能力も次第に高まっている。中国の気候変動交渉についての立場およびそのパフォーマンスは，その都度のこの問題に対する自らの認識水準と密接に関係している。

　本論文では，中国の気候変動問題に関する意思決定のプロセスおよび意思決定を影響する要素を検討した上で，ポスト京都の段階に入っている国際気候変動交渉における目下の中国の戦略的優先分野を明らかにしていく。さらに，中国が平和的に発展の余地を獲得するには，低炭素開発を目指すことによってポ

スト京都時代の挑戦に対応すべきであるということを提言したい。

第1節　気候変動問題に関する国際議論と中国の認識の変化

　国際気候制度の成り行きは，主に科学的認知，政治的意思および経済的利益という三つの側面から総合的な影響を受けている。気候変動問題に関する国際議論の内容は，おおよそ科学的認知，経済的評価および政治的角逐からなっている。政治的意思と経済的利益と科学的認知とは独立のものではなく，相互に関連・影響し合うものである。政治的意思は経済利益の判断に依存し，経済利益の計算は緻密な科学的根拠に基づく[1]。総じて見れば，1997年までの気候変動問題に対する議論は科学的認知の側面に重きを置いたものだった。1997年の国連気候変動枠組条約の第3回締約国会議で合意された京都議定書を境目に，気候変動問題の焦点は経済の側面すなわち温室効果ガス排出削減の代価の大きさや技術的可能性に移ったようである。京都議定書の2005年2月の発効を受けて，気候変動問題に関する国際論争は次第に政治大国（または集団）の間のゲームに変わりつつあった[2]。

　中国は，最初から1990年に正式に発足した国際気候変動交渉に参加してきた。中国はかつてから「中進国の水準に達するまでは，温室効果ガス削減義務を負うことはない[3]」との立場を強調してきたため，国際交渉の中で強硬派と目されていた[4]。しかし，近年，中国の「中進国の水準に達するまで」の時間的概念を以前ほど堅持しなくなったように見える。胡錦濤国家主席は，2007

---

1) 潘家華「后京都国際気候協定的談判趨勢与対策思考」『気候変化研究進展』2005年第1期，10-15頁。
2) 潘家華「気候変化中的強強博弈」『城市中国』2007年第21期，25-28頁。
3) 1999年，中国代表団長劉江が国連気候変動枠組条約第5回締約国会議で行った発言を参照（http://www.ccchina.gov.cn/cn/index.asp）。
4) 唐更克・何秀珍・他「中国参与全球気候変化国際協議的立場与挑戦」『世界経済与政治』2002年第8期，37頁。

年のG8+5の対話会議において,「発展途上国の工業化,都市化,近代化の実現はまだ遠く達成せず,経済の発展と民生の改善の道程はまだ長い。発展の目標を実現するには,発展途上国のエネルギー需要がある程度拡大することが避けられない。これは発展途上国が置かれた基本的条件である。したがって,現段階において発展途上国に強制的な排出削減を要求することは適切ではない[5]」と述べた。中国は現段階でのいかなる数値目標的な排出削減義務も承諾しない立場を堅持しているものの,同時に「発展途上国もその力が及ぶ範囲内で,自らの状況に応じて対策を採ることで地球全体の持続可能な開発の促進に積極的な貢献をすべきである」と再三強調しているのである。

概して言えば,中国の気候変動問題に対する立場は,平穏の中に変化ありということである。「平穏」とは,現段階において温室効果ガスの量的排出削減義務を負わない立場が変わっていないことで,「変化」とは国際気候交渉および関連分野でより積極的,開放的,協力的な態度を見せ始めたことである[6]。具体的な変化は四つある。第一に,三つの柔軟メカニズム特にクリーン開発メカニズム(CDM)に対しては,かつての懐疑から支持に転換した。第二に,資金と技術の面において,かつてはひたすら先進国が発展途上国に資金・技術の援助の必要性を強調していたが,今は双方の互恵的な技術普及メカニズムの構築および技術協力を呼びかけている。第三に,かつては国連気候変動枠組条約および京都議定書にのみ関心を寄せていたが,今は他の形式の国際気候協力メカニズムにも前向き的な態度を採り始めている。第四に,積極的に低炭素開発の国内政策を推進している。

気候変動研究の進展と気候条約の前進に伴って,中国の気候変動問題に対する認識も以下のように絶えず進化する過程を経験してきた[7]。

---

5) 2007年6月8日,胡錦濤国家主席がドイツ・ハイリゲンダムで開かれる主要国(G8)と発展途上国の首脳による対話会合で行った発言による。
6) 張海濱「中国在国際気候変化談判中的立場:連続性与変化及其原因探析」『世界経済与政治』2006年第10期,36-43頁。陳迎「国際気候制度的演進及対中国談判立場的分析」『世界経済与政治』2007年第2期,52-59頁。
7) 陳迎「中国在気候公約演化過程中的作用与戦略選択」『世界経済与政治』2002年第5期,

(1) 環境的含意を重視

　気候条約は気候変動の科学から生まれた問題意識である。気候変動に関する政府間パネル（IPCC）の科学評価活動を背景に，気候変動問題は自然生態環境に影響し，人類の生存基盤を脅かす重大問題として挙げられ，国際社会で政治交渉を通じての解決策が模索されるようになった。条約交渉の初期において，当時の科学知識の限界で，中国は気候変動条約の性格を国際的な環境協定と認識していたため，条約への署名と批准に非常に積極的な協力姿勢を見せていた。

(2) 政治的含意を重視

　1995年にベルリンで開催された気候条約についての第1回締約国会議で，先進国の具体的な削減義務について交渉を開始することが合意されたと同時に，発展途上国にいかなる新規義務をも課さないことが明確に決定された。しかし，その後の交渉において，一部の先進国は自らの削減目標を掲げることを棚上げにしながら，温室効果ガス排出削減の問題への関心を主要発展途上国に逸らそうとして，その政治的意図を顕わにした。これに対して，中国が高度の政治的警戒感を見せた。以後，気候変動問題の政治的含意が中国の警戒する重点となった。中国は，国際気候交渉を「政治闘争」と位置付け，1997年京都会議において，多くの発展途上国と結束して最終的に勝利を収めた。

(3) 経済的含意の重視

　1997年の京都会議で京都議定書が承認された後，気候変動交渉が，実施細則の策定に移ったため，気候条約が持つ経済的含意は次第に重要性を増してきた。京都議定書の体制の下，先進国と発展途上国との間でクリーン開発メカニズム（CDM）についての協力が求められている。中国は条約の政治的含意に注目すると同時に，その経済的含意をもますます重視するようになった。中国国

　15-20頁。荘貴陽・陳迎『国際気候制度与中国』世界知識出版社，2005年，249-251頁。

家発展計画委員会（現在は国家発展・改革委員会）は，気候変動政策の統括作業が1998年に中国気象局から同委員会に移管されてから，中国の気候変動政策を立案する最高機関となった。これは，中国の気候変動政策が気候の変動だけでなく，経済発展にも関心を持っているという考え方と姿勢を示したものである。

(4) 持続可能な発展を強調

米ブッシュ政権が2001年3月に京都議定書からの離脱を宣言した後，国際気候交渉は膠着状態に陥った。IPCCの第3回評価報告の影響と推進の下，2002年9月にヨハネスブルグで持続可能な開発に関する世界首脳会議（WSSD）が開かれた。その後，いかにして持続可能な開発戦略の枠組みの中で気候変動を緩和し，また気候変動に適応するかが，国際交渉の新しい方向となった。その後の第8回締約国会議で合意された「ニューデリー宣言」で，気候変動への対応についてコンセンサスが得られ，持続可能な開発の枠組みの中で気候変動に適応すべきであるとの考え方が明確に打ち出された。これらの国際的動きを受けて，中国政府も，その気候変動への戦略・政策は自国の国情を見極めた上，国家の持続可能な開発戦略の枠組みおよび社会経済発展の計画の中に入れる必要があるという認識を次第に強めた。

(5) 地政学的ゲームとしての認識

京都議定書が発効するまで，ポスト京都国際気候制度の構築についての構想が次々と打ち出された。2010年後の気候変動問題に関する国際交渉を巡って，各国は各自の主張をアピールして良好な国際イメージ作りに励み，国際的影響力を発揮するためのソフトパワーを付けようとした。気候変動問題を巡る国際闘争の本質は，各国の自らの発展する権利の争奪と経済利益の獲得にある。国際気候交渉において，多くの有力国がある中で，中国，米国，EUの三者が鼎立する状況にある。気候変動問題への国際的関心がますます高まる中，中国にかかっている国際的圧力は日増しに増大している。このため，中国は，気候変

動問題に関して，77カ国グループと統一した立場を持つことではじめて発展途上国の経済発展のための権益を守ることができるし，今後のための温室効果ガス排出の余地を確保することができると認識するようになった。

第2節　中国の気候変動の意思決定と影響要因の分析

　地球全体の気温は上昇している。国際社会が中国の国際気候変動交渉での政策と立場に向ける視線も熱くなっている。発展の途上にある中国ではあるが，国際気候議論の中では，すでにキーワードとして語られている。地政学的ゲームの中での重要な一極として，中国のある具体的議題への態度や関連政策のいかなる変化も直ちに外部の予測を惹起してしまう。このため，中国の気候変動政策と交渉立場に対する客観的な解読がきわめて重要になってくると思う。

　中国の政策と立場に対して，異なる理解と評価が存在している。実際，中国の気候変動問題への政策を理解することは容易ではない。世界最大の発展途上国としての中国は，独特の国情を有しているため，海外の研究者の分析と推論は，立場や情報資料の制約を受けざるを得ない。国内の研究者に至っては，国際関係の専門家は気候変動分野を良く知らないのに対して，気候変動問題の専門家は国際関係についての分析力が欠けている。

　一言で言えば，国際関係のゲームの中で，各国は多種多様な方法で自らの利益の最大化を求めている。目下，一国が国際環境交渉で採る立場の形成要因について，国際的には主に二つの分析モデルがある。一つは，「利益ベース」の分析モデルで，いまひとつは，二層ゲームモデルである。この二つの分析モデルにはそれぞれ長所もあるが，同時に適用上の限界もある。気候変動問題の複雑さから，一国の気候変動交渉の立場に影響を及ぼす要因も多いため，単一のモデルで複雑かつ変化に富む現実を解釈することは困難である。中国の気候変動における立場の「変化」と「不変」についての分析と判断は，以上の二つのモデルによる分析結果への総合的な解釈でなければならない。

(1)「利益ベース」で気候変動の問題を考える

デトレフ・シュプリンツ (Detlef Sprinz) とタパニ・バートランタ (Tapani Vaahtoranta) が提起した「利益ベース」の分析モデルでは，生態脆弱性と緩和費用が一国の環境交渉における立場と政策を左右する二つの決め手となっている。一国が環境問題を受ける影響が大きいほど，それに関する国際交渉に参加する意欲が高い。一国がこの環境問題の解決に払う費用が大きいほど，それに関する国際交渉に参加する意欲が低い。この分析モデルでは一国の国際環境交渉における出方が4つのタイプに分類されている。すなわち，促進者，阻止者，傍観者および中立者である[8]。

「利益ベース」の分析モデルの特徴は，非常に簡潔なことである。つまり，ロジックが明晰でかつ一目瞭然な上，一定の説明力を持っている。しかし，国際環境交渉は複雑なため，その適用性には限界がある。気候変動は地球全体の共通問題として，各国にとって環境的・経済的な含意を持っているだけでなく，国際関係的・地政学的な考慮もする必要がある。経済と環境への関心は，必ずしも一国の国際環境交渉における立場を決定するとは限らない。先進国と発展途上国との国際環境問題における責任が異なるため，このモデルは同一のタイプの国（特に先進国）に対する比較と役割分担の分析には比較的に適している。一方，発展途上国にとっては，気候変動がもたらす不利な影響に対する脆弱性評価であれ，または排出削減行動がもたらす社会的・経済的費用に対する判断であれ，いずれも能力不足という問題を抱えている。発展途上国の研究者が交渉担当者（あるいは政府の意思決定者）に有力な研究上の支持を提供できないことや政府自身の交渉の経験・能力の欠乏という問題があるからこそ，発展途上国は受動的・防御的外交戦略を採らざるを得ないという傾向が見受けられる[9]。発展途上国が国際気候交渉の中で従属的な立場にあるため，国際制度の

---

8) Detlef Sprinz, Tapani vaahtoranta, "The Interest – Based Explanation of International Environmental Policy," *International Organization,* Vol. 48, No. 1, Winter 1994, p. 81.

9) Michael Richards, "A Review of the Effectiveness of Developing Country Participation in the Climate Change Convention Negotiations", Working Paper of Oversea Development

構築における選択的動機付けも「利益ベース」という分析モデルの中の不可欠な外的影響要因となっているのである。選択的動機付けの主要な方面は次の通りである[10]。

　第一に，国際的移転支出である。気候変動枠組条約では先進国が発展途上国に資金援助と技術移転を行なう義務が規定されている。この他，同条約の下では「気候変動特別基金」と「最貧国基金」が，また京都議定書の下では「適応基金」がそれぞれ設けられている。これらの国際移転支出の手段は発展途上国の能力向上と持続可能な開発の促進に力点が置かれ，排出削減義務とのリンケージにはなっていない。このため，賛同者の拡大と安定性の維持を図る面においては重要な動機付けとなっている。

　第二に，国際的排出権取引市場である。市場メカニズムを利用して温室効果ガスの排出削減を図ることは京都議定書の良き創造であった。京都議定書の発効によって世界の排出権取引市場がスタートを切った。クリーン開発メカニズム（CDM）は，費用という効果的な方法を通じて先進国の排出削減を図ると同時に，発展途上国の持続可能な開発の促進をも視野に入れている。CDMプロジェクトの実施を通じて，発展途上国は先進技術・資金の獲得の面で利益を得ることができる。発展途上国を排出削減の行動に参与させる点に関して，CDMは間違いなく成功したと言えよう。

　第三に，その他の問題の交渉とのリンケージである。気候変動交渉を他の問題とリンケージして動機付けを与えることは，気候交渉の停滞を打破するための効果的方法であると見なされる。現に，ロシアは議定書批准問題を巡ってEUのその世界貿易機関（WTO）加入交渉の支持とリンケージすることに成功して，気候変動交渉以外の利益を手に入れた。気候変動問題と国際貿易とは当然ながら緊密な関係にあるため，両者を関連付けることは国際気候制度の重要な流れとなっている。

Institute, UK, December 2001.
10) 中国社会科学院の研究者である陳迎も以下の四つの要因を提起・分析したことがあるが，選択的動機付けとして分析したわけではない。

第四に，国際的イメージである。国際的イメージも一種の選択的動機付けである。国家利益には貨幣で量的に測れる経済利益だけではなく，量的に測れない非物質的利益も含まれている。言うまでもなく，国際的イメージも国家利益の重要な部分である。気候変動問題は地球全体の利益がかかっているのに対して，国家利益は往々にして利己的なものと見なされる。国際的世論の圧力の中で，各国は良好な国際的イメージを持つことを望んでいる。

要するに，気候変動問題に関して，全ての国は，現実的利益と長期的利益，国家利益と地球利益といった多層的難問と二者択一の選択に直面している。一国の気候変動交渉での立場は，その意思決定当局の上述の各要素への認知水準と国家利益に対する主観的判断によって決まるのである。

(2) 気候外交から科学的開発の戦略への変化

ロバート・D. パットナム (Robert D. Putnam) の二層ゲーム理論 (two-level games) は，政治の意思決定者たちが国際交渉と国内政治勢力の圧力下にあることを強調している。国際と国内との二つの層を結び付けて国際政治と国内政治の相互関係を分析・考察して，初めてより正確に一国が国際交渉で採る行動が理解できる[11]。米国の気候変動問題に関する意思決定モデルは，二層ゲーム理論の最もよい解釈である。クリントン政権は京都議定書に署名したが，ブッシュ政権は離脱を宣言した。二層ゲーム理論は価値のある分析道具であるが，ジェームス・ドハティ (James Dougherty) とロバート・パルツグラフ (Robert Pfaltzgraff, Jr.) は次のように忠告している。二層ゲーム理論を含め，米国で発達した大多数の意思決定理論の関心が向けられているのは，米国の政治であり，異なる政治制度の国の意思決定のスタイルにきわめて大きな差異があるため，これらの理論の濫用は間違った認識を持つことに繋がるのである[12]。

---

11) Robert D. Putnam, "Diplomacy and Domestic Politics: The Logic of Two-Level Games," *International Organization*, Vol. 42, No. 3, 1988, pp. 427-460.

12) Dougherty, James, Pfaltzgraff, Jr., Robert, "Contending Theories of International Relations A Comprehensive Survey" / 閻学通・他訳『争論中的国際関係理論』世界知識出版

一般論で言えば，国内の気候変動問題に対する意思決定は，二種類の利益集団の影響と相互関係を考慮に入れる必要がある。一つは意思決定に参加する政府部門間の協調関係で，いまひとつは社会利益集団の政府に対するロビー活動である。中国の国内の気候変動を巡る意思決定は米国と大きく異なっている。中国の気候変動政策の主要な意思決定者は十数の政府部門からなる国家気候変動対策チームである。中国の気候変動交渉代表団は，国家発展・改革委員会と外交部が調整役を担当し，代表団のメンバーは主に気候変動協調チームを構成する各官庁から派遣される他，一部の研究機関の研究者も含まれている。ただし，NGOや地方政府および企業等の社会集団からの参与はまだ比較的限られている。中国の指導者は気候変動問題を非常に重視しているものの，この問題はまだ国の優先的な政策分野とはなっていない。中国はトップダウン型の集団的意思決定方式を採っているため，各部門の利益の一致性を重視していることから，国内の意思決定において原則的な意見の相違が発生しにくい。このように，中国では気候変動交渉が実際外交問題として単純化されているため，気候変動交渉を担当する代表はより大きな意思決定権を持っているわけである。

中国を含め，発展途上国では気候変動の緩和の経済的影響についての研究が相対的に遅れているため，研究者が交渉担当者に有力な技術的支持を提供することができない。このため，発展途上国は気候変動交渉にあたって，受動的・防御的な交渉戦略に傾きがちである。京都議定書が発効するまでは，中国は気候変動に関する国際的な動きを外交政策上の問題として位置付けていた。2001年，IPCCが第3回評価報告書をまとめた後，中国政府がこの評価報告書の意義を高く重視したため，中国の研究者は全面的かつ真剣に第4回評価報告書の作成に取り組んだ。科学研究の面では欧米先進国に比べまだ差はあるものの，気候変動問題への認識は単なる外交問題としての段階を超えたのである。2001年以降の中国経済の高成長に伴って，資源・環境問題は日増しに先鋭化しつつあり，「十一次五ヵ年規画（2006～2010年）」および共産党第17期大会

社，2003年版，645～646頁。

報告は，共に温室効果ガスの排出抑制を戦略的問題として位置付けている。省エネと排出削減は国内での優先的政策分野ではあるが，これらの政策によって国内の開発目標と地球全体の気候保護の目標との同時達成が図れるものとして認識されたのである。

第3節　中国の成長戦略の転換における資源・環境問題

改革・開放の30年間，中国の経済成長は世界から注目を集めている。1978年から2006年にかけて，中国の国内総生産 (GDP) は年9.7％のペースで成長し続け，2007年の一人当たりGDPは2460ドルに達して，世界第4位の経済規模を有するようになった。一方，中国はキャッチアップ型または圧縮型の工業化の道を歩んでいるため，先進国では工業化実現の100年間の過程で段階的に表れたエネルギー・環境の問題が集中的に表れた。以前からの粗放型経済成長方式がもたらす資源の浪費と枯渇，環境の破壊と悪化によって，資源・環境問題は中国経済・社会の発展過程における最大の課題となった。2003年の共産党16期3中全会で，全面的・協調的で持続可能な科学発展の理念が打ち出された。また政府の「十一次五ヵ年規画」の綱要の中で省エネ・排出削減の目標が定められたことからも，政府のエネルギー・資源・環境および気候変動問題への高い関心がうかがえる。

(1) エネルギー安全

エネルギーは経済成長のエンジンである。高成長は中国のエネルギー需要に急激な増加を強いてきた。中国のエネルギー消費量は，1990年は9.9億トン標準石炭[13]であったが，2007年には26.5億トン標準石炭に拡大した。その結

---

13) 標準石炭 (standard coal) は異なる燃料のパワーを比較するために用いられる単位で，ジュール熱に換算すると，標準石炭1 kgは29.27兆ジュール (J) に相当する。これで換算すると，1トンの石油と石炭は，それぞれ1.43トン，0.714トンの標準石炭に相当

果，1992年から，中国のエネルギーの消費量は生産量を上回るようになった。中国の高成長の過程において，エネルギー安全（持続的・安定的な供給），中でも石油供給の確保は，ますます経済成長を制約するボトル・ネックになっている。1993年から，中国は石油の輸入国となった。目下，中国は米国に次いで世界2番目の石油消費国である上，世界最大の石油輸入国の一つでもあり，2007年の石油の輸入依存度は46.6%に達した。2003年以降，国際原油市場で原油価格は持続的に上昇し，2008年6月には1バレル140ドルを超えるまで急騰した日もあった。中国は非常にエネルギー構造のクリーン化を重視しているにもかかわらず，国内での代替の選択余地が限られているため，石炭を中心とするエネルギー構造は今後も相当の期間において変えることが困難である。国際社会の中国の石油輸入への過敏からも，西側諸国が第一次・第二次石油ショックの際の経験からも，中国はエネルギー供給の安全を重視しなければならない。

(2) 資源の不足

　中国は世界で最も人口の多い国である。しかし，その一人当たり資源占有量は世界平均水準を下回っている。重工業化の発展段階に入り，エネルギー・原材料等に対する需要の圧力が増大し，粗放型経済の高成長は経済発展を保証する基礎的・戦略的資源の供給を逼迫させている。例えば，石油供給・水資源の不足，電力供給の逼迫はすでに現実的な問題になっている。統計数字から見れば，2006年，中国のGDPの世界全体に占める割合は5.5%であったのに対して，エネルギー，鋼材，セメントの消費量はそれぞれ世界の15%，30%および54%を占めている[14]。また，ある予測によれば，2020年には，中国の経済成長が必要とする45種類の鉱物資源の中で，供給が確保できるのは24種類，おおよそ確保できるのは2種類，不足するのは10種類，深刻に不足する

　する。
14) 韓潔・王宇「節能減排掀起全民行動："硬約束"指標"保駕護航"」，中国政府ホームページ (http://www.gov.cn, 2007年11月27日)。

のは9種類,ということである[15]。2020年の中国の石油,鉄鋼,マンガン,銅,鉛および亜鉛の輸入依存度は,それぞれ58%,52%,38%,82%,52%および69%に達するという[16]。中国の目下の経済成長速度と生産規模でもって,国際市場から大量の資源を輸入して粗放型成長を支えることは現実的ではない。中国が利用できる国際市場が無限でない以上,国内資源の開発と海外資源の利用の他,これまでよりも経済成長方式の転換に注力し,資源消費の抑制に極力努める必要がある。

(3) 環境汚染

資源のボトル・ネック問題がますます先鋭化する中,環境生態の圧力もより深刻な様相を呈している。工業の廃水,廃気および固体廃棄物の排出量は共に比較的高い伸び率を見せている。経済運営の費用と社会的費用は一段と上昇している。関連研究によれば,2003年には,中国の環境負担のGDPに占める割合は2.68%-5.78%に達しているという[17]。国家環境保護総局と国家統計局が2006年に発表した数字によれば,2004年の環境汚染による損失は,同年のGDPの3.05%に上っている[18]。

中国の石炭埋蔵量は世界全体の13%を占めているのに対して,石油・天然ガスの埋蔵量は世界全体の1%しか占めていない。このため,国内のエネルギー需要の3分の2は石炭によって満たされている。中国の大量の大気汚染物,例えばCO_2,SO_2,NO_x等の排出はいずれも石炭の燃焼によるものである。中でも深刻なのはSO_2で,2005年にはその排出による直接的経済損失が約600億

---

[15] 任勇「我国開始歩入環境与発展戦略転型期」(中国社会科学院第4回中国経済論壇論文集,2008年)。

[16] 盧中原(執筆)『"十一五"期間至2020年中国経済社会発展的突出矛盾,基本任務,前景展望和政策取向』,国務院発展研究中心内部研究報告,2005年。

[17] 中国国家環境総局・世界銀行『中国環境汚染損失研究報告』,中国環境汚染損失研究国際セミナー資料,2007年。

[18] 中国国家環境総局・中国国家統計局『中国緑色国民経済核算研究報告2004』,2004年(http://www.zhb.gov.cn/xcjy/zwhb/200609/t20060907_92529.htm)。

ドルにも上っている[19]。2001年の世界銀行開発報告書で列挙された世界で空気汚染が最も深刻な20都市の中で，中国は16を占めている。世界衛生機関は，中国の30％の地域が深刻な酸性雨の影響を受けていて，2004年にはたった31％の中国の都市が世界衛生機関の大気基準を満たしていると指摘した[20]。

(4) 気候変動

　現在，地球全体の温暖化は揺ぎ無い事実になっている。温暖化現象は全人類が直面する難題であり，国際社会が共同で対策を考える問題である。中国の一人当たり温室効果ガス排出量がまだ世界平均水準に達したばかりとは言え，排出量そのものは猛烈な勢いで増大しつつあるのである。1990年から2003年までの13年間，中国のGDPの増分は世界の10％を占めるが，エネルギー消費の増分は世界の25％を占め，さらに温室効果ガス排出量の増分は世界の34％を占めている[21]。IPCC第4次評価報告は，地球全体の未来の排出増加のうち，約3分の2から4分の3は発展途上国から発生すると同時に，主要な（低コストの）排出削減余地も発展途上国にあると指摘している。排出削減の措置が早いほど，経済的可能性も高い[22]。世界の主流的観点によれば，気候変動枠組条約の「大気中の温室効果ガス濃度を気候メカニズムが人為的干渉を受けることを防げる水準に安定化させる」という最終目標の実現は，中国が排出削減を大掛かりに行うことが先決条件であるという。このことからも，中国の国際社

---

19) Daniel H. Rosen, Trevor Houser: "China Energy: A Guide for the Perplexed", A Joint Project by the Center for Strategic and International Studies and the Peterson Institute for International Economics, Washington, DC. May 2007.

20) WHO (World Health Organisation): "Environmental Health Country Profile-China", June 2005. Available from: http://www.wpro.who.int/NR/rdonlyres/.../0/China_EHCP_EHDS_9jun05.pdf.

21) EIA (Energy Information Administration): *International Energy Outlook 2006*", Official Energy Statistics from the U. S. Government, 2006.

22) IPCC: "Summary for Policymakers of *Climate Change 2007: Mitigation*". Contribution of Working Group III to the Fourth Assessment Report of the Intergovernmental Panel on Climate Change. London: Cambridge University Press, 2007.

会で受けている圧力が想像できる。

　国際気候変動交渉において，発展途上国が排出削減義務を負うべきか否かについての国際議論は，低炭素開発の理念の提起を触発した。2007年のIPCC第4回評価報告書の発表および「バリ・ロードマップ」(Bali Roadmap)の達成は，低炭素開発の理念に対する国際的関心が高まっていることを意味するものである。低炭素経済は炭素生産力(炭素排出の単位当たりの産出量)が一定水準に達した時点の経済的形態である。低炭素経済への転換過程は，低炭素開発の過程でもある。低炭素開発の実現は，技術跳躍型開発および制度的約束によって図られ，エネルギー効率の向上，エネルギー構造の改善，および消費者行動の合理化がその具体的な表れ方である。これは，本質的に中国で進められている"両型"(資源節約型，環境調和型)社会の構築運動および経済成長方式の転換と一致したものである。中国は高速の工業化過程にあり，比較的大きな温室効果ガスの排出空間を必要としているが，同時に地球全体の気候を保全する責任と政治的意欲も持っている。中国が発展の中で排出削減を追求し，低炭素開発の道を歩むことは，開発と環境保全の両立を目指す方途である。

第4節　中国の気候変動戦略の優先領域

　言うまでもなく，中国の気候変動に関する意思決定の基礎は経済利益についての判断であるが，認識の深化によって経済利益の意味合いが絶えず広がっている。国内の政策当局間に利害の対立がないため，気候変動問題における中国の経済利益の確保は単純に外交交渉によって図られているが，この外交交渉もまた認識の深化に伴って多くの柔軟性を見せている。ポスト京都の交渉段階において，中国の主要な戦略目標は三つある。一つ目は，中国の発展の権利の獲得と維持である。二つ目は，国内の持続可能な発展を促進することである。三つ目は，責任ある大国としての良好な国際的イメージの確立である。中国の独特の国情および直面している挑戦は，中国に気候変動戦略の優先分野の明確化

を要請している。すなわち，発展途上国の結束を維持することによって発展空間の獲得と維持を図ること，クリーン開発メカニズムプロジェクトの実施を通じて経済利益を最大限に追求すること，省エネ・排出削減の推進によって良好な国際的イメージを確立し，開発目標と気候保全目標との両立を実現することである。

(1) 気候交渉に積極的に参加して発展途上国の内部結束を維持

　中国が気候変動に関する国際枠組構築の過程での重みと関わり方は，他の国際制度の場合とは完全に異なっている。経済分野において，国際経済制度のルールは主に先進国が策定したもので，中国のこれらの制度への関与は基本的にはそのルールを受け入れるだけのことである。西側諸国が主導権を握っているため，中国がそれらのルールに対して改造や修正を加えることはきわめて困難で，役割は非常に限られているのである。しかし，目下確立されようとする国際気候制度に関しては，状況が違う。この制度作りは発足したばかりで，未熟であるため，国際社会の共同の努力で改善していかなければならない。先進国はその政治的・経済的および科学技術的パワーで一定の主導権を持っているものの，この制度作りの過程において発展途上国は依然として大きな役割を果たす余地がある。

　世界的影響力を持つ発展中の大国として，中国は先進国のリーダーシップの下で進められている国際気候変動制度の構築に全面的に参加すると同時に，積極的に大国としての役割を果たすことによって，相対的に公平的・安定的な国際協力を維持する中で中国のグローバル化しつつある国家利益を求めるべきである。いかなる国際圧力があっても，中国は引き続き気候条約の交渉に積極的に参加しなければならないし，参加の度合いと能力を高めることで制度作りにできる限りの役割を果たさなければならない。無論，中国が気候変動分野の国際活動および約束履行交渉に参加する最大の目的は，工業化・近代化および持続可能な開発を実現するために相応の発展権を獲得することにある。言い換えれば，将来の平和的発展のため，必要不可欠な温室効果ガスの排出枠を確保す

ることである。

　気候変動問題の中で，国家利益を守る最も効果的な方法は積極的に国際気候制度の策定および IPCC の関連報告書の起草に参与することである。こられを通じて発展途上国の国情を最大限に反映することで国際社会の理解と支持を得て，経済発展のための余地を柔軟に作り出すことである。同時に，中国は全方位的な環境外交を展開し，より多くの盟友を持つことで自らの交渉地位を強化し，気候変動枠組交渉の方向性に影響を及ぼすべきである。これまでの条約制定の過程を見ると，中国は最初から多角的交渉の中心メンバーであって，交渉の進展に重要かつ建設的な役割を果たしてきた。現在の国際気候変動に関するルールにおいて，多くの条項に中国の貢献が含まれているのである。

　国際気候交渉において，中国は積極的で活発で責任ある参加者である。中国は通常発展途上国グループ（77 カ国グループ[23] ＋中国）と立場を共有し，一致した行動を採るようにしている。発展途上国の内部には経済格差や異なる気候変動政策利益が存在しているが，多くの発展途上国は影響力が弱いので，結束して集団としての交渉力を持ち，気候交渉へ影響を及ぼすことによって集団的利益の促進が期待できる。77 カ国グループと中国を代表して立場を表明するのが 77 カ国グループの持ち回りの主席国であるが，中国はその大国としての影響力で困難な内部調整を行うため，実質的には発展途上国陣営をまとめるリーダーと調整役としての役割を果たしてきた。77 カ国グループの中で多大の影響力を持つ中国は，有能な交渉者と見られ，その立場と主張は多くの国に支持され尊重されている。中国は，「77 カ国グループ＋中国」に参加することを通じて，発展途上国の立場に大きな影響を与えてきた[24]。「77 カ国グループ＋中国」の声明以外に，中国代表はまたよく中国の主張を繰り返して強調する。このように，中国は一方で自らの立場を制定して，一方で自分の立場を支持する

---

23) 77 カ国グループは国連の下にある最大の政府間組織で，最初は 77 カ国からスタートしたが，現在は 130 カ国に上っている。

24) Gørild Heggelund, "China's Climate Change Policy: Domestic and International Developments," *Asian Perspective*, Vol. 31, No. 2, 2007, pp. 155-191.

膨大な国家集団の存在を確保しているのである。

　ある西側の研究者によれば，中国が77カ国グループと提携するのは，その単独行動力が弱いためではなく，気候変動交渉の中での孤立を避けるために77カ国グループを防壁にしているだけである。最大の発展途上国の炭素排出国としての中国は，このような戦術を採るのが合理的である[25]。近年，経済成長とエネルギー消費の急増につれ，ますます強まる国際的圧力に直面する中国はその77カ国グループとの連盟関係を一層強化しはじめた。中国は，先進国に対して，実質的な方式でその義務と約束を履行し，さらに2012年以降も引き続き率先的行動を採ることを期待している。一方，EUは2013年以降の排出削減目標を承諾する意向を示しているが，米国という世界最大の温室効果ガス排出国の国際的承諾が得られない限り，中国は承諾議案への参加または承諾を拒否する理由に事欠かない。中国の温室効果ガスの年間排出量がまもなく米国を超えて世界一になる見通しではなるが，その累積排出量が米国を超えるにはまだ数十年かかるのだし，一人当たり排出量もまだ米国の5分の1に過ぎない。したがって，もし米国が実質的な温室効果ガス排出削減を約束するならば，中国には新たな圧力がかかることになるはずで，これまでの「遅延作戦」を見直さざるを得なくなるのである。一方，77カ国グループの内部で意見の相違が部分的に見え始めている。一部の国が異なる立場を示し出したため，中国の交渉上の立場は以前より孤立的になった。例えば，ブラジルや32カ国からなる熱帯雨林国連合が独自の森林消失防止目標を打出す意向を表明している[26]。発展途上国内部の利益目標が多様化するにつれて，中国と77カ国グループとが協調して統一的立場を採ることは容易でなくなった。

---

25) Joanna I. Lewis, "China's strategic Priorities in International Climate Change Negotiations", *The Washington Quarterly*, Winter 2007-08, pp. 155-174.

26) See Coalition of Rainforest Nations, http://www.rainforestcoalition.org/eng/; "Reducing Emissions From Deforestation in Developing Countries: Approaches to Stimulate Action," January 30, 2007, (http://unfccc.int/files/methods_and_science/lulucf/application/pdf/bolivia.pdf).

(2) クリーン開発メカニズムでの活発な国際協力

　中国はすでに主要な気候変動に関する国際協定としての国連気候変動枠組条約と京都議定書を批准している。発展途上国として，中国は束縛力のある排出削減義務を負っていない。しかし，中国は積極的に京都議定書の下にあるクリーン開発メカニズム (CDM) のプロジェクトに参加している。クリーン開発メカニズムは京都議定書の三つの柔軟メカニズムの一つで二重の目標を持っている。ひとつは，発展途上国の持続可能な開発を支援し，気候条約の最終目標の実現に寄与することである。いまひとつは，先進国が比較的に少ない費用でその京都議定書下の排出削減義務の実現に寄与することである。

　他の発展途上国と比べ，中国は最初 CDM に慎重であったし，CDM 市場に入るのも比較的遅かった。京都議定書の発効より 5 年前の 2000 年から CDM プロジェクトを開始できるが，中国は 2002 年 8 月に初めて京都議定書を批准し，2004 年 6 月にようやく国内の CDM を統括する主管機関が立ち上がった。また，中国国務院は 2005 年 10 月になって初めて「クリーン開発メカニズムプロジェクトに関する管理方法」を頒布したのである[27]。

　2005 年 2 月 16 日，京都議定書が正式に発効したことが CDM プロジェクトの本格的な取り組みに法的根拠を提供したことで，CDM の国際市場は急速な発展の時期を迎えた。世界銀行の概算によれば，先進国が 2012 年までに京都議定書の規定通りに削減目標を達成するには，CDM プロジェクトを通じて 25 億トン以上の CO_2 相当の排出量（他の温室効果ガスは地球温暖化への影響の度合いを CO_2 に換算）を購入する必要がある[28]。経済的活力に満ちた発展途上国としての中国は，CDM プロジェクトを実施するための多くの有利な条件を持っている。例えば，技術的能力が高いこと，カントリー・リスクが低いこと，プロジェクトへの投資を比較的獲得しやすいこと，等である。専門家の予測では，

---

27) 中国クリーン開発メカニズムホームページ (http://cdm.ccchina.gov.cn)。
28) 呂学都「全球 CDM 市場発展与中国 MGD 炭融資」(2007 年 2 月 6 日に『ミレニアム開発目標の実現を目指す中国クリーン開発メカニズムに関する開発協力プロジェクト』スタート会議での発言)。

2012年になると，中国は世界のCDM市場の50％に近いシェアを占め，温室効果ガス排出削減量の譲渡による収益が数十億ドルから百億ドル以上に達する可能性がある[29]。

中国では，クリーン開発メカニズムに関するプロジェクトの進展は速い。関連官庁がCDMプロジェクトの運営に関する管理方法の制定を通じてCDM技術サービスセンターを立ち上げ，CDMに関する知識の普及と業務訓練を広く行い，CDM関連の国際協力交流と博覧会を開催すること等で，CDM案件の発掘と実施を大きく促進した。2008年11月12日現在，クリーン開発メカニズム執行理事会（EB）に登録してあるプロジェクト数は1,261件で，年間の排出削減量は推定2.37億トンとなっている。その中で，中国の登録済みプロジェクト数は323件で，インドの375件に次いで世界2位となっている一方，推定の年間排出削減量を占めるシェアは世界1位となる53.25％である[30]。

中国のCDM政策の主な特徴は，持続可能な開発という原則を堅く貫くことにある。中国は，CDMプロジェクトの実施による自国の持続可能な開発の促進効果を重視するが，決して先進国の排出削減のための廉価な道具になることを望んでいない。中国は2005年10月に頒布した「クリーン開発メカニズムプロジェクトに関する管理方法」で，CDMプロジェクトの実施優先分野を，エネルギー効率の向上，新しいエネルギー・再生可能なエネルギーの開発，メタンガスと石炭層ガスの回収・利用，と明確に規定している。中国政府は，ハイドロフルオロカーボン類（HFCS）・パーフルオロカーボン類（PFCS）に関する排出削減プロジェクトの収益の中で，65％のシェアを占めているし，一酸化二窒素（N_2O）に関する排出削減プロジェクトの収益の中で30％のシェアを占めている。これらの収益は，中国の気候変動対策のために設置される予定のCDM基金の財源として利用されることになっている。このことも，中国の責任を持つ大国としての世界に対するコミットであり，率先的行動であると言え

---

29) World Bank, *Clean Development Mechanism in China: Taking a Proactive and Sustainable Approach*, World Bank, Washington DC, 2004.
30) 気候変動枠組条約事務局ホームページ（www.unfccc.int）。

る。2007年10月末現在,国家発展・改革委員会は885のCDMプロジェクトに許可書を出しているが,これらのプロジェクトが予定通りに登録できれば,排出権取引による削減量は15億トン,取引収益額は150億ドルに達する見込みである。また,この150億ドルの収益のうち,30億ドル以上はCDM基金に振り向けられる見通しである[31]。

1997年以降,交渉によって策定された一連のCDMプロジェクトに関する規則・規定およびその実践の結果を客観的に見れば,CDMという創造性に富む試みは,先進国と発展途上国の両方から歓迎を得ていることが言えよう。「バリ・ロードマップ」の達成は,2010年以降のCDMの長期的発展に良好な政治的・経済的環境を提供すると同時に,市場に対して大きな期待感を与えるため,CDMは需要と供給の両方で盛り上がる局面が到来するであろう。この意味で,中国はCDMプロジェクト開発において,より積極的な戦略を採るべきである。他方,CDMプロジェクト開発がもたらしうるマーケット・リスクを回避するため,中国も必要な備えをしておくべきである。具体的には,CDMプロジェクト開発を中国の既存の重要政策・措置(例えば省エネによる排出削減)と整合性を持たせたり,国際資金,技術および制度を充分に活用して国家の重要な政策・措置の貫徹を図ったりすることを通じて,重要な戦略的転換を実現することである。同時に,ポスト京都の交渉過程の中で,交渉大国と排出権取引市場での世界最大の供給国としての立場を生かして,公平な国際ルールが作り上げられるように影響力を発揮し,市場メカニズムでもって発展途上国の低炭素経済開発を促進すべきである。

(3) 積極的に国内での気候変動に関する行動を取る

中国の気候変動問題に関する戦略は,エネルギー開発戦略を中心に展開されたものである。これは,経済発展の目標による要請である。このため,気候変動に対する中国指導部の関心が高まっているとは言え,気候変動戦略自体はま

---

31) 2007年11月9日,中国国家発展・改革委員会副主任解振華が中国クリーン開発メカニズム基金と管理センターのスタート・セレモニーでの発言による。

だ経済発展の次元を超越した優先的な政策分野にはなっていない。一方，中国は終始発展途上国に強制的な温室効果ガス排出制限目標を設けることを反対しているが，中国が行動を取るべきでないことを意味しない。資源節約型・環境調和型社会の構築は「十一次五カ年規画」で定められた最重要目標となっているが，まだ多くの障害を乗り越えなければならない。これらの努力は，今後国内での気候変動に対応するための行動パタンおよび国際気候変動交渉での立場を決定するのである。

　中国の気候変動政策を統括する政府機関の変遷から，中国政府のこの問題に対する認識の変化と重視の程度を垣間見ることができる。1980 年代において，中国政府は気候変動を科学の問題として認識していた。このため，中国気象局が政府への国連気候変動枠組条約の交渉に関する政策立案部門となった。1990 年代に入って，気候変動問題を巡る政治的意識および政治的敏感度がますます高まってきたため，気候変動政策の意思決定機関は国家発展計画委員会すなわち現在の国家発展・改革委員会に移った。国家発展・改革委員会が中国の主なエネルギー政策意思決定機関でもあるため，気候変動政策が同委員会の管轄下に入ったことは，この政策はエネルギー政策の協調なくしては成り立たないという実状を表すものである。

　2007 年以降，気候変動問題への注目度は急激に上昇した。この動きに対して，中国指導部は強い関心を持っている。国際的にも，例えば中国は温室効果ガスの排出の増加を緩慢化させる措置を取ることが求められているように，中国の温室効果ガスの排出削減に対して高い要求が出されている。2007 年 6 月，中国国務院が，国家発展・改革委員会に本部を置く「国家気候変動および省エネ・排出削減工作指導チーム」を発足させた。温家宝首相は自らチームのトップに就任し，18 の官庁の部長や首長が同チームのメンバーに加わっている。その後，気候変動問題の対外折衝の事務処理を強化するため，中国外交部で楊潔篪部長をトップとする「気候変動対外工作指導チーム」が発足した他，于慶泰大使がポスト京都の国際気候変動交渉に関する中国側の関わり方を統括する立場として気候変動問題交渉の特別代表に任命された。この一連の動向は，中

国はすでに自らの責任を意識して，本腰を入れて気候変動問題に取り組もうとしていることを示している。

　2007年に上述の二つのハイレベルの指導チームの発足と気候変動特別大使の任命は，中国の指導部が気候変動問題に対してこれまで以上に関心を寄せていることを表す積極的なシグナルである。科学研究の面では，中国の重要な研究機関の研究成果も国内外の気候変動問題対策に有力な学問的支持を与えている。2006年12月，中国は「気候変動国家評価報告」を発表した。それに続いて，2007年6月4日，中国はさらに「気候変動に対応するための国家方案」を公表した。発展途上国の先陣を切って作成された同方案は，中国がこれまでの温室効果ガス排出削減および気候変動問題対策に関する政策・措置を全般的に検討したものである。これらの政策・法規は，これまでも経済分野全体とりわけエネルギー部門での実施が非常に顕著な排出削減効果があったことを証明している。これらの政策は，国家の広範囲の経済発展戦略の実現をバックアップする効果が期待できるため，今後の中国の温室効果ガス排出削減の本格的な政策になる見通しである。なお，エネルギー利用効率，再生可能なエネルギーに関する産業政策は，これらの政策の主要分野となっている。

　中国は気候変動を遅らせるために，すでに多くの努力を払っている。1990年～2005年，経済構造の調整とエネルギー効率の向上を図っただけで，累計8億トンの標準石炭を節約した。これは，18億トンの二酸化炭素の排出削減に相当するものであった[32]。特に指摘すべきは，中国が「十一次五ヵ年規画」期間中の具体的な温室効果ガス排出削減目標を定めているということである。すなわち，2010年までに，一単位当たりGDPのエネルギー消費を2005年より20％減少させることである。これによる温室効果ガス排出の削減量は，多くの先進国が京都議定書で承諾した排出削減量よりも大きいし，米国政府が掲げた2012年に単位当たりGDPの二酸化炭素排出量が2002年を20％下回る

---

32) 2007年12月12日，中国代表団長で国家発展・改革委員会副主任の解振華が国連気候変動大会ハイレベル会合で行った発言による。

という目標をも上回っている[33]。これは，中国の気候変動問題に取り組む決意と勇気を鮮明に表すものである。もしこの目標が実現できれば，これだけでも二酸化炭素の排出を12億トン以上削減することになる[34]。この他，中国がこれから風力発電，水力発電，バイオマス・エネルギー発電，太陽エネルギー利用，エネルギー効率の向上，資源・エネルギーの節約といった面で取る措置も，温室効果ガスの排出を削減する大きな効果をもたらすものである。

むすびにかえて

　中国がポスト京都の国際気候枠組構築において重要な役割を果たしていることは揺るぎ無い事実であり，いかに強調しても言い過ぎではあるまい。近い将来，世界最大の温室効果ガス排出国になるという現実を前にして，中国は国際社会で今以上に注目を浴びることになるし，大きなプレッシャーを感じている。気候変動問題への取り組みは，中国の経済・社会発展の将来に関わる問題であり，中国の成長方式はエネルギー安全，経済競争力および対外貿易，国際的地位と国家イメージにも関わっている。このため，国際と国内の二つの大局を結びつけて考える必要があるし，積極的な姿勢で気候変動問題に関する国際協力に参与しながら政策の調整をしていくべきである。

　中国の気候変動問題に関する意思決定の根拠は，経済利益についての判断である。一方，気候変動問題への認識の深化で経済利益の含意は絶えず広がり，地政学的な意味合いまで含まれるようになっている。中国国内の気候変動問題に関する意思決定の集団的作業の特徴と政府部門間の利益の共通性によって，国家の経済利益は主に外交交渉によって図られており，また発展途上国の結束を維持することはその実現の経路である。この点は，ポスト京都の交渉にとっ

---

33) 米ブッシュ大統領が2001年に政権がスタートした後，京都議定書からの離脱を宣言したが，2002年に温室効果ガス排出削減強度案を発表した。
34) 呂学都「気候変動的国際博弈」『商務週刊』2007年第10期，40～47頁。

てとりわけ重要性を持っている。京都議定書の第一約束期間において，中国は発展途上国として温室効果ガスの排出削減の義務を負うことになっていない。しかし，同期間において，クリーン開発メカニズムプロジェクトによって資金と先進技術を導入して持続可能な発展を促進することは，中国の実際の経済利益に適うものである。現段階において，まだ強制的な温室効果ガス排出削減義務を受け入れる能力・条件を持っていないものの，中国は依然として，多くの力が及ぶ範囲での措置を多く取ることによって気候変動問題に対応してきた。このことは，中国に対する良好な国際的イメージを形成するのに有益であるのみならず，国内の長期的発展にも良い影響を与えるはずである。

　中国は，急速な工業化・都市化の過程にあるため，必要とする温室効果ガスの排出量も比較的に多いが，一方地球全体を守る責任と政治的意思を持っている。中国の戦略的選択は，世界経済の発展の流れに入り込み，低炭素開発の道を歩む以外にない。低炭素経済への転換は世界経済発展の大きな趨勢となっている。先進国はすでに積極的に新しい低炭素技術の研究開発に取り組むことによって新世代の代替エネルギーを見つけようとしていて，低炭素技術の競争の中で有利なポジションを取ろうとしている。このため，中国は早く中長期的な発展戦略と結びつけて現在の持続可能な開発戦略を修正し，低炭素開発の促進を新しい情勢下の持続可能な開発戦略の重要な一環として取り込むべきである[35]。

35）荘貴陽『低炭素経済：気候変動背景下中国的発展之路』気象出版社，2007年，156頁。

第5章
制度化に立ち向かう中国労働市場の現状と展望
── 労働関連法の整備強化の主旨と
その効果・限界について ──

邵　永裕

はじめに

　改革開放30周年を迎えた2008年において，中国では立て続けに「労働契約法」(2008年1月1日施行)，「就業促進法」(同時施行)，「労働争議調停仲裁法」(同年5月1日施行)という労働関連3法が施行されたほか，2月3日に国務院から「就業促進事業をより良くすることに関する通達」(国発［2008］5号「国務院関于做好促進就業工作的通知」)も公布され，労働市場の制度化促進が印象付けられた。一方，最近まで労働力不足と失業問題 (図1)[1] が共存してきた中国では，度重なる最低賃金の引上げや若手技術者・熟練労働者の採用・確保難に

---

1) 中国の公式発表の失業率は図1に示されている都市部の登録済失業者数に基づいて算出されたもので，実態を捕捉するのにかなり限界がある。農村部の余剰労働者や出稼ぎ農民及び都市部の未登録失業者などを加えると，これの2～3倍以上になると見られている。図1の調査失業率は実際に近いものでるが，これは社会科学院のサンプル調査に基づくものである。2008年の都市部登録失業率は4.2％と発表されたが，調査失業率は9.4％である。後者は7,000人 (都市住民2,288人，都市部失業者200人含む) の労働年齢人口を調査対象に推計された比率である。中国政府は最近国際統計水準の失業統計整備を考え始めているが，2009年の失業率政策目標はやはり現在の都市部登録失業率を採用し，2008年の4.2％を大幅に上回る4.6％としている。

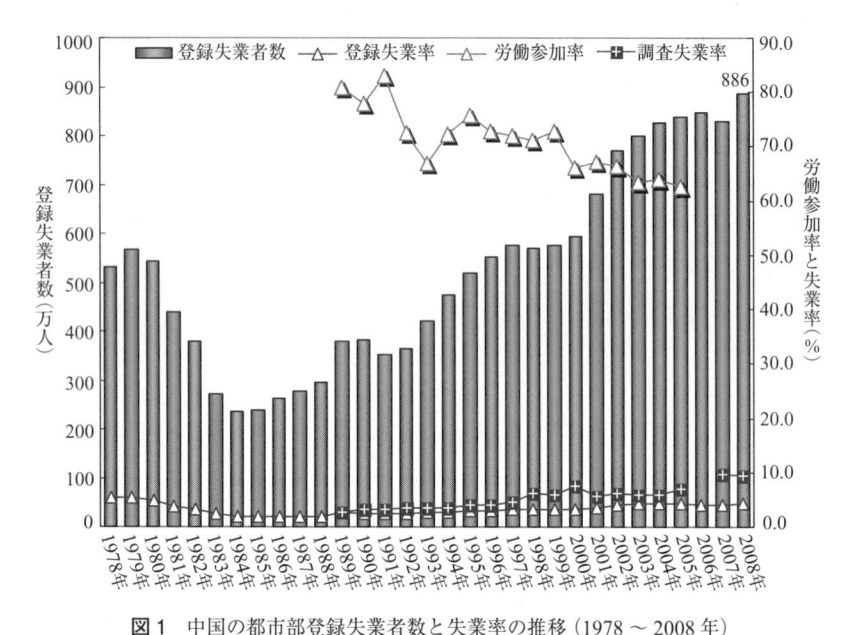

図1 中国の都市部登録失業者数と失業率の推移（1978〜2008年）

資料）国家統計局ウェブサイト掲載『2006年中国労働統計数拠』，社会科学院『人口与労働問題報告 No. 8』及び08年経済統計速報より作成。

加えて，物価上昇，株価低迷，資源・人民元高，環境規制強化などの同時多発的な経済事象が錯綜し，同年9月に雇用確保に多大な影響を及ぼす世界金融危機も追い討ちをかけてきた。

地鳴りを打って激変している中国労働市場において，雇用確保と労働者利益擁護の両方を目指す労働政策の展開は大きな困難に直面しており，政府の役割，企業の利益，労働者の就業という3者関係が如何にバランスよく調節・維持できるかが大きな課題となっている。法制・行政の両面から雇用問題を重要視する姿勢が示されていることは，従業員・労働者側からは歓迎されているが，経営者や企業側にとっては資源高や環境規制，需要収縮に加えて，新たなコスト要因と受け止める向きが強いことは確かである。また，すでに多様な変化を見せている中国の労働市場や悪化する雇用環境の下で，かかる一連の法律の実施効果や影響が如何なるものになるのかも大きな関心が持たれるところで

ある。

　本章では，上述の状況と問題意識を踏まえ，中国政府の雇用政策の強化と労働関連法の整備促進の背景要因を検討したうえ，政策実施の効果や限界について分析し，その上で労働市場の動向変化と企業・政府のとるべき対策を展望したい。

　本章の構成は以下の通りである。まず，「労働契約法」を主とする雇用関連法の整備強化の主旨と背景および法律の内容骨子を紹介した（第1節）あと，同法（「実施条例」含む）制定に対する反応と実施状況を取り上げる（第2節）。続く第3節では，いわゆる「労働力不足」と失業問題の並存による雇用保護法への抑制効果を分析したうえ，最低賃金の引上げと都市部賃金水準の変化による雇用への影響を検討する（第4節）。第5節は転換期を迎える中国労働市場のシステム整備の切迫性や労働力資源の有効利用の重要性を指摘し，いくつかの政策提言を行う。最後に結びとして，国際金融危機による中国の就業情勢の影響と政府の対策効果を展望し，雇用関連法整備強化の新たな課題を提起したい。

第1節　労働契約法を主とする雇用関連法整備強化の主旨・背景

　豊富かつ安価な労働力資源は，これまでの中国経済の急速な発展と「世界の工場」としての地位の獲得のために大きな貢献をしてきたが，これまで労働移動の自由や労働分配率，労働環境，老後生活の保障などといった労働者権益の保障面では，必ずしも十分と言える状況になかった。近年，中国各地で増えている労働者たちのデモ行進や過激な活動はこれらの問題の先鋭化の結果とも言える。中国政府も問題の重要性を認知し，近年最低賃金の引上げや出稼ぎ労働者の不払い賃金の取り戻しキャンペーンを積極的に進め，一定の成果を得ている[2]。表1の上段7点は，「労働契約法」制定実施の主な背景である。

---

2) 王美艶「第5章　農民工工資拖欠状況改善」，蔡昉／都陽編『人口与労動緑皮書 (2007)：中国人口与労働問題報告 NO.8 ―劉易斯転折点及其政策挑戦』社会科学文献出版社，2007

表 1 中国「労働契約法」の制定背景と内容骨子

制定背景	①労働者が労務を提供するに当たって，書面による労働契約の締結率が低かった。 ②労働契約が締結されても期間限定のものが多く，短期間のものが多かった。 ③試用期間の賃金が安く，使用側が同期間を故意に延長したりすることが実在した。 ④最低賃金が守られなかったり，賃金の未払いが多く見られた。 ⑤劣悪な労働環境や長時間労働による労働者の健康が侵害されたことが頻発した。 ⑥派遣労働や短時間労働などの非正規雇用の増加がある一方，それらを規定する法律が不十分なため，労働者たちが不利益を受けている。 ⑦これら様々な労働問題が発生している中で労働者の権利意識が強まり，労働紛争が増加し，対応が求められている。
内容骨子	①［規則や制度制定に関わる権利と義務の規定］a. 企業側が従業員大会または従業員全員との間の討議を経て，法案・意見を提示し，労働組合または従業員代表と平等な協議によって確定しなければならないこと。b. 労働組合・従業員は制定過程や実施過程で不適切と考えた場合，企業側に意見を提出し，協議の上，修正する権利がある。c. 規則制度や重大事項を決定する際，それを公示し，または労働者側に告知する必要がある。 ②［試用期間の明確化］3ヵ月〜1年の契約→1ヵ月以内；1〜3年の契約→2ヵ月以内；3年以上の契約→6ヵ月以内と規定。 ③［無固定期限労働契約に関する規定の強化］勤続満10年以上の場合や2回連続固定期限の契約を結び，3回目の契約を更新する場合には，労働者が固定期限契約を希望しない限り，無固定期限の労働契約の締結が義務付けられる。 ④［労働契約の終了・解除］試用期間内の場合を含み，労働契約の解除には企業側は労働者の業務従事不能を証明することが求められるほか，契約終了の場合でも，企業が労働条件の維持・向上を提示したとしても，労働者が契約更新に同意しない場合を除いて，経済的補償金（退職金に近いもの）を支払うことが求められている。 ⑤［派遣労働活用の限定規定］臨時的・補助的・代替的な業務の場合に活用可能と規定されるほか，派遣会社側の義務，受入れ企業の義務，派遣労働者の権利も規定。 ⑥［研修受講者の服務期間などに関する規定］研修受講者との間での服務期間や違約の約定が可能と規定されるほか，守秘義務を負う者との間に最長2年までの残業制限や違約金を約定することが出来ると規定されている。

資料) 中国労働契約法（「労働合同法」）原文及び各種資料をもとに筆者が作成。

なかでも，特に労働契約の未締結による労働者権益の侵害と労働紛争の多発が強く意識されている。したがって同法は明らかに労働者たちの権益を守るための法律であると言える。また，同表の下段にまとめてある「労働契約法」の主な内容を見ても，同法は主に労働者の立場や視点から不利・不当な雇用条件を避けられるよう制定されており，労働者保護・雇用促進的な性質が強く出て

年。

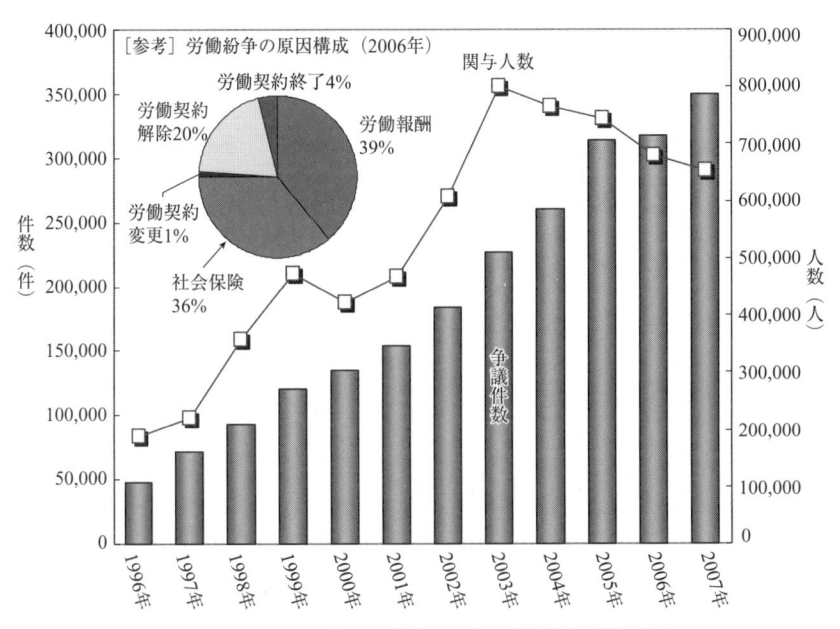

第5章　制度化に立ち向かう中国労働市場の現状と展望　　97

図2　中国の労働争議の件数・関与人数推移と発生原因

注）争議件数と関与人数は労働仲裁委員会の当該年度受理ベースのもの。
資料）[参考]図を含めて，「2006年中国労働統計数拠」(07年は『中国統計年鑑(2008)』)より作成。

いると受け止められる。これは突き詰めれば，1990年代を中心に契約制の導入により国有企業労働者などを容易に解雇できるようにした制度調整の歪みに対する法的再修正であり，親民政権とされる現指導体制の提唱による「調和的社会」(「和諧社会」) 構築のための取り組みの一つとして考えられ[3]，大変意義深いと思う。

ここで，中国政府の労働統計に基づき，中国の労働紛争動向と背景要因および雇用保険の加入状況を概観し，直近の中国雇用関連法強化の必要性と意義を捉えよう。

図2のように，日本の労働基準法に当たる「中華人民共和国労働法」実施直前の1994年以降は中国での労働争議は増加する一方であり，直近の2007年

---

[3]　荻野敦司／馬場久佳『中国労働契約法の実務』中央経済社，2008年2月。村尾龍雄『中国・労働契約法の仕組みと実務』日本経済新聞出版社，2007年12月。

表2 中国の社会保険加入者数と加入比率の推移

年　度	養老保険加入者数	医療保険加入者数	失業保険加入者数	労災保険加入者数	養老保険加入比率	医療保険加入比率	失業保険加入比率	労災保険加入比率
1994年	10,735	632	7,698	1,822	57.55%	3.39%	41.27%	9.77%
1995年	11,096	746	8,238	2,615	58.28%	3.92%	43.27%	13.73%
1996年	11,292	856	8,333	3,103	56.68%	4.30%	41.83%	15.58%
1997年	11,398	1,762	7,961	3,508	54.85%	8.48%	38.31%	16.88%
1998年	11,459	1,879	7,928	3,781	53.01%	8.69%	36.68%	17.49%
1999年	12,672	2,065	9,852	3,912	56.54%	9.21%	43.96%	17.45%
2000年	13,828	3,787	10,408	4,350	59.73%	16.36%	44.96%	18.79%
2001年	14,410	7,286	10,355	4,345	60.19%	30.43%	43.25%	18.15%
2002年	14,989	9,401	10,181	4,406	60.49%	37.94%	41.09%	17.78%
2003年	15,749	10,902	10,372	4,575	61.43%	42.52%	40.45%	17.84%
2004年	16,353	12,404	10,584	6,845	61.77%	46.85%	39.98%	25.85%
2005年	17,487	13,783	10,648	8,478	63.98%	50.43%	38.96%	31.02%
2006年	18,649	15,737	11,187	10,235	65.40%	55.19%	39.23%	35.89%
2007年	20,137	18,020	11,645	12,173	—	—	—	—

資料）94～06年のデータは『中国人口与労働問題報告 No.8』より，07年は『中国統計年鑑（2008）』より作成（ただし，両者数字に相違あり。

　には争議案件35.02万件（労働仲裁委員会受理ベース），関与労働者数が65.35万人に達している。関与労働者数は，最も多い2003年の80万人台はもとより，前年の2006年よりも3.8％減って低下傾向を示しているが，争議案件数では2007年は前年より10.5％増（3.3万件増）の状況であり，改善状況にあるとは言えないものである。争議原因の詳細について，図2中の［参考］円グラフを見ると，2006年（07年と06年の統計基準が不一致）には「労働報酬」が最も大きな比率（39％）を占めており，次いで「社会保険」（同36％），「労働契約解除」（20％），「労働契約終了」（4％），「労働契約変更」（1％）となっており，労働争議は基本的に労働報酬と社会保険および労働契約の解除の3項目に集中している。

　次に，中国の都市部就業者の社会保険の加入状況について，表2により概観してみよう。全般的に，養老保険と医療保険の加入者数と加入比率は一貫して明確な増加を見せているが，それでも2006年現在の養老保険と医療保険の加入率はそれぞれ65.4％，55.19％の水準にとどまっている。一方，失業保険加

入者数は労災保険加入者数よりも伸び方が緩慢であり，2006年現在の加入率は両者とも40％未満である。

こうした社会保険の低加入率が労働者の生活安定を図る上で，マイナス要因であることは言うまでも無く，それにまつわる労使紛争が生じやすいという傾向や環境が社会的に形成されている側面が強い。とくに都市部のレイオフ者や農民工を主とする非正規雇用の増加が中国の労働市場の混乱や無秩序化を助長させただけでなく，中国経済システムそのもの規範性や自律性を損ねている[4]。

その意味で，労働者たちの長期安定雇用を擁護している「労働契約法」の制定・実施は，多くの農民出稼ぎ労働者を含む労働者たちの職業安定と福祉改善のために有効な政策手段になるとして期待されている。

第2節　労働契約法への反応とその実施現状

上述のように，「労働契約法」は基本的に労働者の権益を擁護する目的で制定されたものである以上，その実施は労働者たちに大いに歓迎されているものと考えられる。

実際に同法制定に先立ち，2005年末にパブリックコメントに付された「労働契約法案」に対しては，僅か1ヵ月間に19万件以上（過去最高）の意見が寄せられ，同法制定に対する人々の関心の強さを窺わせた[5]。それから1年半の準備期間を経て，「労働契約法」は2007年6月29日に正式に公布され，半年

---

[4]　非正規雇用に関する中国の統計は国際水準と同一ではないが，胡鞍鋼／趙黎「我国転型期城鎮非正規就業与非正規経済（1990～2004）」，『清華大学学報（哲学社会科学版）』，2006年第3期第21巻によると，中国都市部の非正規部門の就業率は1990年の17.5％から2004年の58.69％に拡大し，正規部門を上回っている。また，非正規部部門によるGDP比率も1990年の7.5％から2004年の34.2％に増大した。

[5]　青木修二（衆議院調査局厚生労働調査室）「中国における労使事情―労使契約法制定の影響を中心に－」，2008年。

後の 2008 年 1 月 1 日から施行されたのだが，施行から半年以上経った昨年の半ば以降，中国では「労働契約法」実施による労働者側の反響はそれほど強くはなく，とくに農村戸籍の関係で本来労働契約を結ぶ上で不利や不平等にされてきた農民工たち[6]には大きな状況改善が期待されなかったようである。

そもそも労働関係の基本法である「労働法」[7]が 13 年も前に制定・施行されたにもかかわらず，その効果が必ずしも大きくなかったという現実をふまえ，労働者側には今回の「労働契約法」へも過大な期待はなかったのかもしれない。一方，海外における中国労働契約法の実施に対する関心と反応はより強いように思われる。

例えば，日本においては，同法が公布されると企業から法律事務所等への照会が相次ぎ，法律専門家による同法のガイドブックも数種類[8]刊行されているばかりでなく，法律研究者などによる論評や記事も数多く発表されている[9]。その多くは同法実施による企業側の人件費や人材戦略へのコスト増や労

---

[6] 張展新/侯慧麗(中国社会科学院人口労働経済研究所)「両類外来人口的労働合同簽訂与社会保険獲得差異」，『開放導報』2008 年 4 月。

[7] 中国の労働基準法である「労働法」は 1994 年 12 月 3 日制定，1995 年 1 月 1 日施行となった「労働契約違反及び労働契約解除にあたっての経済的補償についての規則」と共に 1995 年 1 月 1 日に施行されたが，約半年後の 1995 年 8 月 4 日に「労働法」の徹底にあたっての若干の問題に関する意見が労働部より通達された。実際，「労働法」の中でも労働契約に関する規定が多く明文化され，上述の「意見」や「規則」と合わせて，相当詳細な法律内容を構成している。従来の「労働法」と今回の「労働契約法」の関係について，「労働契約法」が「労働法」のうち，労働契約に関する事項についての特別法であり，「労働法」の規定のうち労働契約に関する事項について矛盾したり，または適用されなくなっても「労働法」自体が「労働契約法」の施行により廃止されるものではないと理解されるべきとされている (荻野敦司/馬場久佳『中国労働契約法の実務』中央経済社，2008 年 2 月)。

[8] 例えば，荻野敦司/馬場久佳『中国労働契約法の実務』中央経済社，2008 年 2 月。村尾龍雄『中国・労働契約法の仕組みと実務』日本経済新聞出版社，2007 年 12 月など。

[9] 青木修二(衆議院調査局厚生労働調査室)「中国における労使事情—労働契約法制定の影響を中心に—」，2008 年。大内伸哉「労働契約法と改正パート労働法」，『日本労働研究雑誌』2008 年 7 月号［解題］。高見岸磨「形成過程の中国労働法体系」，同上誌［提言］。田浦里香/劉沫真「中国労働市場の動向と日本企業の人材マネジメント戦略」，『知的資産創造/2008 年 7 月号』野村総合研究所，2008 年 7 月。

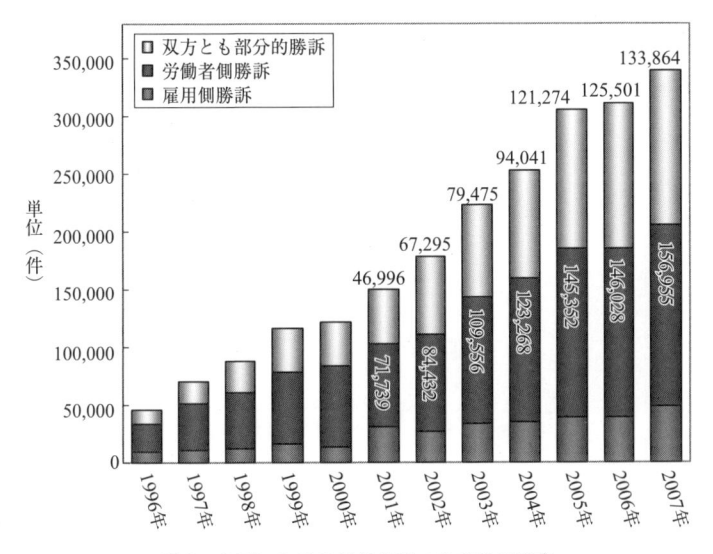

図3 中国における労働争議の仲裁結果動向

資料）図2に同じ。

働契約がらみのトラブル対応などの実務面に関する議論やアドバイスを主な内容としていることは言うまでもない。

　中国内でも，同法の実施による企業側の責任や義務および採用コスト増に対する関心の方が遥かに大きかった。実際に同法の施行直前までに企業側による労働契約の解除や終了などの不当な扱いを受けた労働者が以前よりも増えたとも伝えられている。労働報酬，社会保険に加え，労働契約関連の争議案件が労働争議原因の大半を占めているだけに，労働契約法の実施は国内外企業の関心を強く呼び起こしているのも無理はなく，また企業側には好意的に受け入れられなかったことは確かである。

　同法が制定・実施される以前の十数年における労働争議の仲裁結果（図3）を見ると，雇用者側が勝訴となるのは少数で，多くの場合は労働者側の勝訴または労使双方の部分的勝訴となっている。

　地域的に見て，製造業の中心地である広東省，江蘇省，山東省，浙江省などは労働争議の集中地域であり，中でも広東・江蘇2省が2006年の労働争議の

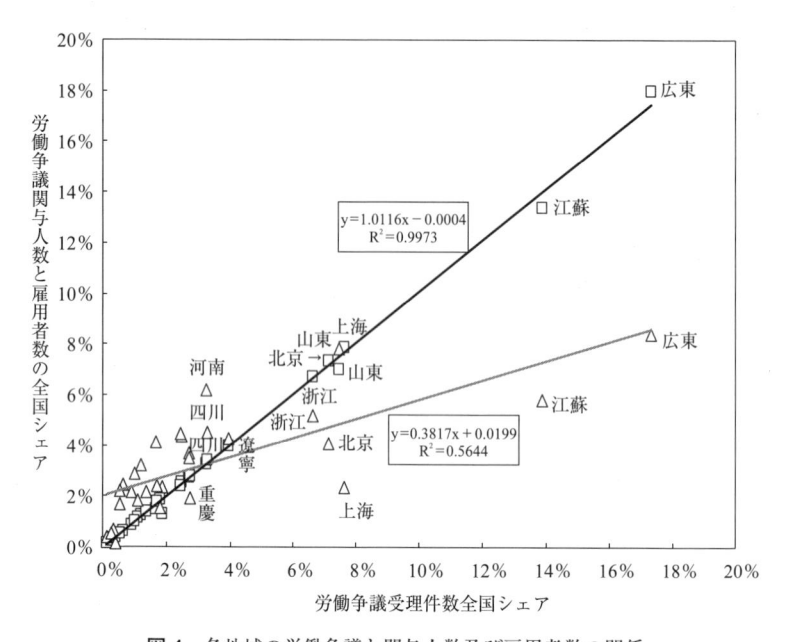

図4 各地域の労働争議と関与人数及び雇用者数の関係
資料）国家統計局『2006年中国労働統計数拠』と『中国統計年鑑（2007）』より算出・作成。

受理件数，関与人数，案件決着数のそれぞれ3割強を占めているほどである（図4）。また，図4からは経済先進地域（広東，江蘇，上海，北京など）における労働紛争の関与人数の全国シェアと雇用人口の全国シェアの乖離度がより大きいこと（図中の同一地域を示す△印と□印の距離）が見て取れ[10]，労働市場のシステム整備がより進んでいるはずの沿海地域での労使紛争の割合は雇用者数を相当上回っており，労働市場の秩序付けや制度化運営がまだ大きな政策課題であると窺える。

政府の雇用関連法の強化整備によって，中国労働者たちの権利擁護意識が強く喚起されたことは確かであり，これにより労働争議につながる雇用現場の労

---

10) また，図中の回帰直線に示されるとおり，労働紛争案件数シェアと雇用者数シェアの関連性は明らかに労働紛争案件と関与人数の関連性ほど強くは無く，つまり主要な経済先進省ではその雇用規模以上に労働争議や関与人数が大きくなっていると解釈できる。

使トラブルの多さも上述の経済先進地域を中心にいっそう浮き彫りにされた。

例えば，「労働契約法」施行直後の広東省では，労働紛争が大幅に増加し，これまで表に出ていなかった労使問題が顕在化し，いわゆる「辺境地域」の労使紛争が表面化しただけでなく，新たな労使問題も引き起こされたという（「新華社」2008年5月20日）。広東省内の同年1月に起きた労働紛争は前年同月比の6倍に増え，1～2月に広州市での労働紛争仲裁裁判も急増し，同市海珠区の労働紛争仲裁裁判は16倍にも増加した。これには「労働契約法」の施行に伴い，労働紛争仲裁裁判が無料化されたこととも無関係ではなかったという。

広東省における労働関連調査からは，労使関係に出現した新たな動向について注目する必要があることが分かった。その新しい動向とは，①「労務派遣」の均等待遇問題は紛争が起きやすいこと。②機関，事業単位の定員外労働者の「同職種だが同報酬でない」問題は紛争を引き起こしやすいこと。③労働集約型企業では今なお契約の短期化によって起こる紛争が多いこと。④「労働契約法」の施行で国有企業改革の懸案問題が表面化したこと[11]などが挙げられる。

また，新華社通信（2008年7月15日）の報道によると，上海では，08年初からの「労働契約法」の施行により，同年上半期（1～6月）に「勤務先が労働契約を結ばない」という通報が881件にのぼり，07年の同期比で159.9％と激増したという（「上海市労働監察統計」）。同期の受理件数は1.37万件あまりで，前年同期比32.1％増となった。また，労働管理関連部門は2.27万社に対する調査実施で，6,978件の違法事件（社会保険費の滞納，給与の遅配，保証金無返済などで計2.85億元にも達し，被害を受けた労働者は30.7万人に及んだ）を取り締まった。通報された違法企業は製造業に集中しており（全体の48.5％を占め，特に服飾，製靴，製帽などの繊維関係企業が大半），労働者による通報の内容には，社

---

11) 同省労働保障庁の統計によると，何年も稼働停止している国有企業のレイオフ労働者は汕頭，韶関，湛江の3市だけでも4万8000人に達する。多くの労働者が企業との結びつきを絶たずに毎月わずかな生活費をもらい，「労働契約も社会保障も補償もない」状態のままだ。同法の規定によれば，企業はこれらの労働者と労働契約を結び，契約通りに賃金を支払わねばならず，労働契約を結ばなければ08年2月以降これらの労働者に従来の2倍に当たる賃金を支払うことを義務づけた（「新華社」08年5月20日）。

会保険料不払いや給与不払い,超過残業といった権利侵害行為が依然として大半を占めており（07年同期よりも増加），なかでも,社会保険料不払い問題が4843件（全体の35.3%），給与未払い問題が3688件（同26.9%），超時間残業問題が2482件（18.1%）含まれている。

このように,「労働契約法」の実施は今のところ必ずしも労働紛争発生の抑止効果に直結し得なかったことは,同法に対する遵守状況が今一つ良くなかったことの裏返しとも捉えられる。これまで長く放任された労働市場の制度化やシステム管理は単なるいくつかの法律実施によってすぐに改善できるものではなく,また労働行政管理機関の監督責務もまだ過渡期にあり,「労働契約法」の実施効果や影響度も自明ではないことは言うまでもない。

「労働契約法」の実施から半年以上経った2008年9月18日に待望された「労働契約法実施条例」が公布・施行された。同実施条例は労働者側にも雇用者側にもそれぞれ一定の配慮を図ったものと見られているが,全般的にはかなり労働契約法実施後の企業側の言い分を多く取り入れた内容になっていることは,同条例の規定する「14種の状況下で,雇用単位が無固定期限労働契約を解除できる」[12]という内容から明確に読み取れる。

---

[12] 雇用単位が無固定期限労働契約を解除できる14種の状況とは以下の通り。①雇用単位,労働者が協議一致した場合。②労働者が試用期間中に雇用条件に合致しないと証明された場合。③労働者が雇用単位の規則制度につき重大な違反を行った場合。④労働者が職責を尽くさず,私腹を肥やす為の不正を働き,雇用単位に重大な損失を負わせた場合。⑤労働者が同時に他の雇用単位と労働関係を持ち,本雇用単位の任務を全うすることに重大な影響を与えたか,雇用単位の求めによっても,これを拒み是正しない場合。⑥労働者が詐欺,脅迫,あるいは人の弱みにつけこむことで使用者の単位が本当の意図に反して,労働契約の締結または変更を行った場合。⑦労働者が法に則り,刑事責任を追及された場合。⑧労働者が疾病を患ったか,または業務によらずに負傷し,規定の医療機関を終えた時点で,元の業務に従事することが出来ず,雇用単位が別途用意した業務にも従事できない場合。⑨労働者が業務の任に堪えることが出来ず,トレーニングあるいは職場転換を経てもなお業務の任に堪えられない場合。⑩労働契約締結時に準拠した客観的状況に重大な変化が発生し,労働契約の履行が出来なくなり,雇用単位と労働者が協議を経ても労働契約の内容につき,合意に至らぬ場合。⑪雇用単位が企業破産法に基づき建て直しを進める場合。⑫雇用単位の生産経営に重大な困難が発生した場合。⑬企業が別の製品を生産するか,重大な技術革新または経営方法の調整を行い,労働契約の変更を経て

「労働契約法実施条例」を含む労働契約法の実施による企業側への影響はかなり大きいと見られてきたが，同法の実施が，労使双方のより長期的・安定的雇用関係の構築に基本的に有利であることは疑いがなく，また企業側にとって同法の実施は従前よりもコストやリスク増大の要因になることは一般的な見方であろう。

　一方，日本の法律専門家や研究者は中国の「労働契約法」の制定・実施に非常に高い評価を与えていることも付言すべきであろう。『日本労働研究雑誌』2008年7月号の［解題］[13]では，中国は日本よりも一足早く労働契約法が制定され，また日本の労働契約法のような狭義の労働契約に関する規定にとどまらず，広範な内容が含まれるうえ，行政監督や罰則により履行が保障され，内容面では労働関係の安定化を図る政策が進められているなどと述べている。これに加えて，同前の［提言］では，中国の「労働契約法」の制定・実施を改革・開放政策後の社会安定を守るため労働者権利保護の必要性が認識された成果の現れとした上で「二法が施行されたからといって直ちに問題が解決するわけではない」とも述べ，また労働契約法の実効性を上げるためには情報開示や労働組合の機能強化，NGO組織やコスト削減に努める企業家の存在，問題解決に取り組む実務家や研究者の努力が必要であると指摘している。

第3節　法律の実効性を妨げる「労働力不足」と失業問題の並存

　「労働契約法」を始め，冒頭で触れた雇用促進法や争議調停仲裁法の今後の

　　も，なお人員削減が必要な場合。⑭その他，労働契約締結時に準拠した客観的状況に重大な変化が発生し，労働契約の履行が出来なくなり，雇用単位と労働者が協議を経ても労働契約の内容につき合意に至らぬ場合。（日中投資促進機構 http://www.gov.cn/jrzg/2008-09/18/content_1099202.htm）。つまり，実施条例は労働契約法の施行に対する企業側の反応や意見をかなり配慮する形で明文化されたものである。
13）大内伸哉「労働契約法と改正パート労働法」，『日本労働研究雑誌』2008年7月号［解題］。

実施効果や影響を見極めるために中国労働市場の現状を見る必要がある。

中国労働・社会保障部（現在「人力資源社会保障部」）の歴年継続の定点調査（全国 100 前後の主要都市が対象）報告によると，中国都市部労働市場における求人倍率は近年若干上昇傾向で続いてきた（但し，2008 年第 4 半期には顕著に低下）が，都市部登録失業率は 4％台（06 年は 4.1％，07 年 4.0％，08 年 4.2％）に留まり，登録失業者数は 2003 年以降ずっと 800 万人超となっている（2008 年は 886 万人に増大）。こうした労働力不足と失業問題の並存が現在の中国労働市場の主たる特徴である。ただし近年，労働力不足も叫ばれているものの，それは大半が労働市場における雇用のミスマッチが原因で，真の意味での労働力不足にはなっていないと思われる。特に昨年 9 月以降の世界金融危機影響の拡大により，中国の労働市場における求人動向に大きな陰りが落とされ，労働不足よりも失業問題の対応と雇用確保を図ることが最大の政策課題となってきた。

表 3 の［A］を見れば，求人倍率が 1.0（求人数＞求職数＝労働力不足）を超えているのは 2004 年と 2007 年（各第 4 四半期）および 2008 年（第 2 四半期＝図中省略。2008 年第 4 四半期は 0.80 台に急低下）の若年層に限られており（08 年の 16～24 歳の求人倍率も 1.0 を下回った），他方 35～44 歳の求人倍率は 0.90 台であり，45 歳以上だと更に下がっていることが分かる。また，同表［B］の求職者の階層構成を見ると，新卒者（07 年同階層の 34.3％）が多数含まれている「新生」失業青年（05 年全体の 20.2％，07 年同 21.6％）を始め，就業者から失業者に転じた者（05 年 21.8％，07 年 21.7％）や出稼ぎ農民・外地人員（05 年 28.1％，07 年 30.9％）が合計で全求職者の 7 割ほど占めている。これらの階層には年齢層の高い求職者（求人倍率が低い）も多数含まれており，労働市場のミスマッチが浮き彫りにされる。なお，表 3 から「労働契約法」の実施効果を窺わせるデータも見られている。それは，「就職からの失業転落者」グループの割合の縮小である（04 年～07 年の 21％台から 08 年の 17.3％に低減。表 3 の［B］）。相対的に見て，真に労働力不足が見られるのは，表 4 に見る各種技能工とりわけ高級技術者やエンジニア層であり，これらの職種の求人倍率は近年基本的に 1.3 以上のレベルで推移してきた。

表3 属性からみる中国の都市部労働市場の求人・求職動向

[A] 年齢層別にみる中国の都市部労働市場の求人動向変化						
区分	2004年第4四半期		2007年第4四半期		2008年第4四半期	
年齢層	求人割合	求人倍率	求人割合	求人倍率	求人割合	求人倍率
16〜24歳	35.9	1.05	31.1	1.01	30.5	0.81
25〜34歳	33	1.03	36.3	1.07	31.4	0.92
35〜44歳	15.1	0.8	16.9	0.93	16.9	0.81
45歳以上	4.3	0.52	5	0.63	7.1	0.79
年齢制限無し	11.7	—	10.7	—	14.1	—
合計	100	—	100	—	100	—

[B] 階層別にみる中国の都市部労働市場の求職動向変化						
年次・人数	2005年		2007年		2008年(第4四半期)	
階層	人数(人)	比率(%)	人数(人)	比率(%)	人数(人)	比率(%)
新生失業青年	3,302,414	20.2	911,802	21.6	897,031	21.5
就職からの失業転落者	3,557,556	21.8	913,985	21.7	719,863	17.3
その他失業者	2,428,874	14.9	485,172	11.5	533,094	12.8
在職者	802,313	4.9	247,104	5.9	222,632	5.3
レイオフ労働者	1,048,174	6.4	222,307	5.3	177,149	4.3
離退職した人員	129,221	0.8	25,802	0.6	27,209	0.7
在学者	470,767	2.9	108,346	2.6	133,112	3.2
出稼ぎ農民と外地人員	4,577,832	28.1	1,303,935	30.9	1,455,492	34.9
合計	16,317,151	100	4,218,453	100	4,165,582	100

注) [B]の「新生失業青年」には39.4%(353,125人)の大学新卒者が含まれており,比率も07年の34.3%(312,682人)より高まっている。また,「出稼ぎ農民と外地人員」は原資料の「本市農村人員」と「外地人員」の合計値(前者は全体の15.2%,後者は19.7%。08年第4四半期=10月〜12月)。尚,同調査は全国に設けられた100以上の都市での定点調査で,全数調査ではない。
資料) 中国労働・社会保障部WEBサイト掲載『全国職業供求季度分析報告』より抽出・作成。

しかし,2007年第2四半期から2008年第2四半期までの高水準を経てから2008年第4四半期の各技能レベルの求人倍率も全体の求人状況を示す都市求人倍率と同様にこれまでの最低水準に落ち込み,国際金融危機の影響による企業求人の減少を裏付けている。

戸籍制度や地域主義による労働市場の閉鎖性は今でも労働力資源の地域間移動や配置に影響を与えるため,異なる地域における労働力の需給状況も同様ではない。表5は2007年第4四半期の主要8都市における上下位3業種の求人

表4 中国都市部労働市場の技能別求人倍率の推移

年次＼ランク	初級工	中級工	高級工	技師	高級技師	技術員	エンジニア	高級エンジニア	都市部求人倍率
2001年	0.66	0.71	0.79	0.64	0.80	0.64	0.87	0.81	0.75
2002年	1.13	1.11	1.16	1.34	1.44	1.15	1.45	1.06	0.89
2003年	1.40	1.33	1.42	1.64	2.02	1.33	1.41	1.75	0.88
2004年	1.46	1.48	1.70	1.87	2.11	1.32	1.44	1.78	0.94
2005年	1.52	1.58	2.10	1.97	2.11	1.32	1.52	2.07	0.96
2006年	1.38	1.55	1.76	2.02	2.05	1.41	1.66	2.23	0.96
2007年Ⅱ	1.42	1.44	1.60	2.36	2.36	1.51	1.64	2.20	0.98
2008年Ⅱ	1.50	1.50	1.76	1.97	2.07	1.58	1.56	2.07	0.98
2008年Ⅳ	1.20	1.30	1.45	1.81	1.94	1.31	1.44	1.57	0.85

資料）01〜06年は『中国工業発展報告（2007）』より，07〜08年は中国労働・社会保障部WEBサイトより作成。

動向を示している。

　職種や地域特性などにより，各地域における上下位6業種の求人・求職の状況は相当異なっているが，全般的に第2次産業よりも第3次産業の労働需要比率が高く，また特殊技能を要する職種の求人割合が大きく，単純工や一般職などの求人割合が低いということは各都市の共通点である。また各都市の求人倍率をみると，労働不足を示す値≧1.0の地域は労働力流出の多い中部の武漢市（求人倍率1.22）以外にはなく，上海や天津などの直轄市でも労働力不足の状況には置かれていないことが判明する。

　こうした労働市場における特殊技能を持つ労働者の供給不足は限られた被雇用者たちの「競争優位」になるが，職探しに明け暮れる多数の失業者の存在のもとでは労働者利益擁護とされる「労働契約法」の実効性が抑制されやすいとみることができよう。

表5　中国8大都市の業種別求人・求職動向の比較（2007年第4四半期）

都市	求人倍率	第2次産業需要比率	第3次産業需要比率	求人数が求職数を上回る上位3業種	求人数対求職数の割合	求人数が求職数を下回る上位3業種	求人数対求職数の割合
天津	0.86	28.70%	71.30%	電子エンジニア	2:01	システムエンジニア	1:02
				西洋料理調理人	8:01	営業担当・レジ担当	1:02
				冷凍食品加工人員	2:01	電気・電子設備組立工	1:02
上海	0.95	15.30%	84.70%	レストラン従業員	3:01	保安員	1:03
				縫製職人	8:01	美容・理髪師	1:05
				冷凍食品加工人員	3:01	営業担当・レジ担当	1:05
瀋陽	0.84	25.70%	69.30%	ゲームソフト開発者	5:01	自動車運転手	1:04
				営業・展示会担当	3:01	キーボード操作員	1:04
				保安員	3:01	経理・会計担当	1:03
長春	0.8	25.90%	72.40%	レストラン従業員	2:01	単純肉体労働者	1:02
				保育・ホームヘルパー	3:01	インテリア作業員	1:03
				冷凍食品加工人員	3:01	自動車運転手	1:03
済南	0.9	27.10%	72.00%	経理・会計担当	2:01	単純肉体労働者	1:02
				営業・展示会担当	2:01	中華料理調理人	1:03
				秘書・タイプライター	3:01	清掃員	1:02
武漢	1.22	30.30%	67.40%	営業・展示会担当	3:01	自動車運転手	1:04
				レストラン従業員	3:01	秘書・タイプライター	1:04
				他の社会サービス担当	4:01	経理・会計担当	1:03
重慶	0.97	36.50%	62.60%	鉱物採掘工	4:01	営業担当・レジ担当	1:03
				縫製職人	5:01	保育・ホームヘルパー	1:04
				電子部品製造作業員	2:01	清掃員	1:03
成都	0.83	17.60%	79.20%	営業・展示会担当	2:01	営業担当・レジ担当	1:02
				冷凍食品加工人員	2:01	秘書・タイプライター	1:02
				部門担当マネジャー	2:01	レストラン従業員	1:02

資料）表3に同じ。

第4節　最低賃金の引上げ動向と都市部賃金水準の変動

「労働契約法」の実施以前から労働者の権益保護のため，中国のほとんどの地域で頻繁に最低賃金の引上げが行われた。中国政府が2004年に制定した「最

低賃金規定」では，全国 31 の行政区を含む計 34 の地域（一部の地級市が含まれる）では，2 年ごとにそれぞれ最低 1 回域内の最低賃金の上方調整が定められたが，それまでは最低賃金の調整・見直しがない状況が長く続いた。中国政府（労働社会保障部）の指示で，2006 年，中国の 29 地域で一斉に最低賃金が改定され，全国平均で約 20％もの引上げ実績になったのである。2007 年に入っても多くの地域で最低賃金の引上げが実施され，2008 年 7 月現在でもすでに 15 の地域で新たに最低賃金の引上げが実施されていた。現在，最低賃金が最も高いのが深圳市で，1000 元に達しており，最低時間賃金で最も高いのは北京市の 9.6 元である。また，賃金水準が最も高いレベルにある上海市を例にとると，2006 年 9 月時点の同市の最低賃金は 750 元であったが，2007 年 9 月には 840 元に引上げられ（約 12％増），2008 年 4 月に更に 960 元（約 14％増）に再調整されている。これらの都市の最低賃金水準は実際近年の一部都市の大学新卒者の初任給レベルに近いというのが現状である。より正確に言うと，近年の大卒労働者の供給過剰により，就職難[14]に遭った一部の新卒者が最低賃金に近い職場での就労をやむをえず選んだケースも増えている。

　こうした短い期間での最低賃金の引上げは，当然ながら中国の都市部賃金水準を押し上げる結果にもなり，2006 年の都市部労働者の年間賃金収入は 2001 年比 5 年間で約 2 倍（10870 元→21001 元）に上昇している。表 6 は業態別企業の賃金水準の推移を示しているが，注目すべきは近年における国有企業の賃上げの速さであろう。特に直近の 2005 年と 2006 年の賃金水準は「全体」や外資系を含む「その他」形態の企業をかなり大きく上回っている。

　一方，表 7 [A] に示す形態別企業の労働生産性の変化を見ると，非常に興味深いことに気付かされる。つまり，国有系企業の労働生産性が近年（04 年から）

---

14) 中国の新卒大学生の就職率は 1990 年代の 90％以上のレベルから大きく低下し，2005 年には 72.6％，06 年には 62％，07 年には 60％になった。政府の就職支援促進策の強化のもとで 2008 年にはわずかながら 65％に上がったが，世界金融危機の影響で 2009 年の就職率はさらに低下すると見られている。ちなみに 2009 年の中国大学新卒者の人数は 600 万人を越える史上最大の規模となる見込みである。

第 5 章 制度化に立ちむかう中国労働市場の現状と展望　111

表6　中国の都市部従業員賃金水準の推移

	年間平均賃金額（元）				増加指数（前年 = 100）			
年度	全体	国有企業	集団制企業	その他	全体	国有企業	集団制企業	その他
1995	5,348	5,553	3,934	7,728	118.9	117.3	121.1	119.9
1996	5,980	6,207	4,312	8,521	111.8	111.8	109.6	110.3
1997	6,444	6,679	4,516	9,092	107.8	107.6	104.7	106.7
1998	7,446	7,579	5,314	9,241	115.5	113.5	117.7	101.6
1999	8,319	8,443	5,758	10,142	111.7	111.4	108.4	109.8
2000	9,333	9,441	6,241	11,238	112.2	111.8	108.4	110.8
2001	10,834	11,045	6,851	12,437	116.1	117.0	109.8	110.7
2002	12,373	12,701	7,636	13,486	114.2	115.0	111.5	108.4
2003	13,969	14,358	8,627	14,843	112.9	113.0	113.0	110.1
2004	15,920	16,445	9,723	16,519	114.0	114.5	112.7	111.3
2005	18,200	18,978	11,176	18,362	114.3	115.4	114.9	111.2
2006	20,856	21,706	12,866	21,004	114.6	114.4	115.1	114.4
2007	24,721	26,100	15,444	24,271	118.5	120.2	120.0	115.6

資料）『中国統計年鑑（2008）』より作成。

表7　中国の形態別企業の労働生産性の変化動向（2001 ～ 2005 年）

[A] 形態別企業の労働生産性の変化　　［単位：元/人・年］			
年次	国有及び国有控股企業	外資系企業	私営工業企業
2001 年	54,772	75,913	40,154
2002 年	65,749	81,312	44,424
2003 年	87,095	92,158	52,342
2004 年	117,641	86,828	54,704
2005 年	144,954	107,748	75,976

[B] 形態別企業の労働生産性等の増加動向　　［単位：前年比増加率（%）］									
区分	労働生産性			工業付加価値			労働投入量		
年	国有系	外資系	民営系	国有系	外資系	民営系	国有系	外資系	民営系
2001 年	19.1	6.3	5.5	6.3	17.0	64.9	-10.7	10.1	56.3
2002 年	20.0	7.1	10.6	8.8	20.3	49.7	-9.4	12.3	35.3
2003 年	32.5	13.3	17.8	18.2	35.3	65.2	-10.8	19.4	40.2
2004 年	35.1	-5.8	4.5	23.2	31.4	54.1	-8.8	39.5	47.5
2005 年	23.2	24.1	38.9	17.1	34.3	55.1	-5.1	8.2	11.7

注）「国有控股企業」＝国家資本持株企業。「国有絶対控股」と「国有相対控股」の 2 タイプに分かれるが，前者は国家資本（持株）の占める割合が 60% 以上の企業，後者は国家資本の占める割合が 60% を下回るが，国が実際の支配権を有する企業を指す（日中経済協会『中国経済データハンドブック（2007 年版）』）。
資料）中国社会科学院工業経済研究所『中国工業発展報告（2006）』より作成。

私営企業はもとより、高い技術や先進設備を持っている外資系企業よりも高い水準で推移しているのである。

また、同表の［B］のように、国有系企業の労働生産性の前年比増加率は諸形態企業の中で最も速いペースで推移しているにもかかわらず、工業付加価値の前年比水準は比較的低い比率で推移しており、労働投入量の前年比増加率は他の2形態企業と違って2001年以来マイナス増となっている。実際にも、国有企業はこれまでの改革の中で毎年の雇用数が減少しつつあり、多くのレイオフ者や失業者を出し続けてきたのである。換言すれば、賃金上昇や市場競争激化の中で国有企業の労働生産性向上の多くは、資本設備の投入と人減らしによって実現されているものと推測される。これもそれなりに国有企業としての合理的かつ自由な選択であろう。このことは、「労働契約法」の実施によるコスト増や企業収益の減少に対する企業側の対応戦略を考えるのに極めて示唆的であろう。つまり、社会保険加入や長期雇用などを義務付けるような雇用条件による企業負担の増大を避けるべき手段として、今後国有企業ばかりでなく、外資系企業や社会保険の加入率が低い私営企業なども「防衛手段」として、生産規模の縮小や自動化設備増強などによる人員削減戦略を取る可能性が十分にあり得るであろう。これこそ、「労働契約法」の実効性の限界であろう。もちろん筆者は最低賃金水準の引上げや「労働契約法」の制定実施を否定するつもりは毛頭なく、ただ短い期間での頻繁な賃金調整の限界や、冒頭で述べた多様なコスト増の環境下における法律強化の難しさ[15]を指摘したいほか、これまでの経済急成長の過程における政策実施の良いタイミングを見逃したしわ寄せの弊害を強調したいと思う。

　これまでの農村出稼ぎ労働者の低賃金による生産体制が国内外の人口社会や

---

15) 最低賃金の引上げ効果と限界について、邵永裕「中国の地域開発と人口都市化・産業発展の研究」（東京大学博士論文、2007年）の参照に譲るが、本来最低賃金は、これまでの長い期間において徐々に見直されてくるべきであり、また14年前にも成立した「労働法」にある労働契約関連規定をより効果的に監督・執行すべきであったことを付け加えたい。なお、全国統一の最低賃金水準は定められておらず、具体的な最低賃金水準は各地方がそれぞれに決定しているのが現状である。

経済環境の変化によって，これ以上続けられない状況が現れて初めて雇用保護の法制強化に乗り出すことは，労働管理体制上の怠慢や偽善と受け止められても仕方がなく，何よりその遅きに失したところが大きいと言えよう。

第5節　転換期を迎える中国労働市場のシステム整備

　冒頭で触れたように，昨年の同一年度内に3つ以上（「労働契約法実施条例」などを含む）もの雇用関連の法規が施行されることは今までにない異例の状況であり，中国政府の労働法規整備強化を極めて重視する姿勢を窺わせると共に，中国の労働市場がより制度化・規範化されていく転換期を迎えてきたと受け止めることができよう。

　このことは，中国の政府系シンクタンクの近年に出された関連報告書の結論や提言にも明確に反映されている。例えば，中国社会科学院工業経済研究所の編集による『中国工業発展報告（2006）』では，「就業と労働者権益保障」と「企業の人的資源の現状と開発戦略」という2章分をさいて，中国労働市場における労働者の権利損害，法整備や法執行・監督の不十分さをはじめ，劣悪な労働環境の存在と公傷や工場事故における対応上の不備や不手際などの問題を指摘しており，また企業内における人材養成や能力開発の動機付け不足や人材流出などの問題を分析しているうえ，企業側に対してだけでなく，国と政府が政策・法規・制度づくりと環境整備を強化して，人的資源の開発に取り組む必要があると提言している。また，社会科学院人口労働経済研究所の2007年に出された『中国人口と労働問題報告書』では，ノーベル賞受賞の開発経済学者ルイス（William Arthur Lewis）による転換点理論[16]と中国の政策挑戦を報告書のサブ

---

16) ルイス及びその継承者達による転換点理論を簡単に説明すると，農村セクター（「伝統部門」）から都市セクター（「現代部門」）へ無制限に供給された余剰労働力は極めて安い労働賃金（最低賃金のような「制度賃金」）で雇用され，経済発展がそれによって促進されるが，余剰労働力の減少・枯渇により，都市部賃金が上昇し経済が転換点（ターニングポ

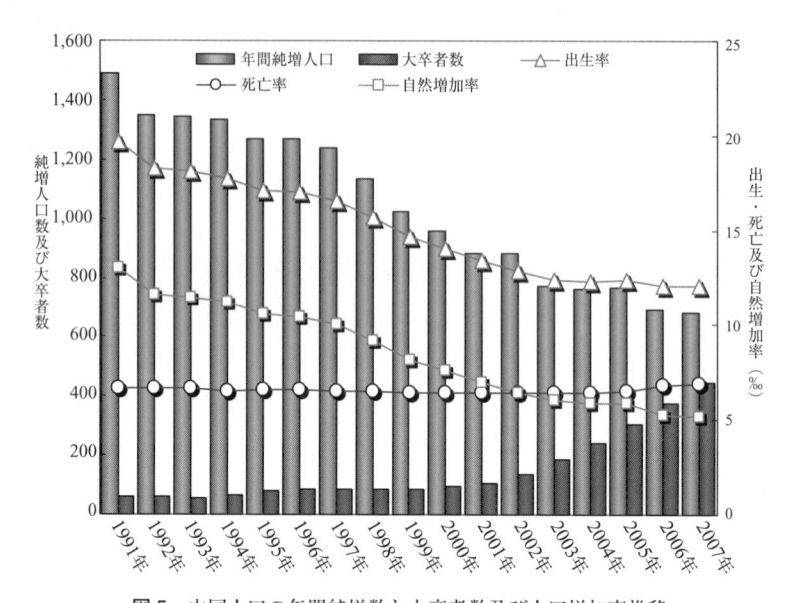

図5 中国人口の年間純増数と大卒者数及び人口増加率推移

注）2007年の中国総人口は13.21人に達したが，出生率の低下と死亡率の微増により，人口の年間純増数と自然増加率は共に明確な低下傾向を示している。
資料）『中国統計年鑑(2008)』より作成。

タイトルに付したうえ，これまで農村からほぼ無制限に供給されてきた中国の余剰労働人口は大きく減り（約1.2億人に，また年齢層の高いものが増えている），年少人口層が厚い状況に恵まれるいわゆる人口ボーナス期を中国は比較的早い期間で通過するということを同報告書で実証分析し，今後農村部からの余剰労働人口のスムースな移転や年齢層の幅を広げたような労働力・人材開発・育成の制度的枠組みやシステム整備を強化する必要があると提言している。

図5のように，中国の年間純増人口数は2001年以降急減し始めており，年間1000万人以上だったのが近年700〜800万人前後で推移し，人口の自然増加率の低下も顕著になり，中国の労働力資源も今後次第に減少していくということが避けられない。労働行政を司る中国の政府機関名も当初の「労働部」か

イント）を迎えるということである。中国人口社会研究所の研究者たちは中国が現在この転換点に入りつつあるという見解をほぼ共有している。

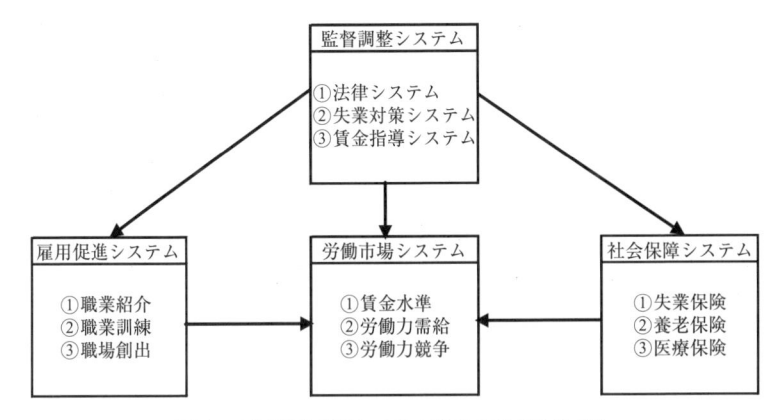

第5章 制度化に立ち向かう中国労働市場の現状と展望 115

```
                    ┌─────────────────┐
                    │ 監督調整システム │
                    │                 │
                    │ ①法律システム   │
                    │ ②失業対策システム│
                    │ ③賃金指導システム│
                    └─────────────────┘
                    ↙                ↘
┌──────────────┐  ┌──────────────┐  ┌──────────────┐
│雇用促進システム│→│労働市場システム│←│社会保障システム│
│              │  │              │  │              │
│①職業紹介    │  │①賃金水準    │  │①失業保険    │
│②職業訓練    │  │②労働力需給  │  │②養老保険    │
│③職場創出    │  │③労働力競争  │  │③医療保険    │
└──────────────┘  └──────────────┘  └──────────────┘
```

図6 中国労働市場システム整備の基本的枠組み
資料）鄒東涛主編『中国改革開放30年（1978～2008）』より修正・作成。

ら「労働社会保障部」（本章はこれを使用している）を経て，現在の「人力資源社会保障部」へと改名されたことが象徴するように，中国の労働政策は労働力資源の有効利用と権益保護にシフトし始めており，持続可能な経済や産業発展のために「労働力の開発・保護」というもう一つの環境・資源問題の対応に取り組みはじめていることは確かである。労働者のライフステージにおける労働環境政策について，日本でも重要視すべきであると指摘されている[17]ように，短期間での制度整備と法令執行による効果が限られ，地道な制度づくりやシステム構築が重要であり，労働組合の健全な運営による労働者権益の主張や擁護も必要不可欠である。

その意味で，これまで目指されてきた中国労働市場システムの基本的枠組み（図6）には，無制限に近い労働力の供給を前提にしたあまり，社会保障・雇用促進システム整備の重要な一環である労働保険や労働力の安定雇用と技能向上に資する労働契約の履行と職業訓練機会の付与などが軽視されてきたことが反省されるべきであり，より有力な手段や仕組みによって補われていくべきであろう。それには，やはり今日日本でも認識・改善され始めたように，労働力を

---

17) 浜民夫「労働者のライフステージにおける労使環境政策―労災と失業」，生野正剛他編著『地球環境問題と環境政策』ミネルヴァ書房，2003年。

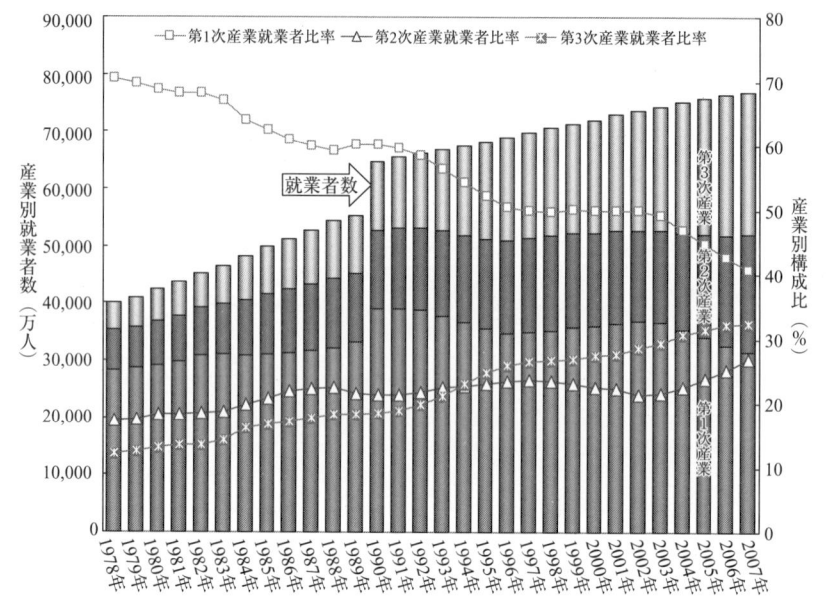

図7 改革開放30年間の中国産業別就業人口の推移（1978〜2007）
資料）『中国統計年鑑』より作成。

いつでも切り捨てられるような単なる生産のための手段やコストではなく，消費市場の重要な担い手であり，貴重な社会経済的資源であるという認識のもとで，労働組合の機能強化や法律の実効性を保証する多面的な管理監督機関や司法部門，非営利団体，マスコミなどの世論参加も重要な役割を果たすであろう。

改革開放政策が30年間実施されてきた中で，未だに戸籍管理制度に基づく様々なシステム障害が残されており，都市農村間はもとより地域間，業界間，産業間では統一された競争的な労働市場が形成されておらず，労働力資源の合理的な配置や有効な活用が今でも十分に実現されていないことは，農村出稼ぎ労働者に対する不当な扱いや大卒労働人口の低度雇用や創業・失業などにも見受けることができるばかりでなく，GDPに占める農業の割合や貿易大国・工業大国に相応しくない過剰な第1次産業分野における就業人口（図7）にも如実に現れている。

上述の労働市場調査や実際の統計データも第3次産業の雇用吸収効果が高いことが示されているにもかかわらず，粗放型の成長方式と重化学工業偏重な産業構造のもとで第2次産業による労働雇用の人口数と構成比がともに拡大している傾向である。その意味で，転換期を迎えた中国労働市場の制度化やシステム化は経済成長方式の改善や産業構造の転換と相まって進めていかなければならない。

むすびにかえて

　本章では，中国政府の主導による労働市場の制度化やシステム化に向かう取り組みの一環として労働者の権益保護を重視する法令の制定や見直しの強化動向やその実施効果および限界条件を考察してみた。得た結論として，現在の中国労働市場はかつて日本が経験したような環境変化（①人口構造の変化，②経済のグローバル化，③技術進歩による資本装備率の向上[18]）よりも複雑で困難な状況に置かれているにもかかわらず，多くの中国内の研究者は今が労働契約法実施の最良の時期と判断するのが[19] 妥当性を欠き，最良の時期（失業率が低く，経済の安定的な高成長が持続した段階）は今後にあるというよりもむしろ見逃されたとみてよいと思われる。

　現在の中国労働市場における失業増や世界金融危機などの攪乱要因により，雇用関連法規の実効性が限られ，より徹底的な労働市場の統合や競争的な市場メカニズムの構築が重要であり，それに向けての経済成長方式と産業構造の転換との連動が必要であると認識されるべきであろう。

　今後の中国労働市場の改革推進やシステム整備の制度化を考える場合，楽観できない要素がいくつも存在していることを指摘する必要があろう。

---

18) 中馬宏之／樋口美雄『労働経済学』岩波書店，1997年。
19) 蔡昉「労働力市場制度建設」，中国社会科学院人口労働経済研究所ウェブサイト（http://iple.cass.cn/）。張車偉「当前労働市場的結構性矛盾及其経済学分析」，同上，など。

まず，第 1 に目下の世界的な金融危機の襲来により最低限の就業確保が政策目標に優先されがちで，昨年に施行された労働 3 法が形骸化になりかねず，労働者たちの権益保護がおろそかにされ易いこと。第 2 に経済の安定成長や完全雇用のための金融財政政策はインフラや重化学工業および農業分野に傾斜しており，経済・産業の構造転換を目指すべき成長路線が貫徹されにくく，それに伴う第 3 次産業の発展による雇用拡大が制限される恐れがあること。第 3 に，今年中国は大卒就業人口のピーク年に当たっており，これまでの未就業の大学生人口と併せて新卒者だけでも優に 1000 万を超えており，これに 900 万人に迫る都市部失業人口と余儀なく帰郷させられた 2000 万人とも言われる農村出稼ぎ労働者人口をあわせると，史上最大規模の就業圧力が生じており，労働市場の健全な管理運営よりも雇用確保が至上命令となる中で，「労働契約法」をはじめ，労働市場の制度化推進に大きな試練が待ち受けていることが明らかである。

　こうした新しい情勢下において，各種労働法令による労働市場の制度化を図るためには，戸籍制度の改革徹底による都市農村間・行政地域間の労働市場の統合や第 3 次産業の発展推進による雇用機会の創出，国有企業をはじめとする雇用拡大への奨励制度の導入，企業側の社会的責任意識の向上，労働者自主参加による労働組合組織の機能改善などに取り組んでいかなければならず，長い道のりであろう。

［参考文献］（画数順）

大内伸哉「労働契約法と改正パート労働法」，『日本労働研究雑誌』2008 年 7 月号［解題］。
中国社会科学院工業経済研究所編「就業与労働者権益保障」（第 10 章），「企業人力資源現状与問発戦略」（第 36 章），『中国工業発展報告（2006）』，経済管理出版社，2006 年。
中馬宏之 / 樋口美雄『労働経済学』岩波書店，1997 年。
平新喬「民営企業中的労工関係」北京大学中国経済中心 WEB サイト，2005 年 1 月 3 日掲載。
田浦里香 / 劉沫真「中国労働市場の動向と日本企業の人材マネジメント戦略」，『知的資産創造 /2008 年 7 月号』野村総合研究所，2008 年 7 月。
村尾龍雄『中国・労働契約法の仕組みと実務』日本経済新聞出版社，2007 年 12 月。
邵永裕『中国の地域開発と人口都市化・産業発展の研究』東京大学博士論文，2007 年。

青木修二（衆議院調査局厚生労働調査室）「中国における労働事情―労働契約法制定の影響を中心に」，2008 年。

胡鞍鋼 / 趙黎『我国転型期城鎮非正規就業与非正規経済（1990 ～ 2004）』，『清華大学学報（哲学社会科学版）』，2006 年第 3 期第 21 巻。

浜民夫「労働者のライフステージにおける労使環境政策―労災と失業」，生野正剛他編著『地球環境問題と環境政策』ミネルヴァ書房，2003 年。

荻野敦司 / 馬場久佳『中国労働契約法の実務』中央経済社，2008 年 2 月。

高見澤磨「形成過程の中国労働法体系」，『日本労働研究雑誌』2008 年 7 月号［提言］。

張車偉「当前労働市場的結構性矛盾及其経済学分析」，中国社会科学院人口労働経済研究所 WEB サイト（http://iple.cass.cn/）。

張展新 / 侯慧麗（中国社会科学院人口労働経済研究所）「両類外来人口的労働合同簽訂与社会保険獲得差異」，『開放導報』2008 年 4 月。

鄭海東「中国経済の新局面―変化する外資政策と投資環境―」，福井県立大学『年報　東アジアと地域経済』（創刊号），2008 年 3 月。

鄒東涛主編『中国改革開放 30 年（1978 ～ 2008）』，社会科学文献出版社，2008 年。

蔡昉 / 都陽『人口与労動緑皮書（2007）：中国人口与労働問題報告 No. 8 ―劉易斯転折点及其政策挑戦』社会科学文献出版社，2007 年。

蔡昉「労働力市場制度建設」，中国社会科学院人口労働経済研究所 WEB サイト（http://iple.cass.cn/）。

澤田ゆかり「中国における労使関係の変化と社会保障制度の変容」，宇佐見耕一編『新興工業国における雇用と社会保障』アジア経済研究所・日本貿易振興機構，2007 年。

Lewis, W. A, "Economic Development with Unlimited Supplies of Labor", *Manchester School of Economic and Social Studies*, 22(2). 1954.

Todaro, P. and Stephen C. Smith, *Economic Development-Ninth Edition*, Pearson Education Limited, 2006.

第2部

福井県の雇用と東アジア

第6章
福井県の雇用状況はなぜよいのか

服部茂幸

はじめに

　福井県，あるいは北陸は，東海と並び失業率が低い地域として知られている。本章はその原因を明らかにするものである。福井県，あるいは北陸において，就業は，製造業,建設業,医療・福祉,(その他) 公務の各産業で創出されている。実はこれらの産業を省くと就業シェアは全国平均以下である。したがって，福井県の雇用状況がよい原因を明らかにするためには，第一にこれらの産業でなぜ就業が創造されているのかを考えなければならない。

　実はこうした産業での就業の創出と，マクロ経済の構造，特に支出構造の間には密接な関係がある。日本において，首都であり，日本最大の大都市である東京圏を除くと，移出の中心は製造業である。したがって，製造業が強い地域が移出力のある地域となる。移出力のある地域は，移出により雇用を創出できるので，その分失業率が低くなる。

　経済のサービス化が叫ばれている現在，サービス業の進んだ地域が進んだ地域であると考えられる。しかし，その通念に反して，東京圏を除いて，製造業が強い地域が，経済状態がよく，失業率が低いことが，よく知られている。逆

にサービス業のシェアの高い地域は,経済状況が悪く,失業率も高い。その理由が移出にあることを明らかにしたのが,服部 (2008a) である。

また福井県,北陸は,地方であり,製造業が強い割に,政府投資,政府消費の比重も高い。それが政府投資に依存する建設業,政府消費に依存する医療・福祉,(その他) 公務の地方型産業の就業を創出している。

しかし,話はそれで終わらない。一般的に就業状況が良好な地域には他地域から労働者が流入する。実際,北陸と並んで雇用状況の良好な東海には労働者が流入している。しかし,賃金が低い福井県,北陸は労働力の流出地域となっている。これが福井県や北陸の失業率を低めている。この意味で福井県や北陸の雇用状況がよいのは見かけの要素が多分にあると言える。

第1節　福井県の就業はどの産業で創出されているか

(1) 福井県の就業はどの産業で創出されているか

　福井県は全国で一番失業率が低いと言われている。政府もなぜ福井県の失業率が低いのかを研究している。図1は2005年の都道府県別失業率を示したものである。福井県の失業率は4.2％で,全国最低である。富山県は4.4％で全国2位,石川県は4.7％で,全国7位である。新潟県は北陸に含まれるかどうかは微妙である。一応示しておくと,4.8％で,全国11位となっている。このように福井県および他の北陸地域は全国でも失業率が低い。

　全国的に見ると失業率が低い地域は,他に東海である。逆に失業率がずば抜けて高いのは沖縄県である。その他には北海道,東北,四国,九州など,地方の中でも日本列島の北と南の端が高い。また橋下知事が財政再建に取り組んでいることで話題になっている大阪府,あるいは広く関西も失業率は高い。

　それでは福井県,北陸の労働者はどの産業で就業しているのであろうか。図2-1は都道府県別産業別就業率を図示したものである。製造業の就業率が高いのは,東海,北関東である。首都東京とその周辺部を別として,今日本で経済

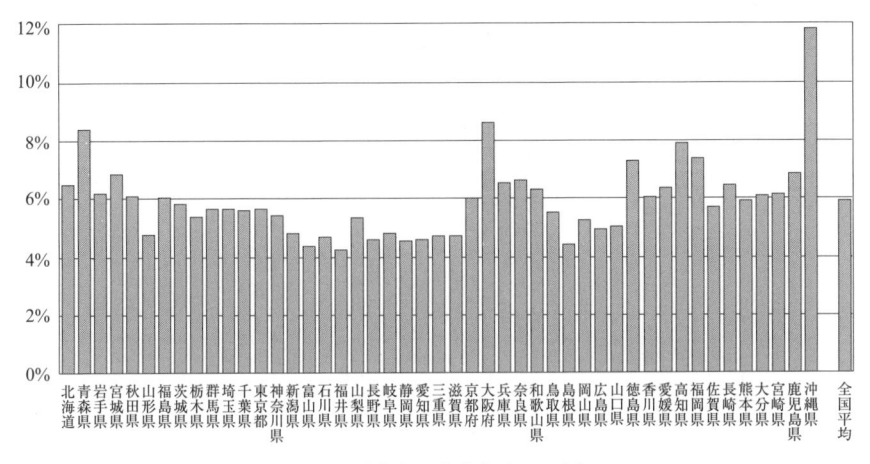

図1　都道府県別失業率（2005年）

資料：総務省『国勢調査報告』。

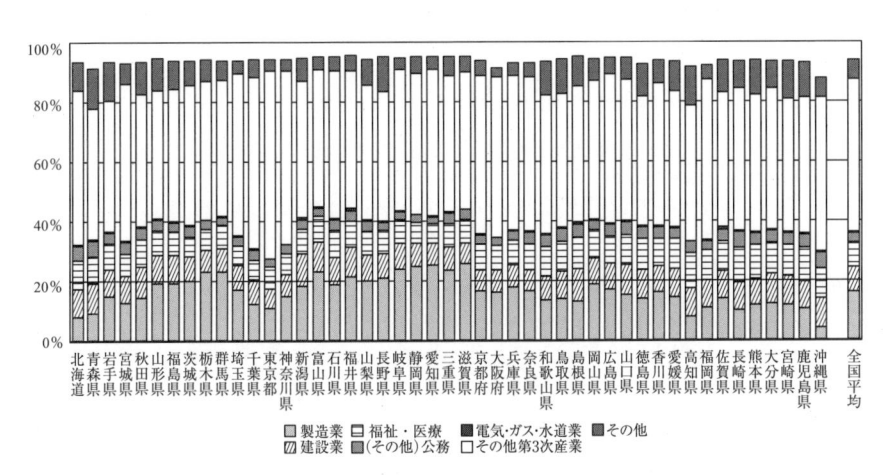

図2-1　都道府県別産業別就業率（2005年）

凡例：製造業　福祉・医療　電気・ガス・水道業　その他　建設業　（その他）公務　その他第3次産業

資料：総務省『国勢調査報告』。
注：(その他)公務は他に分類できないもの。その他には分類不能の産業も含む。

状況がよく，失業率が低いのは，製造業の就業率が高い地域である。製造業とは逆に建設業，医療・福祉，（その他）公務の就業率は地方で，経済状況のよくないところで高くなっている。地方の中でも北海道，東北，山陰，四国，沖縄

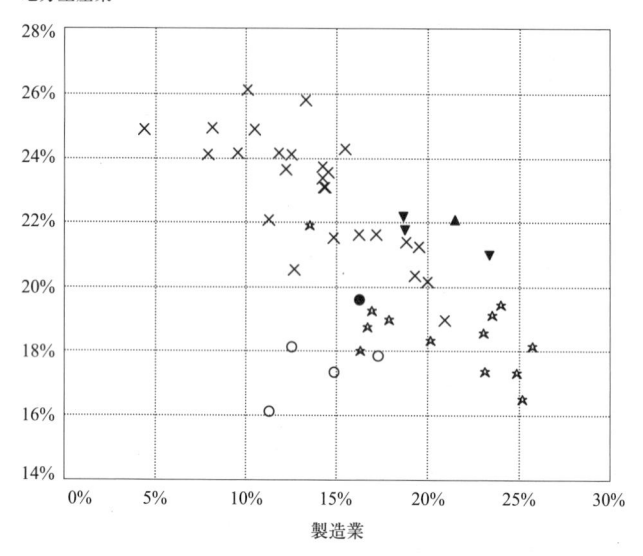

```
地方型産業
28%
26%      ×
              ×
24%  ×  × ×  × ×
         × × ×    ×
22%          × × ▼   ▲
              × × × ×  ▼
20%       ○     ● ☆
              ☆    ☆ ☆ ☆
18%       ○  ☆      ☆   ☆
                      ☆
16%    ○
                       ☆
14%
   0%  5%  10%  15%  20%  25%  30%
              製造業
```

▲ 福井県　　○ 南関東　　× 地方圏
▼ その他北陸　☆ その他都市圏　● 全国平均

図 2-2　製造業と地方型産業の就業率の関係 (2005 年)

資料：総務省『国勢調査報告』。
注1：地方型産業とは建設業, 医療・福祉, (その他) 公務である。公務は他に分類できないもの。
注2：都道府県の地域分類は以下の通りである。
　　その他北陸：新潟県, 富山県, 石川県
　　南関東：埼玉県, 千葉県, 東京都, 神奈川県
　　その他都市圏：茨城県, 栃木県, 群馬県, 岐阜県, 静岡県, 愛知県, 三重県,
　　　　　　　　滋賀県, 京都府, 大阪府, 兵庫県, 奈良県, 和歌山県
　　地方圏：その他

県と日本列島の北と南の端で特に高くなっている。建設業, 医療・福祉, (その他) 公務は地方型産業であると言える。

　図 2-2 では特に製造業就業率と地方型産業の就業率を取り出し, その関係を図示した。すると都市圏は図の右下に集まり, 地方は図の左上に集まっている。都市圏では製造業の就業率が高く, 地方型産業の就業率が低い。地方は逆になっていることが分かる。けれども, 東京を中心とした南関東では, 何れの

就業率も低くなっている。

　逆にいずれの就業率も高いのが福井県，北陸である。福井県，北陸の製造業の就業率は高いが，それでも東海には及ばない。しかし，建設業，医療・福祉，(その他) 公務の就業率を加えると，富山県は44.5％，福井県は43.5％であり，全国第1位，第2位となる。他方，経済のサービス化が進行していないために，医療・福祉，(その他) 公務を除くサービス業の就業率は全国平均よりもかなり低い。

　さて，電力業は福井県の一大産業である。2005年度において，電気・ガス・水道業の福井県の県内総生産に占める比率は，11.8％である (内閣府『県内総生産』)。電気・ガス・水道業の国内総生産に占める比率は全国平均では2.6％である。極めて福井県の比率が高いことが分かる。ただし，電気・ガス・水道業と言っても，実際には嶺南地方の原子力発電である。さらに嶺南地方と言っても，原発立地4市町に限られる (服部，2008b参照)。富山県においても，電気・ガス・水道業の比率は3.7％と，全国平均よりも高い。

　しかし，就業者のシェアでは，福井県は1.0％にすぎない。全国平均は0.5％だから，この数値でも全国平均の2倍である。けれども，元が極めて低いので，実際には大きくない。富山県の場合，就業者のシェアは0.7％である。これも全国平均よりは高いが，やはり数値としては大きくない。電力業，特に原子力発電は巨大な装置産業である。そのため電力業は福井県の一大産業となっているが，就業には大きな効果を持たないことが分かる。

　福井県や北陸で失業率が低いのは，製造業と，建設業，医療・福祉，(その他) 公務という地方型産業で就業が作られているからだと言える。

第2節　都道府県の支出構造と就業構造の関係

(1) 移出依存型であると同時に政府支出依存型である北陸経済

　前節では福井県，北陸は製造業，建設業，医療・福祉，(その他) 公務という

地方型産業で就業が創造されていることを示した。本節はこのような産業への就業が福井県，北陸の支出構造と結びついていることを明らかにする。

県内総生産において次のような恒等式が成立している。

県内最終需要＋移出＝民間消費＋民間投資＋政府消費＋政府投資＋移出
$$= 県内総生産＋移入$$

したがって，

$$県内総生産 = (民間消費＋民間投資＋政府消費＋政府投資＋移出) \times \frac{1}{1+移入性向}$$

が成立する。

ここで需要項目の違いにより，誘発される県内総生産には違いがないとする。すると移出，政府消費，政府投資に $\frac{1}{1+移入性向}$ をかけたものはそれぞれ，移出，政府消費，政府投資に誘発される県内総生産となる。

都道府県別に移出，政府投資，政府消費に誘発される1人あたりの県内総生産を示したのが図3である。

移出に誘発される県内総生産がずば抜けて大きいのは，東京都である。その他に大きいのは東海，北関東など，都会で今経済状況がよいと言われている地域である。同時に製造業が強い地域でもある。逆に地方は移出に誘発される県内総生産は小さい。地方の中でも北海道，沖縄県など日本列島の北と南の端で，経済状況のよくない地域が特に小さい。しかし，福井県，北陸は全体として，全国平均レベルである。地方に属する割に，移出に誘発される県内総生産が大きくなっている。

他方，政府消費と政府投資に誘発される1人あたりの県内総生産はあわせても，移出に誘発されるものよりも金額としてはかなり小さい。また地方の方が大きい。地方の中でも北海道，沖縄県など日本列島の北と南の端で，経済状況のよくない地域が大きい。ただし，東京都は例外で，日本一の大都会であるが，政府消費，政府投資に誘発される県内総生産も大きい。

政府投資とは，結局は公共事業のことである。また政府消費は中央政府，地

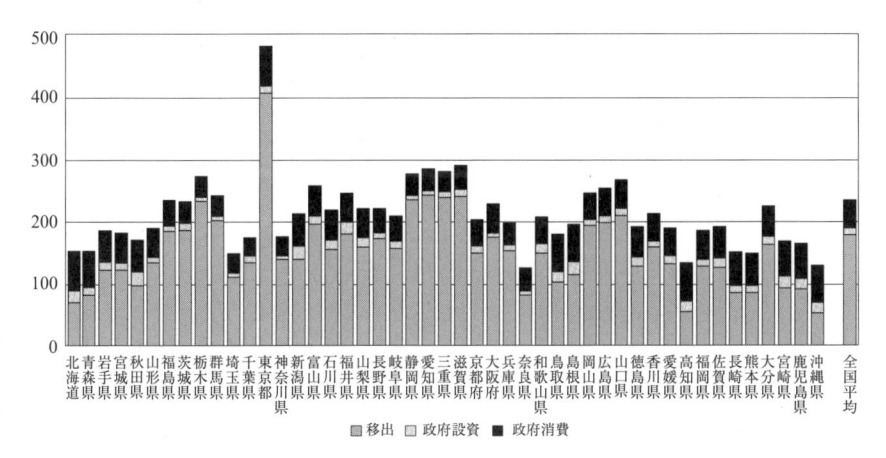

第6章 福井県の雇用状況はなぜよいのか　129

図3　移出，政府投資，政府消費に誘発される1人あたり県内総生産
単位：万円
資料：内閣府『国民経済計算』。
注：政府投資は政府総固定資本形成。在庫投資は含めない。

　方自治体のサービスに関わる活動に向けられる。こうした活動はシビル・ミニマム，ナショナル・ミニマムに関わる。田舎だからと言って，道路を造らなくてよいというわけにはいかない。あるいは病院・学校を造らないというわけにもいかない。他方，人口が多くなったからといって，人口に比例して道路や学校は必要になるわけではない。そのため，人口あたりでは地方の方がどうしても支出が大きくなる。また地方では無駄な道路が造られているとはよく言われることである。

　理由はともあれ，政府消費，政府投資は地方に相対的に大きく支出されている。さらに地方の方が移入性向が低いことも，地方の政府消費，政府投資に誘発される県内総生産を大きくしている。この政府消費，政府投資に誘発される県内総生産に関しても，福井県，北陸は比較的大きい。

　日本全体を大きく見れば，都市部は移出依存型経済，地方は政府消費，政府投資依存型経済となっている。こうした中で福井県，広くは北陸全体は，地方といっても，日本列島の北と南の端とは違って，移出に誘発される県内総生産が大きくなっている。また移出に誘発される県内総生産が大きい割に，政府消

費，政府投資に誘発される県内総生産も大きい。

移出依存型であると同時に政府支出依存型でもあるというところに，福井県，北陸の特徴があると言える（以上に関しては，服部，2008a も参照）。

(2) 都道府県の支出構造と就業構造

都道府県の支出構造と就業構造の関係を考えよう。

移出するためには輸送が可能でなければならない。そのため，サービスは移出には向かない。実際には客の方が買いに来るという形で移出はなされているが，それはわずかである。農産物，鉱産物は輸送が容易であるが，農業も鉱業も日本の産業としては微々たるものである。したがって，移出の中心は工業製品となる。

ただし，首都の特権を持ち，日本最大の大都会である東京都は例外である。金融，特に国際金融，情報・通信業など時代をリードする産業の東京一極集中は極めて著しい。東京は工業製品ではなく，これらの産業の製品・サービスを移出することにより，移出依存型経済を作っている。

しかし，こうしたことができるのは東京が首都の特権を持ち，世界有数の大都会だからである。西日本の中心であった大阪ですら，これらの分野では東京に敗退している。IT 産業や金融，特に国際金融など時代をリードする産業で東京に敗退し，他方，製造業では名古屋など東海に敗退していることが，大阪経済の衰退の原因であると言える。ましてや他の地方では IT 産業や金融，特に国際金融で生き残ることは不可能であろう。

結局，東京以外の地域においては，製造業が強い地域は移出によって就業を作り出すことが可能となる。逆に日本列島の北と南の端のような製造業が弱い地域は外需を獲得できず，逆に需要が外部に流出することになる。その結果，外需依存型の就業を喪失することになる。

他方，政府投資は道路を造ったりすることなので，建設業に対する需要を作り出す。したがって，政府投資が多くなれば，建設業の就業が創出される。

政府消費は医療・福祉，教育の他，警察・消防など政府にしかできない仕事

のために支出される。そのため，政府消費は医療・福祉，教育・学習支援業，（その他）公務の就業を作り出す。地方の方が高齢化が進んでいるので，地方の政府消費は医療・福祉の就業を作り出す。けれども，地方では一般的に少子化も進んでいるので，初等・中等教育に関する支出は相対的に少なくてすむ。大学も少ないので，高等教育にかかる政府消費も少なくなるであろう。そのため，教育・学習支援業の就業率は地方の方が必ずしも高いとは言えない。北陸についても，石川県以外は全国平均以下となっている。したがって，教育・学習支援業は政府消費依存型の産業であるが，地方型産業ではない。

　福井県，あるいは北陸では，地方でありながら，比較的製造業が強い。そのため，移出により就業を創出している。他方，地方であるために，政府消費や政府投資も多い。それが建設業，医療・福祉，（その他）公務の地方型産業で就業を創出している。福井県，北陸の雇用状況がよい最大の理由はここにある。

第3節　人口流失と失業率

(1) 就業者が減少する福井県

　最後に考えなければならないことがある。福井県の失業率は低いが，就業者が増加しているわけではないということである。

　図4-1は2000-05年の各都道府県の就業人口，労働人口，15歳以上人口の増加率を示したものである。

　日本全体ではこの間に就業者は2.4%減少している。それを反映して，ほとんどの都道府県で就業者の増加率はマイナスである。しかし，就業者の減少率には都道府県間で大きな違いがある。経済状態のよい滋賀県，愛知県，神奈川県では逆に就業者は増加した。関東，東海は減少しているところでも，その減少率は低い。大都市圏でも経済状況の悪い関西の減少率は高い。また地方の減少率も高い。特に北海道，東北，山陰，高知県といった経済状況の悪い地域の減少率が特に高い。

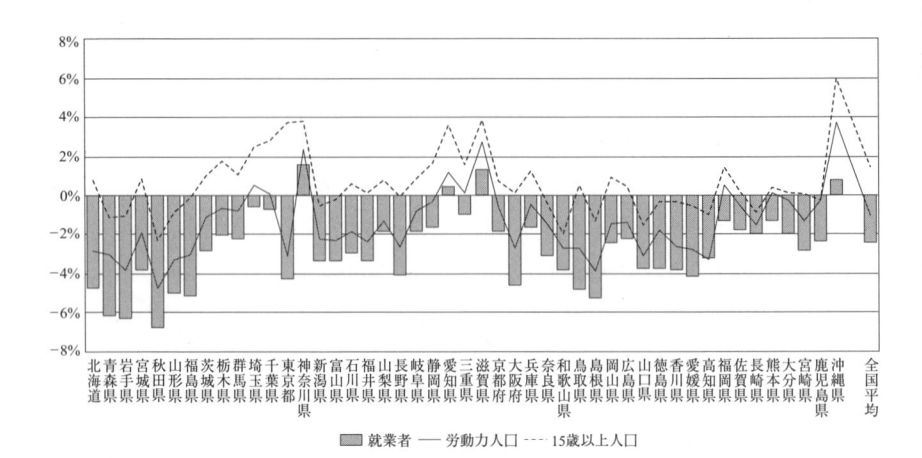

図4-1 都道府県別就業者，労働力人口，15歳以上人口の増加率（2000-05年）
資料：総務省『国勢調査報告』。

就業者増加率と労働力人口，15歳以上人口の増加率間には密接な相関関係があることが分かる。ただし，三者の中で一番高いのは，15歳人口増加率である。逆に就業者増加率が一番低い。高知県以外の全ての都道府県で，就業者の増加率は労働力人口の増加率を下回っている。

この5年間に福井県では，就業者は3.3％減少した。福井県の減少率は全国平均を上回る。他の北陸も同様で，新潟県，富山県，石川県何れもその減少率は全国平均を超える。労働力人口の増加率でも，15歳人口の増加率でも，福井県，あるいは北陸各県は全て，全国平均を下回る。北陸と並び失業率が低い東海，滋賀県では，労働力人口はむしろ増加している。また15歳以上人口の増加率も高い。この点で大きく異なっている。

もっとも福井県，北陸は地方であり，関東・東海のような大都市圏と比較するのは間違いかもしれない。福井県，北陸の就業者の減少率は全国平均を上回るといっても，地方の中では低い。あるいは大都市圏でも経済状況のよくない大阪府と比べても低い。その点では福井県，北陸の状況は悪くないと考えることもできる。

こうした傾向は2000年代になってからのことではない。1980年からの変化

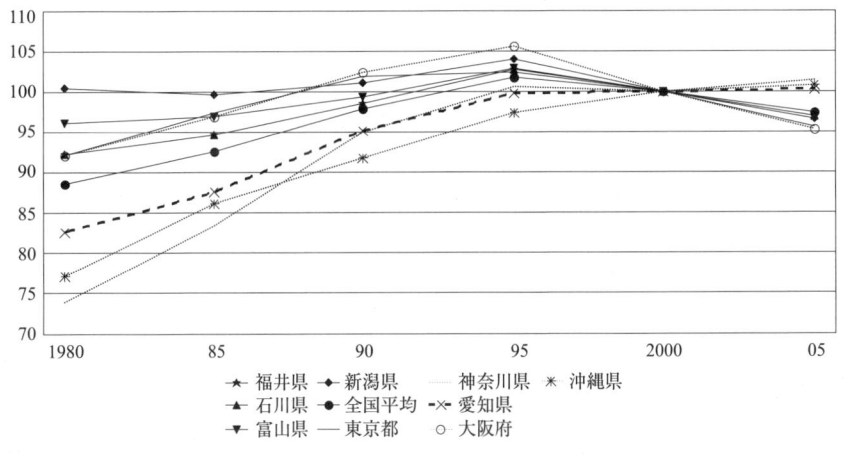

図 4-2　就業人口の変化（1980-2005 年）

資料：総務省『国勢調査報告』。
注：2000 年を 100 とする指数。

を示したのが，図 4-2 である。1980 年代の日本の景気は比較的よかった。特に後半にはバブル景気があった。しかし，福井県の就業者はほとんど増加していないことが分かる。北陸で就業者数が比較的増加しているのは，石川県だけである。1995-2005 年には，景気悪化のために就業者が減少しているのは，福井県あるいは北陸だけではない。しかし，福井県あるいは北陸の減少率は全国平均を上回る。

　その結果，1980-2005 年全体では，福井県の就業者はほとんど増加していないことになる。こうした事情は他の北陸でも同様である。新潟県の場合には，この 25 年間に就業者は逆に減少している。福井県，北陸の低い失業率は就業者の増加に結びついていない。

(2) 賃金と人口移動

　図 5 は都道府県ごとに所定内賃金と転入超過率を図示したものである。人口の流入超過率が著しく高いのは南関東である。また東海地方も人口が流入している。これらの地域は同時に賃金率が高い地域でもある。この 2 つの地域を除

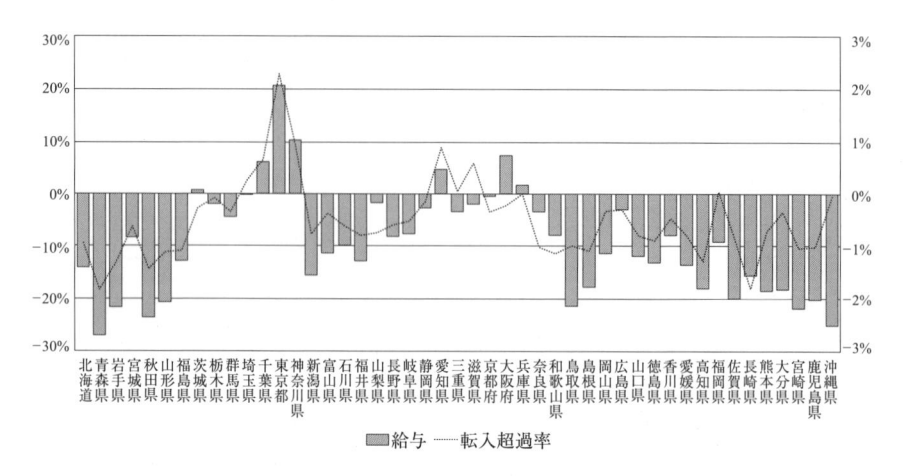

図5　都道府県別転入超過率（2005-07年）と給与（2005年）

資料：総務省『国勢調査報告』，『住民基本台帳人口移動報告』，厚生労働省『賃金構造基本統計調査』。

注1：給与は左目盛り，転入超過率は右目盛り。

注2：転入超過率は，$\dfrac{2005年から07年の転入超過数}{2005年の人口}$ である。

注3：給与は2005年の常用労働者，男女計の決まって支給する現金給与額である。全国平均を上回る率。

くとほとんどの地域で，人口は流出超過となっている。賃金が高い大阪府から人口が流出し，賃金の低い沖縄県に人口が流入するなど，子細に見れば，例外も存在する。しかし，一般的には賃金の低いところから高いところに人口は流入していると言える。賃金率の高いところに人口が流入していくというのが，経済学，あるいは一般的な通念であろう。図5はこうした通念を裏づけている。

表1は給与，失業率と転入超過率の関係を回帰分析したものである。（自由度修正済み）決定係数は非常に高い。沖縄県を除くと，さらに高くなる。給与の係数の優位性は極めて高い。給与に関しては，論理的には男女計か，男子か，女子かが問題となる。しかし，結果は何れを選択しても，給与の係数や決定係数はあまり変わらない。給与が高い地域は，男子も女子も給与が高いのが普通であるから，この結果はそれほど不思議なことではない。

またモデルの変数を給与だけにしても，給与の係数や決定係数はほとんど変わらない。他方，失業率だけのモデルでは，決定係数が著しく低下する。賃金

表1　給与，失業率と転入超過率の関係

従属変数　転入超過率（2005-07 年）

	定数	給与	失業率	R^2	$\overline{R^2}$
モデル 1	− 0.061*** （− 8.1）	0.059*** （8.8）	0.029 （0.6）	.649	.633
モデル 2	− 0.054*** （− 8.3）	0.061*** （10.8）	− 0.12** （− 2.2）	.753	.742
モデル 3	− 0.060*** （− 8.8）	0.067*** （11.0）	− 0.12** （− 2.1）	.760	.749
モデル 4	− 0.060*** （− 8.0）	0.070*** （10.0）	− 0.18*** （− 3.1）	.723	.710
モデル 5	− 0.063*** （− 11.7）	0.063*** （10.8）		.726	.720
モデル 6	0.069 （1.1）		− 0.21** （− 2.0）	.085	.065

***　1%有意　**　5%有意　*　1%有意
資料：総務省『国勢調査報告』，『住民基本台帳人口移動報告』，厚生労働省『賃金構造基本統計調査』。
注1：最小二乗法。
注2：モデル1は47都道府県。モデル2―モデル6は沖縄県を除く46都道府県。
注3：転入超過率は，$\dfrac{2005年から07年の転入超過数}{2005年の人口}$ である。
注4：給与は2005年の常用労働者の決まって支給する現金給与額である。全国平均を1とする指数。モデル3は男性の給与額，モデル4は女性の給与額，それ以外は男女計の決まって支給する現金給与額を使用した。

率が高い都市は失業率が低い，地方はその逆というのが一般的な傾向である。したがって，賃金率と転入超過率の相関が高ければ，失業率と転入超過率の相関も高くなることが予想される。しかし，実際には失業率と転入超過率との関係はあまり明瞭ではない。

　計量モデルの結果は人口は賃金の高い地域に流入していることを示している。もっとも賃金の高さが，人口移動の直接的な原因と言えるかどうかは，まだ検討の余地があるかもしれない。日本では大企業の方が賃金が高い。また金融，特に国際金融，一部のIT技術者（IT技術者全てがそうであるわけではない）など時代をリードする産業の賃金も高い。地方の人間が大企業や，一部の花形産業に就職したいと考えていることが，都市への人口流入の原因であって，賃

金と人口流入の相関はその結果であるという議論は成り立つかもしれない。

　直接的な原因が賃金の低さであれ，大企業や花形産業など魅力のある職場が少ないことであれ，その他の原因であれ，人口は地方から都市圏へと流入している。

(3) 人口流出と失業率

　賃金の高い南関東，東海には人口が流入する。逆に賃金の低い福井県，北陸は失業率が低いにもかかわらず，人口が流出している。こうした人口の流出入が地域の失業率に与える効果を考える必要があろう。

　地域の労働需要が増加したとしよう。この時，外部から労働者が流入しなければ，失業者は減少するであろう。しかし，外部から労働需要に見合った労働者の流入があれば，失業者の減少が抑えられる。このように関東，東海のように外部から人口が流入する地域は，その分失業率の低下が押さえられる。他方，福井県，北陸は失業率が低いにも関わらず，人口が流出している。こうした地域はさらに失業率が低下することになる。

　この点で沖縄県は北陸と対照的であろう。図4-1，図4-2が示すように沖縄県の就業者増加率はむしろ高い。けれども，少子高齢化が進む日本では例外的に，出生率が高い。さらに社会移動の面でも転入超過である。その結果，沖縄県は全国一の15歳以上人口増加率を誇る。この人口増加圧力が沖縄県の失業率を引き上げている。

　福井県，北陸の失業率が低く，雇用状況がよいのは，この意味では見かけだけと言える。しかし，今の日本で人口が流入しているのは，東京と名古屋の近辺だけである。地方のほとんど全てで人口は流出している。また大都市圏でも関西圏は経済が衰退し，逆に人口が流出している。地方に属し，経済規模も小さな福井県，北陸を東京や名古屋などの大都市圏と比較するのは，間違いかもしれない。人口が流出し，就業者の減少率が全国平均を上回ると言っても，地方の中ではまだ状況はよい。大都市と比べればともかく，地方の中では福井県はよいと言える。

第4節　結論

　福井県,広く北陸は地方の割に製造業の力が強く,移出によって就業を作り出している。他方,地方に属していることもあり,政府支出も大きい。そのため,建設業,医療・福祉,(その他)公務といった地方型産業にも就業が作り出されている。これらの効果を省くと,福井県あるいは北陸地方の就業率はむしろ全国平均を下回っている。

　しかし,失業率の低さにもかかわらず,福井県,あるいは北陸は就業者が増加ではなく,減少している。同じく失業率が低い愛知県,東海で就業者が増加しているのと対照的である。福井県,北陸の賃金水準の低さが,他地域からの労働者の流入を阻害している。この意味で福井県の雇用状況の良好さは見かけだけという側面もある。

　けれども,地方にある人口80万人の小さな県を大都市圏の都府県と比べることはできないかもしれない。福井県の賃金水準は,低いと言っても,地方の中では高い部類に入る。就業者も減少しているが,地方の中ではそれでもまだ減少率は低い。その意味ではやはり雇用状況は良好だと言えるであろう。

注

　本章は2008年7月5日に行われた地域公共政策学会春季大会のシンポジウム「福井県のマクロ経済」における同名の基調講演を基に加筆・修正したものである。また福井県立大学内の研究会に際しても,徳前元信教授,北島啓嗣准教授,大鹿隆教授,竹内貞雄教授,西崎雅仁准教授より貴重なコメントを頂いたことに感謝する。

[参考文献]

服部茂幸(2008a)「なぜ製造業は地域雇用にとって重要か」『地域公共政策研究』第15号,
　　2008年6月。
服部茂幸(2008b)「福井県の電力業」『ふくい地域経済研究』第7号,2008年8月。

第7章
中国特需の中の福井の製造業

服部茂幸

はじめに

　経済のサービス化が進む現在，福井県においても，製造業の地位は，県内総生産に占める割合で見ても，就業者で見ても低下傾向にある。けれども，少なくとも製造業は福井県の高卒者にとって，依然として重要な就職先である。2007年3月の高校卒業者で就職した者1,853人のうち，製造業に就職した者は817人と半数に近い。さらに男子に限れば，1,023人の過半数を占める522人が製造業に就業している。男子工業科では541人中277人とその比率が高いのは当然としても，普通科でも191人中84人と4割を占める（以上は福井県『学校基本調査報告書』平成19年度による）。
　特に大卒者に比べて，高卒者は地元で就職する割合が高い。高卒者の労働市場はローカル色が強い。したがって，福井県の地域雇用を維持するためには，高卒者の雇用をどうするかは重要であろう。しかも製造業は，特に小売業，サービス業と比べると，非正規社員比率が低い。雇用の質という点でも比較的よいと言える。これらの意味で製造業の雇用がどうなるかは，福井県の地域雇用という問題にとっても重要である。

1990年代以降,日本経済は長期停滞に陥った。この中で製造業の出荷額も停滞,あるいは減少する。特に製造業の場合,人件費の安い中国との国際競争に敗北し,空洞化が生じるのではないかという意見も強かった。しかし,2002年以降の景気回復の中でこうした論調が180度転換した。中国,あるいは東アジア経済の高成長にともない,工業製品の対中輸出,あるいは対東アジア輸出が急増した。その結果,製造業の出荷額も増加に転じている。こうした状況は福井県でも日本全体でも異ならない。

　しかし,「空洞化論」から「特需論」への転換といっても,全ての製造業で同様に転換が生じたわけではない。日本全体では鉄鋼業,一般機械,輸送機械などは,中国特需の波に乗り急成長を遂げている。特に鉄鋼業はいわゆる重厚長大型産業の典型であり,構造的な不況業種とされていた。それが中国特需によって復活を遂げた(伊東,2005参照)。逆に中国との競争に敗退している繊維・衣服などの軽工業は衰退傾向が続いている。

　福井県において輸出シェアの高い製造業は電気機械,化学(本章では石油・石炭,プラスティックを含む),一般機械,繊維・衣服,眼鏡製造業の5つである。しかし,現在,電気機械,化学,一般機械が復活したのに対して,繊維・衣服,眼鏡製造業は衰退が続いている。この両者の違いを作り出したのが,輸出である。すなわち,前者は中国,一部のASEAN諸国を中心に輸出を拡大させたのに対し,後者は輸出を減少させている。逆に繊維・衣服,眼鏡製造業は,安価な中国製品に国内でも競争に敗退している。繊維・衣服,眼鏡製造業においては,空洞化論は過去のものではないと言える。

　このように復活した製造業にとっても,衰退が続く製造業にとっても,重要な役割をはたしているのが,中国の経済発展である。

第1節　復活する福井の製造業

　初めに福井県の製造業の特徴を整理しよう。

第7章 中国特需の中の福井の製造業

表 1-1　福井県の製造業の特徴（出荷額）（2006 年）

	シェア		日本に対する福井県のシェア	福井県の特化係数	2002-06 年の（累積）名目増加率		2002-06 年の（累積）実質増加率	
	福井県	日本			福井県	日本	福井県	日本
製造業計	100.0%	100.0%	0.6%		19.6%	9.6%	14.6%	6.0%
食料品，飲料・飼料	3.1%	11.0%	0.2%	0.32	-13.5%	-3.8%	-13.7%	-4.0%
繊維，衣服	12.4%	1.5%	5.8%	9.24	-7.1%	-15.4%	-9.2%	-17.3%
木材，家具	2.2%	1.6%	1.0%	1.65	-14.7%	-4.9%	-18.5%	-9.1%
パルプ・紙，出版・印刷	3.7%	4.8%	0.5%	0.83	2.7%	-3.6%	0.2%	-6.1%
化学	19.4%	16.7%	0.8%	1.21	30.0%	17.7%	0.3%	-28.3%
ゴム，皮革，窯業・土石	5.0%	3.7%	0.7%	1.13	31.7%	-0.5%	28.3%	-3.1%
鉄鋼	0.8%	5.7%	0.1%	0.14	102.1%	54.1%	47.7%	12.6%
非鉄金属	6.8%	2.3%	1.6%	2.60	36.0%	18.4%	-21.9%	-32.0%
金属	4.5%	4.7%	0.6%	0.95	21.4%	2.0%	12.7%	-5.2%
一般機械	6.1%	10.6%	0.4%	0.60	52.1%	22.5%	55.2%	25.0%
電気機械	27.0%	16.5%	1.0%	1.53	31.5%	5.6%	61.7%	34.2%
輸送機械	4.5%	18.3%	0.1%	0.23	49.4%	12.5%	55.4%	17.0%
精密機械	3.7%	1.3%	2.0%	3.16	-12.6%	6.6%	-8.6%	11.4%
眼鏡製造業	3.5%	0.1%	41.5%	66.20	-15.1%	0.0%	-11.3%	4.5%
その他	0.9%	1.5%	0.4%	0.71	-4.5%	-7.3%	-3.3%	-6.2%

資料：福井県『福井県工業統計調査』http://toukei.pref.fukui.jp/icity/browser?ActionCode=genlist&GenreID=1125036702754，経済産業省『工業統計調査』http://www.meti.go.jp/statistics/tyo/kougyo/index.html.
注1：本章では電気機械は情報通信機械器具製造業，電子部品・デバイス製造業を含む。化学には石油・石炭，プラスチックを含む。
注2：従業員4人以上の製造事業所。各産業の名目出荷額をその産業の企業物価指数で割ることにより，実質化している。
注3：眼鏡製造業の実質化には，精密機械の物価指数を用いている。

　表 1-1，表 1-2 は福井県の製造業の特徴を，それぞれ出荷額と従業員に関して整理したものである。福井県では電気機械，化学，繊維・衣服の3つが出荷額も従業員も1位から3位を占めている。この3つの産業を合計すると，出荷額，従業員ともに過半数のシェアを占める。ただし，日本全体を基準とした特

表 1-2 福井県の製造業の特徴（従業員）(2006 年)

	シェア		日本に対する福井県のシェア	福井県の特化係数	2002-06 年の（累積）増加率	
	福井県	日本			福井県	日本
製造業計	100.0%	100.0%	0.9%		-3.2%	-1.2%
食料品, 飲料・飼料	7.2%	14.4%	0.5%	0.50	-14.5%	-4.1%
繊維, 衣服	23.6%	4.3%	5.1%	5.49	-9.7%	-22.2%
木材, 家具	3.0%	2.9%	0.9%	1.03	-15.6%	-12.5%
パルプ・紙, 出版・印刷	5.2%	6.5%	0.7%	0.80	-1.0%	-9.0%
化学	11.4%	9.8%	1.1%	1.17	-3.1%	2.0%
ゴム, 皮革, 窯業・土石	4.0%	5.3%	0.7%	0.76	1.5%	-7.6%
鉄鋼	0.5%	2.6%	0.2%	0.18	14.6%	5.2%
非鉄金属	1.8%	1.7%	1.0%	1.04	1.0%	5.5%
金属	6.0%	7.9%	0.7%	0.77	2.1%	-1.8%
一般機械	5.7%	12.2%	0.4%	0.47	10.8%	7.8%
電気機械	19.7%	15.5%	1.2%	1.28	5.1%	-3.0%
輸送機械	2.9%	11.9%	0.2%	0.24	41.3%	16.0%
精密機械	7.1%	1.9%	3.5%	3.80	-13.6%	0.0%
眼鏡製造業	6.8%	0.1%	56.1%	60.94	-16.0%	-21.6%
その他	1.8%	2.0%	0.8%	0.88	-1.7%	-6.3%

資料：福井県『福井県工業統計調査』http://toukei.pref.fukui.jp/icity/browser?ActionCode=genlist&GenreID=1125036702754, 経済産業省『工業統計調査』http://www.meti.go.jp/statistics/tyo/kougyo/index.html.
注：従業員 4 人以上の製造事業所。

化係数は繊維・衣服と電気機械は高いと言えるが，化学はそれほど高くない。
　また鯖江の眼鏡製造業も地場産業として有名である。眼鏡製造業は出荷額も従業員も全国の過半数を超えている。福井の製造業に対するシェアでも，眼鏡製造業は出荷額で 4％，従業員では 7％を占める。眼鏡製造業という細分類された産業で，これだけのシェアを持つことはかなり大きいと言える。その他，一般機械も出荷額，従業員のシェアともに比較的シェアが高い。2002-06 年の増加率も高く，近年存在感を増していると言える。
　このように福井県の製造業の構成は日本の平均とはかなり異なっている。

第7章　中国特需の中の福井の製造業　　143

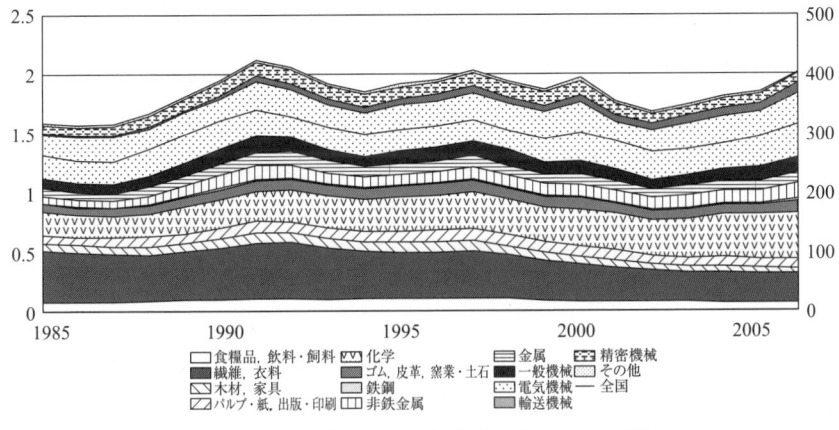

図1　福井県の製造業の名目出荷額（1985-2006年）

単位：兆円

資料：福井県『福井県工業統計調査』http://toukei.pref.fukui.jp/icity/browser?ActionCode=genlist&GenreID=112503
　　　6702754，経済産業省『工業統計調査』http://www.meti.go.jp/statistics/tyo/kougyo/index.html.
注1：全国は右目盛り，他は左目盛り。
注2：従業員4人以上の製造事業所。

　日本経済は2002年から復活を遂げた。その中で日本の製造業は名目でも実質でも出荷額を増加させている。これは福井県においても同様である。図1，図2，図3は福井県の製造業の名目，実質の出荷額と従業者を産業ごとに図示したものである。実質化は，各産業の出荷額をその産業の企業物価指数で割ることにより行っている。

　先述したように，福井県の製造業の構成は，日本の平均とはかなり異なっている。それにもかかわらず，名目，実質の出荷額も従業員も福井県の年々の変動は日本のそれとあまり変わらない。

　1980年代後半の好景気の中で製造業は，福井県，日本ともにその出荷額を急増させた。しかし，90年代の長期停滞の中で，出荷額は年々変動しながら，トレンドとしては低下の傾向にあった。しかし，2002年の景気回復の中で出荷額は上昇に転じている。従業員については1980年代後半に微増していたが，90年代以降低下に転じている。2002年以降の景気回復の中でも低下の状況は基本的には変わらない。けれども，その速度は弱まっている。また2006年に

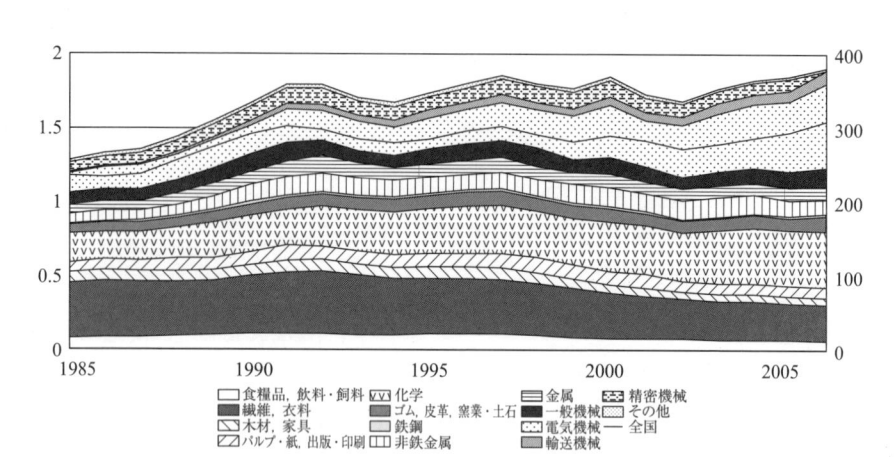

144　第2部　福井県の雇用と東アジア

図2　福井県の製造業の実質出荷額（2005年基準）（1985-2006年）

単位：兆円

資料：福井県『福井県工業統計調査』http://toukei.pref.fukui.jp/icity/browser?ActionCode=genlist&GenreID=1125036702754，経済産業省『工業統計調査』http://www.meti.go.jp/statistics/tyo/kougyo/index.html．日本銀行『企業物価指数』http://www.boj.or.jp/theme/research/stat/pi/cgpi/index.htm．

注1：全国は右目盛り，他は左目盛り．
注2：従業員4人以上の製造事業所。各産業の名目出荷額をその産業の企業物価指数で割ることにより，実質化している．

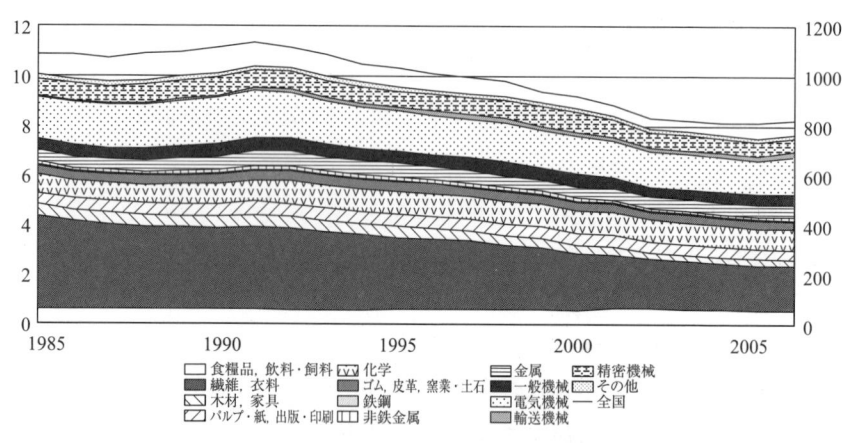

図3　福井県の製造業の従業員（1985-2005年）

単位：万人

資料：福井県『福井県工業統計調査』http://toukei.pref.fukui.jp/icity/browser?ActionCode=genlist&GenreID=1125036702754，経済産業省『工業統計調査』http://www.meti.go.jp/statistics/tyo/kougyo/index.html．

注：全国は右目盛り，他は左目盛り．

は日本でも福井でも従業員はわずかながら増加している。

　福井県の製造業は，日本のそれと軌を一にして，2002年以降の景気回復の中で復活を遂げていると言える。しかし，全ての産業が復活を遂げているわけではない。表1-1，表1-2では福井県と日本の製造業の各産業の出荷額と従業員について，2002-06年の（累積）増加率も示している。

　産業ごとの大きな傾向として，福井県で伸びている産業は同時に日本全体でも増加している。また福井県で衰退している産業は同時に日本全体でも衰退していることが分かる。

　福井県の主要な5つの製造業の中では，名目出荷額が急増したのは一般機械，電気機械，化学である。このうち化学の出荷額の増加は価格上昇によるものであり，実質出荷額は増加していない。逆に電気機械は価格低下が著しいので，実質出荷額は大きく増加している。従業員については一般機械，電気機械は増加しているが，化学は微減である。

　他方，繊維・衣服と眼鏡産業は名目，実質双方の出荷額，従業員数ともに減少している。全体としては，製造業は復活したと言えるが，実際には産業ごとの違いも大きい。

　福井県の規模は日本全体と比べるとかなり小さい。例えば，福井県の製造業を倍増させても，日本全体に及ぼす影響は微々たるものである。普通に考えれば，福井県の製造業の変動と日本全体の変動の方向性が一致する可能性は低いということになる。しかし，実際には福井県の産業の盛衰は日本全体の産業の盛衰と一致している。福井県の製造業を考えるうえでも，日本全体の製造業の盛衰を無視することはできないであろう。

第2節　中国特需と製造業の復活

(1) 輸出に依存する製造業

　ジェトロ福井貿易情報センターはアンケート調査によって福井県の貿易を

調査している。本章ではこれに基づいて福井県の輸出を検討しよう。ただし，ジェトロ福井貿易情報センターのアンケート先は数百社程度であり，捕捉の程度は必ずしも高くないかもしれないことには注意を要するであろう。

　表2は福井県と日本の2006年における製造業の各産業の輸出シェアと，依存度を示したものである。工業国日本では財の輸出のほとんどは工業製品の輸出である。このことは福井県でも同様である。

　福井県の場合，繊維・衣服の輸出に非常に偏っていることが分かる。2006年の輸出シェアは3割を超えるが，日本全体では1％程度である。それでも，1995年の輸出シェアは半分近くもあり，10年間でかなり低下している。これに次ぐのが一般機械・電気機械で3割程度である。その他眼鏡製造業，化学の輸出シェアがそれぞれ1割程度である。これら5産業の輸出シェアを合計すると9割を超える。福井県での生産が少ない輸送機械を除くと機械産業の輸出シェアは比較的高い。しかし，日本の輸出は機械産業に特化しているので，眼鏡を省けば機械産業の輸出シェアは日本全体と比較するとむしろ小さい。

　製造業（食料品を除く）の輸出依存度は福井県では10％程度，日本では30％程度である。福井県の依存度は日本の3分の1程度である。もっともこれは単に捕捉率の違いかもしれない。また福井県には特に一般機械，電気機械の子会社が多い。子会社が親会社を通じて輸出している場合，輸出としてどれだけ捕捉されているかには問題があるかもしれない。

　ここでの依存度は輸出を出荷額で割ったものである。輸出価格と出荷時の価格には違いがある。さらに輸出の効果には間接的な効果を含めていない。例えば，機械を作るためには部品や鉄，プラスチックなど材料が必要である。輸出される機械に必要な部品，材料はここでの輸出に勘定されない。さらに輸出される製品を作る機械も輸出に勘定されない。しかし，他に方法がないので，本章ではこの方法を用いる。

　輸出依存度の高さは産業間で大きく異なる。日本全体では基幹産業である機械産業の輸出依存度が著しく高い。福井県において特に依存度が高いのは，一般機械，眼鏡製造業，繊維・衣服である。電気機械はこの3産業に比べると依

表2 各製造業の工業製品輸出シェアと輸出依存度（2006年）

	輸出シェア		輸出依存度	
	福井県	日本	福井県	日本
食料品，飲料・飼料を除く製造業	100.0%	92.2%	10.5%	28.6%
繊維，衣服	33.1%	1.1%	27.1%	18.8%
化学	14.8%	9.3%	7.7%	14.2%
鉄鋼		4.5%		20.1%
非鉄金属	5.8%	1.7%	4.9%	19.1%
金属		1.4%		7.5%
一般機械		16.0%		38.6%
電気機械	30.6%	22.5%	9.4%	34.9%
輸送機械	2.6%	24.5%	5.9%	34.2%
精密機械	12.5%	5.6%	34.8%	111.9%
眼鏡製造業	12.4%	0.1%	36.0%	26.5%

資料：福井県『福井県工業統計調査』http://toukei.pref.fukui.jp/icity/browser?ActionCode=genlist&GenreID=1125036702754，経済産業省『工業統計調査』http://www.meti.go.jp/statistics/tyo/kougyo/index.html，福井県・ジェトロ福井貿易情報センター『福井県の貿易』，日本貿易振興機構（ジェトロ）『貿易統計データベース』http://www3.jetro.go.jp/cgi-bin/nats/cgi-bin/search.cgi.

注1：輸出は財の輸出であり，サービスの輸出は含まない。また食料品製造業の製品輸出は食品輸出であり，工業製品の輸出ではない。そこで，食品については除外する。

注2：輸出依存度 = $\frac{輸出}{出荷額}$ である。

注3：福井県の2006年の輸出データは一般機械と電気機械が統合されている。そのため福井県については，一般機械と電気機械を統合している。

注4：データの関係で，福井県の化学品の輸出の中にはゴムと同製品の輸出が含まれている。しかし，これを除外することのできる2005年までのデータを見ると，ゴムと同製品の輸出は極めて小さい。したがって，ゴムと同製品の効果は無視してもかまわないと思われる。

注5：福井県については鉄鋼，非鉄金属，金属製品の輸出は統合する。

存度は低いが，近年急上昇している（この点については第3節も参照）。

　福井県の輸出依存度は10%程度であり，数字で見る限りは，日本と比べるとかなり低い。しかし，それでも水準としては低くないと言えるであろう。しかも，福井県の基幹的な製造業の輸出依存度は高い。以上のことから，福井県

の製造業にとって輸出は極めて重要である。

(2) 空洞化論から中国特需論へ

1990年代の日本ではいわゆる空洞化論が唱えられていた。日本の工場が人件費の安い中国に流出し，国内は空洞化すると主張されていたのである。しかし，現在では逆に中国特需論が唱えられている。論調は180度転換したことになる。けれども，両者は輸出競争力が製造業の運命を決めると考えている点では同一である。これは製造業が基本的に輸出指向型の産業であることを考えれば，当然のことであろう。

図4は1990-2005年の福井県の輸出を図示したものである[1]。1997年以降，福井県の輸出は減少を続けた。この時期に輸出が減少しているのは，アジア以外の地域であり，アジアは横ばいであった。2002年以降は輸出が増加した。ここで増加しているのはアジアであり，それ以外はむしろ減少している。もともと福井県の輸出先は中国を中心とするアジアのシェアが高かった。それが1990年代後半以降，一層そのシェアを高めることとなった。アジア以外の重要な輸出先はアメリカである。しかし，アメリカへの輸出は1990年代の終わりから減少傾向にある。

2002-06年の間に輸出は全体として460億円増加した。アジアへの輸出増加は430億円である。さらにアジアへの輸出が増加したと言っても実際に，増加しているのは一部の諸国である。すなわち，中国への輸出増加が250億円，タイ，マレーシア，フィリピン，ベトナム，インドネシアのASEAN5ヶ国への増加が220億円である。今や先進国になっている韓国，台湾，シンガポールも福井県の重要な輸出先である。しかし，これら3ヶ国への輸出はいずれも減少している。その結果，2006年の輸出は中国とASEAN5ヶ国で全体の半分以上を占めるようになっている。

---

1) 本章ではアジアの中に中東は含まない。中国は香港を含む。アジアNIEsは韓国，台湾，シンガポールを指す。タイ，マレーシア，フィリピン，ベトナム，インドネシアをまとめてASEAN5，あるいはASEAN5ヶ国のように表記する。

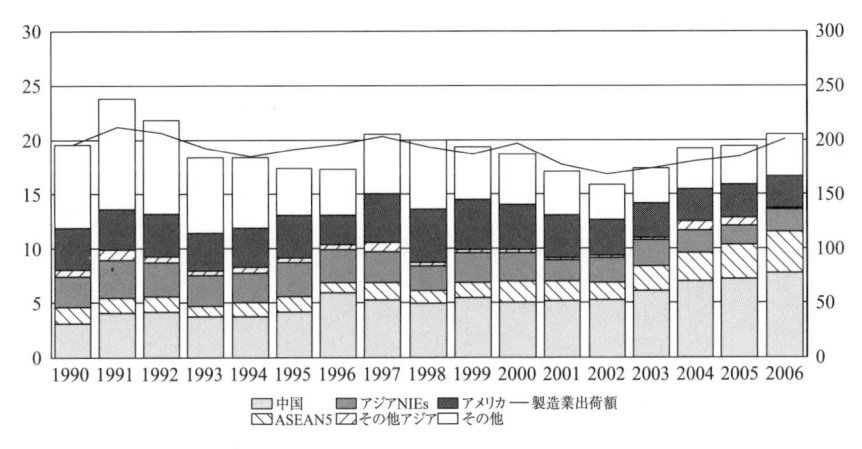

図4 福井県の輸出

単位:百億円
資料:福井県『福井県工業統計調査』http://toukei.pref.fukui.jp/icity/browser?ActionCode=genlist&GenreID=112503
　　6702754, 福井県・ジェトロ福井貿易情報センター『福井県の貿易』。
注:輸出は左目盛り,製造業出荷額は右目盛り。

　このように福井県はアジアの中でも中国,ASEANといった経済成長が著しい発展途上国への輸出依存が高まっている。日本全体でも中国,ASEANへの輸出依存の高まりは共通している。しかし,ここまでの偏りは福井県の特徴である。

　図5は1900-2005年の日本の輸出を図示したものである。日本全体についても,2006年にはアジアへの輸出は全体の半分近くになっている。また中国への輸出も2割近い。しかし,アジアNIEs3ヶ国への輸出もあわせれば中国とそれほど変わらない。2002-06年の増加率も5割を超え,急成長している。アメリカへの輸出の増加率は高くないが,それでも減少しているわけではない。

　日本全体でも中国を中心とした東アジアへの輸出拡大が製造業復活をもたらした。こうした傾向は福井県においてはより一層当てはまる。

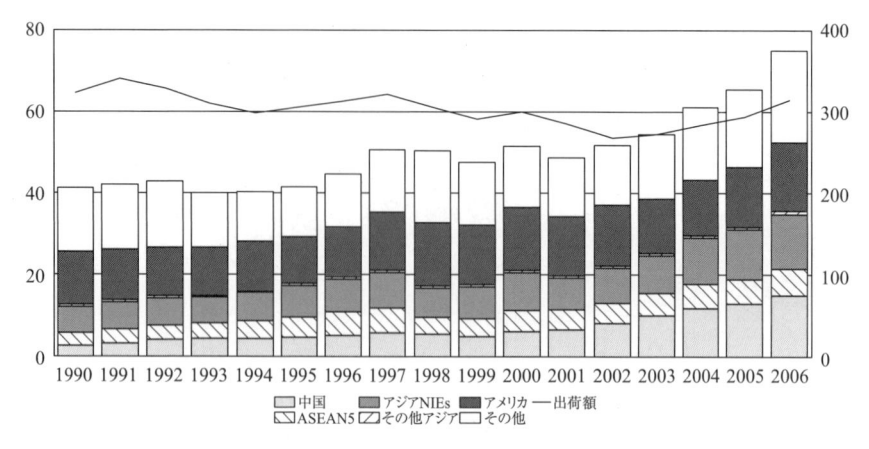

図5 日本の輸出

単位:兆円
資料:経済産業省『工業統計調査』http://www.meti.go.jp/statistics/tyo/kougyo/index.html,財務省『貿易統計』
　　http://www.customs.go.jp/toukei/info/index.htm.
注:輸出は左目盛り,製造業出荷額は右目盛り。

(3) 輸出が製造業の運命を決める

　本項では個別の産業の状況を取り上げよう。表3は製造業の各産業の出荷額の増加率と輸出増加率の関係を図示したものである。ただし,取り上げる産業は福井県において輸出額が大きい繊維・衣服,化学,一般機械,電気機械,精密機械(眼鏡製造業)の5つである。また福井県の2006年の輸出データは一般機械と電気機械を区分していないので,両者を統合する。

　2002-06年の間に輸出が急増したのは,電気機械,一般機械,化学である。これらの3部門はいずれも出荷額が急増している。ただし,2002年の輸出は一般機械は前年の6割程度,化学は2000年から半分程度に落ち込んでいる。これを考慮すると両産業の輸出は表が示すほどの急増とは言えない(第3節(2),第3節(3)参照)。他方,繊維・衣服,眼鏡製造業の輸出は減少している。それにともないこの2つの産業は出荷額を減少させている。以上の5産業では輸出の増加と生産の増加が連動している。

　同様の傾向は日本全体についても言える。輸出が急増しているのは,化学,

表3 福井県と日本の各製造業の出荷額と輸出の増加（2002-06年）

	福井県			日本		
	出荷額増加率	輸出の寄与度	輸出増加率	出荷額増加率	輸出の寄与度	輸出増加率
製造業計	19.6%			9.6%		
食品，飲料・資料を除く製造業計	21.1%	3.6%	39.2%	11.6%	8.7%	44.4%
繊維，衣服	-7.1%	-1.2%	-4.7%	-15.4%	0.8%	5.5%
化学	30.0%	5.3%	110.1%	17.7%	6.4%	61.7%
一般機械	34.9%	6.4%	100.9%	22.5%	17.3%	57.8%
電気機械				5.6%	6.9%	23.1%
精密機械	-12.6%	-4.8%	-13.5%	6.6%	34.5%	40.8%
眼鏡製造業	-15.1%	-4.9%	-13.9%	0.0%	-1.8%	-6.2%

資料：福井県『福井県工業統計調査』http://toukei.pref.fukui.jp/icity/browser?ActionCode=genlist&GenreID=1125 036702754，経済産業省『工業統計調査』http://www.meti.go.jp/statistics/tyo/kougyo/index.html，福井県・ジェトロ福井貿易情報センター『福井県の貿易』，日本貿易振興機構（ジェトロ）『貿易統計データベース』http://www3.jetro.go.jp/cgi-bin/nats/cgi-bin/search.cgi.
注1：福井県の2006年の輸出データは一般機械と電気機械が統合されている。そのため福井県については，一般機械と電気機械を統合している。
注2：データの関係で，福井県の化学品の輸出の中にはゴムと同製品の輸出が含まれている。しかし，これを除外することのできる2005年までのデータを見ると，ゴムと同製品の輸出は極めて小さい。したがって，ゴムと同製品の効果は無視してもかまわないと思われる。

金属，機械などの重化学工業である。繊維など軽工業の輸出は停滞している。他方，出荷額の動きはこの輸出の動きと対応している。すなわち，軽工業の出荷額が減少しているのに対して，重化学工業の出荷額は急増した。特に「重厚長大」であり，長年構造不況業種とされていた鉄鋼業は，輸出の急増とともに復活した。

第3節　復活する製造業と衰退する製造業 ── いずれも中国が重要

本節では福井県において輸出シェアが高く，基幹的な製造業でもある電気機

械，一般機械，化学，繊維・衣服，眼鏡製造業について，その輸出と生産の関係を整理しよう。これらの5つの製造業は中国特需の恩恵を受ける電気機械，一般機械，化学と，中国との競争に敗れ，空洞化する繊維・衣服，眼鏡製造業にはっきりと分化していることが分かる。

(1) 電気機械

　電気機械と一般機械は，2006年のデータには細分化されたものがない。そのため，ここで取り上げるのは，2005年までとする。なお2006年の両者を統合した輸出額は前年よりも7%程度減少した。

　電機機械の輸出額は1996年の数値が前後の10分の1に落ち込んでいる。これは単なる記載もれによるものかもしれない。

　2005年の輸出のシェアは中国が3割，マレーシア，フィリピン，タイのASEAN3ヶ国が合計3割である。同じASEANでもシンガポールへの輸出はかつては多かったが，今ではかなり減少している。その他のアジアも含めると実に4分の3がアジアへの輸出となる。

　電機機械は中国（あるいはASEAN）特需の恩恵を被っている典型的な産業である。電気機械の出荷額は2002-05年の間で520億円増加した。また輸出増加は230億円である。このうちアジアへの輸出増加は190億円であり，中国への輸出増加は60億円，ASEAN 3ヶ国への輸出増加が90億円である。1995年からの10年間で考えても，中国への輸出は5倍近くに急増した。ASEAN 3ヶ国への輸出も10年間で4倍近くに急増している。

　アジア以外への主たる輸出先はアメリカである。電気機械の場合，2002年を基準とするとアメリカへの輸出は，他の産業とは異なり，微増である。しかし，1995年を基準とするならば，10年間の3分の2に減少した（図6）。

(2) 一般機械

　一般機械も取り上げるのは2005年までである。

　一般機械の輸出は年々の変動は大きい。近年は増加傾向にあるが，これもト

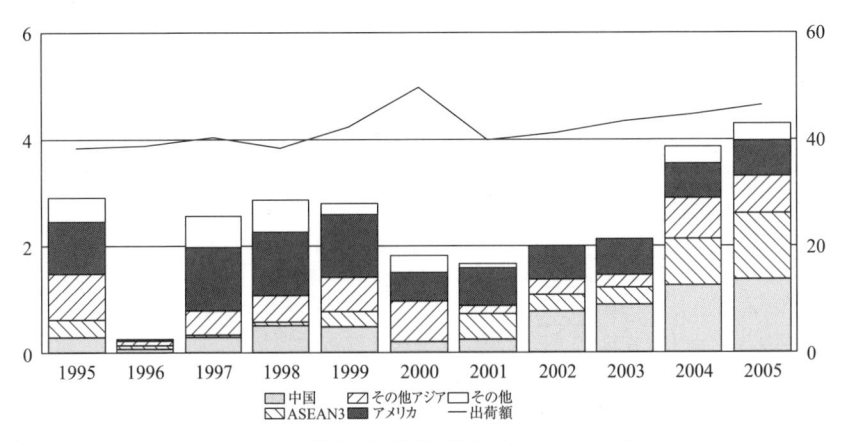

図6 電気機械・同部品の輸出（1995-2005年）

単位：百億円
資料：福井県『福井県工業統計調査』http://toukei.pref.fukui.jp/icity/browser?ActionCode=genlist&GenreID=1125 036702754，福井県・ジェトロ福井貿易情報センター『福井県の貿易』．
注1：輸出は左目盛り，製造業出荷額は右目盛り．
注2：ここでのASEAN3はマレーシア，フィリピン，タイである．

　レンドとしての傾向を意味するかどうかの判断はまだできないであろう。サブプライム問題の発生によって，世界同時不況が発生した。特に2008年9月にはリーマン・ショックが起こり，100年に1度と言われる金融危機が発生した。この世界同時不況の中で一般機械の輸出が落ち込むことが大いに予想される。

　福井県の一般機械の主たる輸出先はアジア，アメリカ，ヨーロッパである。2005年には輸出の半分近くがアジアである。近年では，アジアへの輸出とは実際にはタイと中国である。05年にはこの2国で4割を占める。この2国への輸出は1990年代後半以降，急速に増加した。他方，1990年代後半には重要な輸出先であった韓国，台湾，インドネシアへの輸出は急減した。その結果，アジア全体への輸出額は1990年代後半と2000年代初めではそれほど変わらない。

　その他はアメリカが2割，ヨーロッパが3割であった。アメリカは1995年には4割のシェアを占める重要な輸出先であるが，近年ではその地位をむしろ低下させている。逆にヨーロッパへの輸出は急増している（図7）。

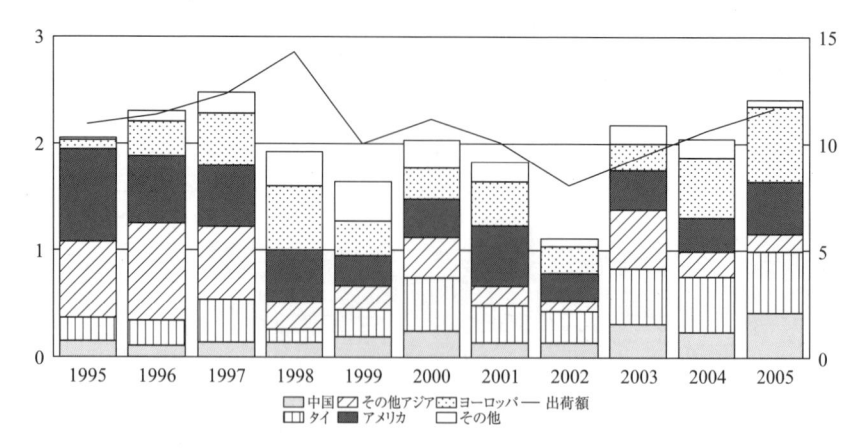

図7 一般機械・同部品の輸出 (1995-2005 年)

単位：百億円
資料：福井県『福井県工業統計調査』http://toukei.pref.fukui.jp/icity/browser?ActionCode=genlist&GenreID=1125036702754，福井県・ジェトロ福井貿易情報センター『福井県の貿易』。
注1：輸出は左目盛り，製造業出荷額は右目盛り。

(3) 化学工業

　化学産業は 1990 年代に輸出が急増した。その後，2001 年には半分程度に落ち込んだが，2003 年から急増する。化学工業も特需の恩恵を被っている産業である。中国への輸出は 1996-2006 年の間に 20 倍近くになっている。2001 年と比較しても 4 倍近い。その結果，中国の輸出シェアも 06 年には 4 割近くになっている。

　中国以外に重要な輸出先はアジア NIEs，タイ，マレーシア，インドネシアの ASEAN 3 ヶ国，アメリカである。これらの地域に対する輸出も 2001 年には大きく減少した。しかし，その後回復する。

　化学工業はアジア NIEs，アメリカに対しても輸出が急増するという特徴がある。しかし，中国の急成長には追いつかないために，ASEAN3 ヶ国も含めて，シェアは低下している (図 8)。

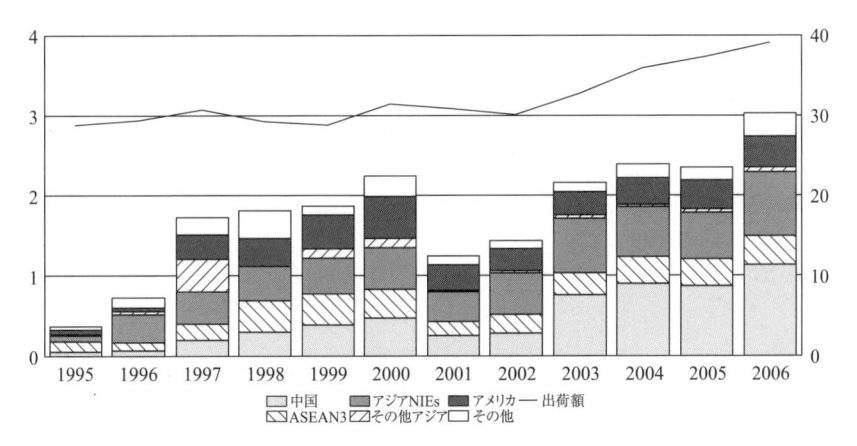

図8　化学工業

単位：百億円

資料：福井県『福井県工業統計調査』http://toukei.pref.fukui.jp/icity/browser?ActionCode=genlist&GenreID=112 5036702754，福井県・ジェトロ福井貿易情報センター『福井県の貿易』。

注1：ここでのASEAN3とはタイ，マレーシア，インドネシアである。

注2：データの関係で，ゴムと同製品の輸出は，2005年までは化学品の輸出から除外されているが，2006年には含まれる。しかし，実際には05年までもゴムと同製品の輸出は無視してよいくらい少ないものであった。

(4) 繊維・衣服

　福井県において，繊維・衣服は重要な地場産業である。しかし，その出荷額は1997年がピークで，それ以降は減少している。

　繊維産業の輸出先は中国を中心としたアジアである。2006年には輸出の4分の3がアジアである。けれども，中国1国が6割のシェアを占めている。中国以外では韓国，台湾，タイ，ベトナムが主たる輸出先である。

　繊維・衣服の輸出は1990年代半ば以降減少傾向にあった。けれども，2006年は，前年よりも増加している。中国に対する輸出は，2002年以降は微増傾向にある。輸出の減少は中国以外の国に対する輸出の減少の結果である。

　福井県において繊維の輸出とは実際には人造長繊維の輸出である。2006年にはこの1品目が繊維・衣服の輸出の9割以上を占める。そして，人造長繊維の輸出の6割は中国に輸出されている（図9）。

　繊維産業が中国との国際競争に敗退し，衰退してきているのは，日本全体に

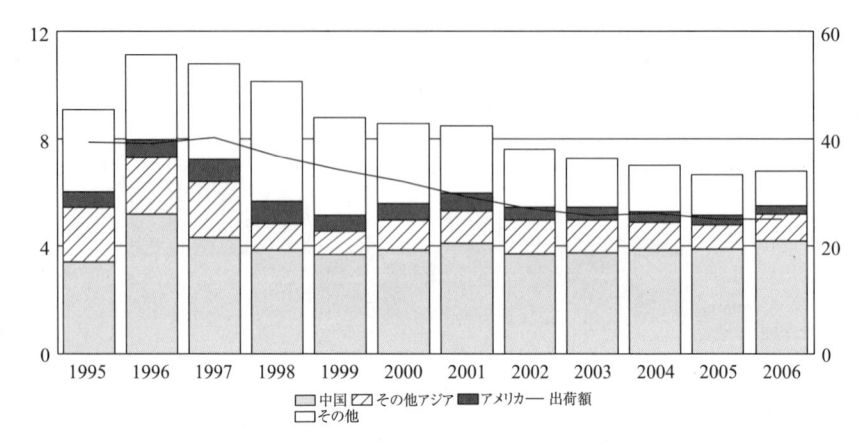

図9 繊維・衣服

単位：百億円
資料：福井県『福井県工業統計調査』http://toukei.pref.fukui.jp/icity/browser?ActionCode=genlist&GenreID=1125036702754，福井県・ジェトロ福井貿易情報センター『福井県の貿易』。

ついても同様である。もともとイギリスの産業革命以来，どこの国でも工業化は繊維産業から始まる。後発国の工業化によって繊維産業が発展すると，先進国の繊維産業が競争に敗れ衰退する。これが工業化の歴史の普通の姿である。したがって，中国の工業化にともない日本の繊維産業が衰退するのは，むしろ当然であろう。

2001年8月に行われた日本貿易振興会のアンケート調査によれば，中国製品と競合していると回答する割合は，製造業全体では50.1％であった。中でも繊維・紡績は65.4％，アパレルは81.8％と高い（日本貿易振興会，2001）。いずれについても競合形態でもっとも多い回答は「国内市場の価格・売り上げ低下」で，いずれも半数を超えている。これに次ぐのが，「国内市場で中国進出日本企業と競合」で，いずれも4割程度である。

『通商白書 2005』では，繊維製品では，最終財について日本は国際競争力が極めて弱く，中国は逆に極めて強い。他方，中間財では両国とも中程度であ

る[2]（経済産業省，2005，第2-3-6図，163ページ）。これにしたがえば，中国から日本に対し，繊維製品の最終財が流入することになるのは不思議ではない。実際，2006年における日本の繊維製品の輸入の9割以上が繊維二次製品の輸入であり，繊維二次製品の輸入の8割以上が中国からの輸入である。

このように繊維・衣服は空洞化する産業の典型であると言える。

(5) 眼鏡製造業

眼鏡製造業は鯖江市の地場産業である。眼鏡製造業が将来どうなるかは鯖江市にとっては重要な問題である。しかし，今や眼鏡の一大生産地は中国である。巨大な中国に比べると鯖江の眼鏡生産の規模は極めて小さい[3]。

図10は眼鏡製造業の輸出と生産を図示したものである。眼鏡製造業の場合，『福井県の貿易』より対アジアの輸出を得ることができるのは，2006年のみである。

眼鏡製造業は，輸出は1999年がピーク，出荷額は翌年の2000年がピークである。しかし，眼鏡製造業も輸出が落ち込むにしたがって，出荷額も減少してきている。眼鏡製造業も出荷額と輸出は明確に連動している。

眼鏡製造業の主たる輸出先はアメリカである。アメリカのシェアは多い時には過半数を占めていた。低下したとはいえ，現在も40％を超えている。この対米輸出のピークもまた1999年がピークでその後減少している。

アメリカ以外の主たる輸出先はヨーロッパではドイツ，フランス，イタリア，イギリス，東アジアでは韓国，台湾，中国である。アメリカも含めた8ヶ国で輸出のほとんどを占める。このうち中国への輸出は増加している。しかし，それ以外の国は軒並み減少，よくても横ばいである（図10）。

---

2) ここでの国際競争力の指標は $\dfrac{輸出 - 輸入}{輸出 + 輸入}$ で示される。この値が100％に近づくほど国際競争力が強く，-100％に近づくほど国際競争力が弱い。

3) 欧米の眼鏡メーカーは自社ブランドを持っているが，実際にはそのほとんどが中国で生産されている。この点については，山本潤氏から教わった。記して感謝する（山本，2009も参照）。

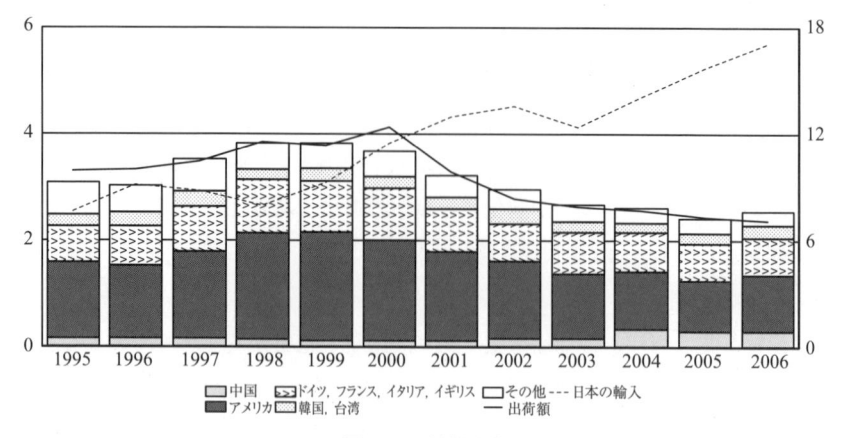

図10 眼鏡製造業

単位：100億円
資料：福井県『福井県工業統計調査』http://toukei.pref.fukui.jp/icity/browser?ActionCode=genlist&GenreID=112
5036702754，福井県・ジェトロ福井貿易情報センター『福井県の貿易』。
注1：輸出，日本の輸入は左目盛り，製造業出荷額は右目盛り。
注2：眼鏡の輸出額は上位10ヶ国までデータが公表されている。中国（本土）のデータが得られるのは2002年からである。2001年までは香港の分のみである。しかし，10位までに入らない国に対する輸出はわずかなので，それほど大きな違いはないであろう。
注3：日本の輸入はコンタクトレンズを除く。

　日本国内について見ても，人件費の安い中国製品が流入している。図10を見れば，日本の眼鏡輸入は急増していることが分かる。2000年までは福井県の眼鏡の輸出は日本全体の輸入よりも少し多い程度であった。その後，福井県の輸出は急減するが，日本の輸入は従来通り急増している。現在では日本の輸入は福井県の輸出の2倍以上になっている。輸入急増にともない日本の出荷額は減少しているはずである。論理的には日本の出荷額減少は他県の出荷額減少でもかまわない。けれども，眼鏡製造業は鯖江が日本国内の一大産地なので，多くが福井県の出荷額減少になったと考えられる。

　このように眼鏡製造業の場合には，輸出減少と日本への輸入増加が衰退の主たる要因であると考えられる。既に中国は眼鏡産業の世界的な一大生産拠点となった。眼鏡産業の衰退はこの中国との競争に敗退した結果である（朝日新聞，2007参照）。逆に鯖江の眼鏡メーカーの中にも，中国に工場を単に設立しただ

けでなく，中国の生産の方が国内よりもはるかに大きくなったケースもある。眼鏡産業も空洞化する産業の典型であると言えよう。

第4節　結論

　近頃まで日本の製造業は人件費の安い中国との競争に敗退し，空洞化すると言われていた。しかし，2002年以降の景気回復の中で日本の製造業は復活した。この製造業の復活をもたらしたのは中国特需であると言われている。もともと製造業は輸出依存度が高いので，輸出と出荷額は連動する傾向にある。
　中国特需の影響は福井県の場合さらに明瞭に現れる。輸出の増加は中国と一部のASEAN諸国に偏っている。逆に重要であったアメリカへの輸出は減少傾向にある。アジア諸国でもアジアNIEsへの輸出もむしろ減少している。福井県において中国特需，ASEAN特需はより極端に現れていると言える。
　しかし，日本においても福井県においても全ての製造業が復活しているわけではない。福井県において，出荷額が急増したのは電気機械，一般機械，化学である。逆に繊維・衣服，眼鏡製造業は依然として衰退している。繊維・衣服，眼鏡製造業では，空洞化論は過去のものではない。すなわち，福井県では，電気機械，一般機械，化学という復活する製造業と，繊維・衣服，眼鏡製造業という相変わらず衰退が続く製造業に分化している。
　この両者を分かつのが，中国，一部のASEAN諸国に対する輸出である。復活を遂げた製造業では，中国，ASEANの高成長の波に乗り，これらの地域への輸出を拡大させている。他方，衰退が続く製造業では，中国との競争に敗退し，輸出が減少している。それどころか逆に安価な中国製品の流入により，国内市場でも苦戦が続いている。
　復活と衰退とは現象面では正反対ではある。しかし，中国の経済成長はこの両者のいずれについても決定的な役割をはたしているのである。

注

岡敏弘教授（福井県立大学），葉山滉教授（福井県立大学），田口春彦氏，山本潤氏，青山弘子氏，千葉直幸氏のコメントに感謝する。しかし，あり得べき誤りの責は全て著者に属する。

［参考文献］

伊東光晴（2005）「景気上昇はなぜ起きたか ── 『失われた二〇年を検証する』」『世界』第735号，2005年1月。

朝日新聞（2007）「中国進出　技術奪われ裏目 ── 眼鏡の福井大ピンチ」2007年11月17日。

経済産業省（2005）『通商白書　2005 ── 我が国と東アジアの新次元の経済的繁栄に向けて』ぎょうせい。

日本貿易振興会（ジェトロ）（2001）『日本市場における中国製品の競争力に関するアンケート調査』8月。

山本潤（2009）「福井県眼鏡産業の現状と未来」福井県立大学編『東アジアと地域経済2009』京都大学学術出版会。

第8章
人事制度，ワーク・ライフ・バランスと女性の昇進意識
―― 福井県内企業の従業員意識調査から ――

飛田正之

第1節　問題と方法

　福井県における女性の働き方に関する現状を見ると，「共働き率」全国1位とされ，女性の働く割合が多い[1]。しかしながら，その一方で「女性管理職比率（管理職に占める女性の割合）」は全国最下位となっている[2]。福井県では，働く女性の割合が多いのに，なぜ管理職として活躍する女性の割合は少ないのであろうか。

　これにはいくつか理由が考えられる。ひとつは価値観の多様化とともに，働き方に対する考え方も人それぞれ違っており，そもそも昇進を望んでいないことがある。また昇進を望んでいるが，何らかの問題で昇進ができないこともある。たとえば昇進に関する人事制度が整備されていないことや，人事制度があっても公平な運用になっていない場合がある。こうした場合には昇進をあき

---

1) 平成17年「国勢調査」では，福井県の共働き率（共働き世帯／夫婦世帯）は58.2％（全国平均44.4％）となっている。
2) 平成17年「国勢調査」では，福井県の女性管理職比率（女性の管理的職業従事者／管理的職業従事者）は9.38％（全国平均11.92％）となっている。

らめてしまうこともあろう。さらにワーク・ライフ・バランスに対する配慮も影響を及ぼすのではないかと考えられる。たとえば休暇の取得がなかなかできない企業であれば，管理職に昇進した場合さらに取得が困難になることも考えられ，そのため昇進を希望しなくなることもあろう。そこで本章は女性の管理職昇進に対する意識を明らかにし，管理職志望を増やすにはどのような取り組みが必要かを検討することにしたい。

以上の問題を明らかにするために，従業員に対するアンケート調査を実施した[3]。女性の昇進意識などを探ることが目的であるが，男女に聞き意識の差をもとに分析することとした。配布は福井県内企業 123 社の従業員 1,560 名に行った[4]。その結果，660 の回答が得られ，有効回答は 636（有効回答率 40.8％）であった。そのうち男性は 308，女性は 328 の回答で，ほぼ同数となった[5]。

本章は，アンケート結果にもとづき，以下の構成で管理職昇進の実態解明を行う。まずは管理職昇進に対する意識を見る。つぎに意識を分ける要因は何かを従業員，企業の特徴から探る。さらに人事制度の整備度合い，人事制度運用の公平さ，ワーク・ライフ・バランスに対する配慮は，それぞれ昇進意欲にど

---

3) この調査は福井経済同友会「人づくり委員会」が実施したものである。筆者は委員会のアドバイザーとして研究調査の準備段階から参加し，アンケートの設計，集計，分析を行った。なお本章の見解ならびに含まれうる誤りの責任は筆者によるものである。

4) 具体的な配布については，福井経済同友会事務局から各企業に配布し，従業員には企業の人事・総務担当者が配布した。その際に企業側にはつぎのことをお願いした。男女同数を配布してもらうこと，対象は非管理職の正規従業員に，そしてさまざまな担当職種，年齢層に配布することである。回収については，回答者のより率直な意見を聞くため，企業側がアンケート票を回収するのではなく，それぞれの回答者が，この調査の分析を担当する筆者に直接送付する方式を用いた。アンケートは 2008 年 7 月末に配布し，8 月末を回答の期限とした。

5) 回答者の属性を見ると，年齢，勤続は男女で大きな差はない。転職経験の割合は女性の方が少し高い。最終学歴は男性では「大学・大学院」がおよそ 6 割で，女性は「中学・高校」が 4 割強，「短大・高専・専門学校」「大学・大学院」がそれぞれ 3 割近くと分かれた状況になっている。現在の担当職種では，男性は「営業・販売・サービス職」の割合が高く，女性は「事務職」の割合が高くなっている。

のような影響を与えるのかを明らかにしていく。最後に今後の課題を考察することにしたい。

第2節　管理職への昇進に対する意識

まずは管理職への昇進に対する意識を見る。全体では,「昇進したくない」は60.5%とおよそ6割を占めている。「ぜひ昇進したい」が24.5%とおよそ4分の1で,「昇進したいが,できそうにない」は14.3%となっている。男女別では図1のように大きな差が見られる。「ぜひ昇進したい」は男性が41.6%であるのに対して,女性は8.5%と1割に満たない。「昇進したいが,できそうにない」は男女変わらず,女性は「昇進したくない」が8割近くを占めている。

アンケートでは,「昇進したいが,できそうにない」と回答した方に,その理由を聞いている（複数回答）。図表は省くが,全体で最も多いのが「管理職としての能力・実力に不安があるから」58.4%で,「家庭との両立が困難になるから」28.1%,「上司,あるいは経営者が認めてくれないから」21.3%が続く。そして男女の差を見ると,男性は「上司,あるいは経営者が認めてくれないから」「昇進の仕組みが公平でないから」「評価の仕組みが公平でないから」の割合が高く,社内での選抜方式の問題を挙げている。それに対して,女性は「家庭との両立が困難になるから」「その他」が男性よりも高くなっている。「その他」には自由記述欄を設けてあり,その内容を見ると,「女性は育児の休暇を取得するため,昇進が不利になってしまうから」「子供がいる女性管理職が職場にいないので」などが多く,仕事と家庭との両立の問題に近い理由が挙げられた。

つぎに「昇進したくない」と回答した方にも,その理由を聞いている（複数回答）。図表は省くが,全体で見ると,最も多いのが「昇進に魅力を感じないから」51.2%で,「人の管理,業務などの責任が重くなるから」48.0%,「能力・実力に不安があるから」38.1%などとなっている。男女の差を見ると,男性は

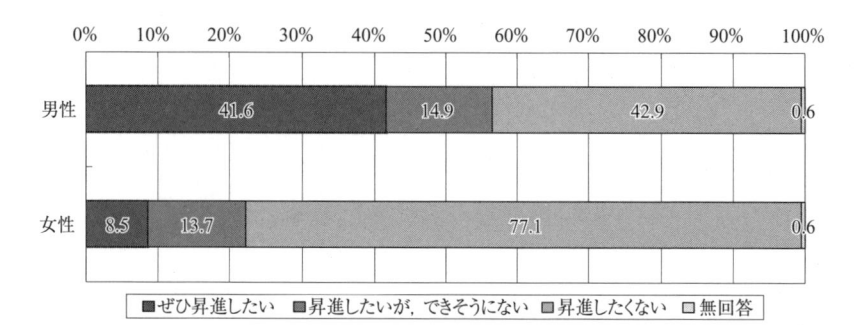

```
         0%   10%  20%  30%  40%  50%  60%  70%  80%  90%  100%
   男性 │        41.6        │ 14.9 │        42.9        │0.6│
   女性 │ 8.5│ 13.7│           77.1                      │0.6│
        ■ぜひ昇進したい  ■昇進したいが,できそうにない  ■昇進したくない  □無回答
```

図1　昇進に対する意識

「昇進に魅力を感じないから」が61.8％と最も高く,「昇進しても賃金があまり変わらないから」39.7％が続いている。このように男性は,処遇を含め,管理職には魅力がないとして管理職を志望しない割合が高くなっている。女性を見ると,「人の管理,業務などの責任が重くなるから」53.6％,「昇進に魅力を感じないから」45.6％,「能力・実力に不安があるから」42.9％などとなっている。「家庭との両立が困難になるから」とする割合は,男性と比べると高くなっているが,女性が挙げる4番目の理由となっており,このことから,仕事と家庭との両立の問題で女性の管理職志望が少なくなっている,とは必ずしも言うことができない。

第3節　回答者本人の諸特徴から見る昇進意欲を分ける要因

(1) 年齢別昇進意欲

　管理職への昇進を志望する者と志望しない者とには,どのような差があるのか。その差が明らかになれば,少ない管理職志望者を少しでも増やす方策を見つけられるであろう。まずは本人の属性,特徴から見ていくことにする。年齢により昇進に対する意識はどのように違うのかを見たのが図2である。男性は10,20歳代で「ぜひ昇進したい」が50.8％と半数を超え,年齢層が上がるとと

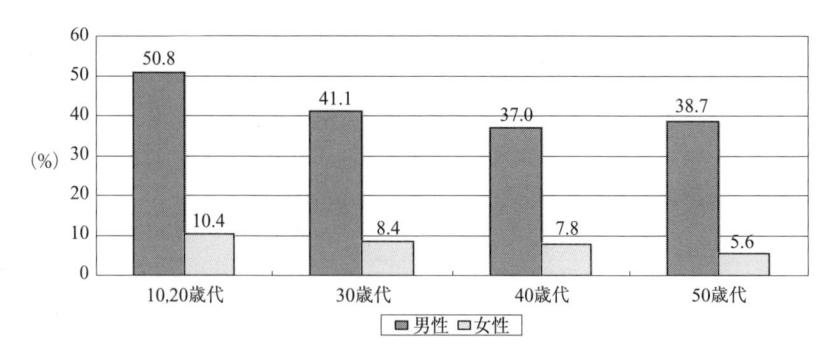

第8章 人事制度，ワーク・ライフ・バランスと女性の昇進意識　165

```
60
50   50.8
40         41.1        37.0         38.7
30
20
10   10.4    8.4    7.8    5.6
 0
   10,20歳代  30歳代  40歳代  50歳代
       ■男性  □女性
```

図2　男女別・年齢層別昇進意欲

注：「ぜひ昇進したい」と回答した割合

もに少なくなっている。それに対し女性は年齢層により「ぜひ昇進したい」と回答する割合に変化は見られない。

(2) 家族構成別昇進意欲

では家族構成の違いによって昇進に対する意識はどのように違うのであろうか。まずは独身か既婚かで昇進意欲が異なるのかを見よう。図3から，独身か既婚かで昇進意欲が大きく変わらないことがわかる。女性の場合，先に見たように，年齢層別に見ても昇進意欲は変わらなかったが，結婚しても，していなくても昇進意欲は変わらないことが明らかになった。

さらに子供の有無により昇進に対する意識はどのように違うのか。図4のように，子供の有無で昇進意欲が大きく変化しないことがわかる。以上見てきたことをまとめると，女性は年齢によって昇進意欲は変わらず，結婚か既婚か，さらには子供の有無という家族構成の違いでも昇進意欲は変わらないことが明らかとなった。つまり女性の場合，企業に入社する前から，そもそも昇進を望んでいない割合が高いと言うことができる。

(3) 学歴別昇進意欲

つぎに学歴により昇進意欲が異なるのかを見たい。図5のように，男女とも

166　第2部　福井県の雇用と東アジア

独身(n=148)　9.5　14.2　76.4
既身(n=178)　7.9　13.5　78.7

■ぜひ昇進したい　■昇進したいが,できそうにない　□昇進したくない

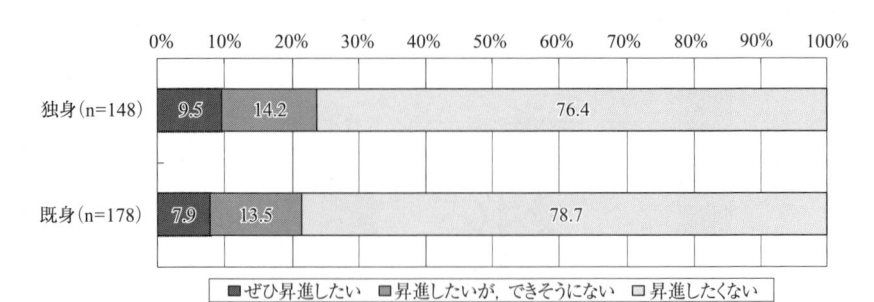

図3　独身・既婚と昇進意欲

注：女性のサンプルのみ

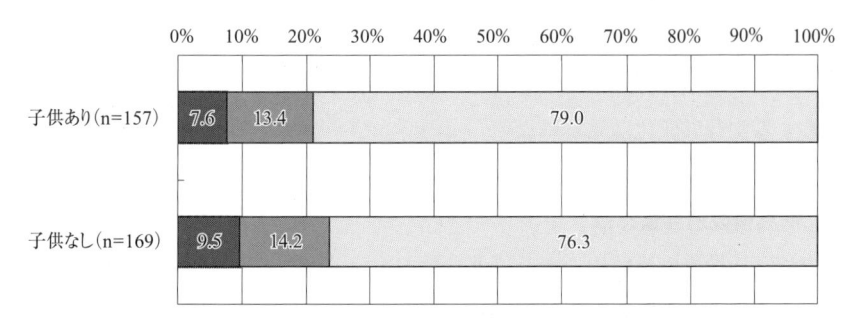

子供あり(n=157)　7.6　13.4　79.0
子供なし(n=169)　9.5　14.2　76.3

図4　子供の有無と昇進意欲

注：女性のサンプルのみ

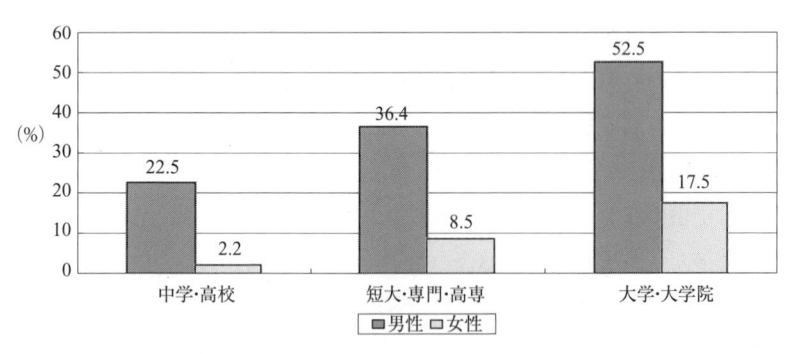

学歴	男性	女性
中学・高校	22.5	2.2
短大・専門・高専	36.4	8.5
大学・大学院	52.5	17.5

図5　男女別・学歴別昇進意欲

注：「ぜひ昇進したい」と回答した割合

最終学歴が「大学・大学院」で「ぜひ昇進したい」とする割合が他の学歴よりも高くなっている。しかしながら，女性は「中学・高校」で「昇進したくない」が9割を超えている。このように本人の属性では，女性の場合，年齢や家族構成により昇進意欲は変化せず，学歴のみが影響を与える結果となった。

第4節　企業の特徴から見る昇進意欲を分ける要因

(1) 業種・従業員規模別昇進意欲

　回答した従業員が勤務する企業の属性により，昇進意欲がどのように異なるのかを見ることにしたい。まず業種による差を見るが，数%しかない業種が数業種あるため，ここでは「製造業」「非製造業」に分けて見ることにしたい。その結果，表1のように，男性では「製造業」で「ぜひ昇進したい」がやや多いが，女性は「製造業」「非製造業」で「昇進したい」とする割合はほとんど変わらない。しかしながら「昇進したくない」は，「製造業」で割合が高くなっている。

　つぎに従業員規模で見ると，男女ともに「100人以上」で「ぜひ昇進したい」が高くなっている（図6）。では女性社員が多い職場においては，女性は管理職を志望する割合が高くなるのであろうか。設問では職場の正社員に占める女性社員の比率を聞いているが，女性社員が「25%未満」の職場を「女性社員少ない」タイプとし，「25%以上」を「女性社員多い」タイプとして分析した。その結果を見たのが図7であるが，女性の昇進意欲は女性社員の多寡には影響されない結果が得られた。

(2) 人事制度と昇進意欲

　ここからは企業の人材管理の仕方による昇進意欲の差を見ていくことにしたい。まずは人事制度の整備により昇進意欲がどのように変化するのかを分析する。昇進のもととなる評価制度や，昇進制度がルール化されていれば，昇進を希望する者は多くなるのではないかと考えられる。そこで人事制度について，

表1　業種別昇進意欲

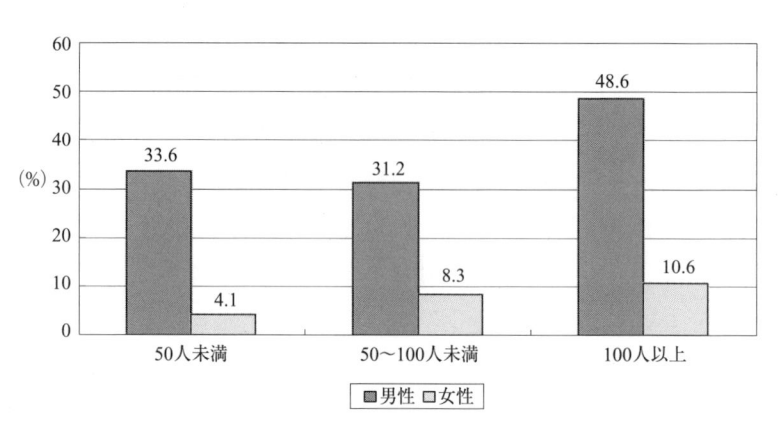

			ぜひ昇進したい	昇進したいが，できそうにない	昇進したくない	合計
男性	製造業		39 47.0%	11 13.3%	33 39.8%	83 100.0%
	非製造業		89 40.1%	34 15.3%	99 44.6%	222 100.0%
	合計		128 42.0%	45 14.8%	132 43.3%	305 100.0%
女性	製造業		6 8.0%	5 6.7%	64 85.3%	75 100.0%
	非製造業		22 8.8%	40 16.1%	187 75.1%	249 100.0%
	合計		28 8.6%	45 13.9%	251 77.5%	324 100.0%

図6　正規従業員規模別昇進意欲

	50人未満	50～100人未満	100人以上
男性	33.6	31.2	48.6
女性	4.1	8.3	10.6

注：「ぜひ昇進したい」と回答した割合

つぎの3つについて聞いた。①昇進・昇格制度, ②評価制度, ③賃金制度である。それぞれの制度について,「1. ある」「2. わからない」「3. ない」から回答してもらった。ここではそれらを得点化(「1. ある」=1,「2. わからない」=2,「3. ない」=3) し, 3つの制度の得点を合計する。その結果にもとづき,「人事制度

第8章　人事制度，ワーク・ライフ・バランスと女性の昇進意識　169

| | 0% | 10% | 20% | 30% | 40% | 50% | 60% | 70% | 80% | 90% | 100% |

女性社員　少(n=141)　8.5　11.3　80.1

女性社員　多(n=183)　8.7　15.8　75.4

■ぜひ昇進したい　■昇進したいが，できそうにない　□昇進したくない

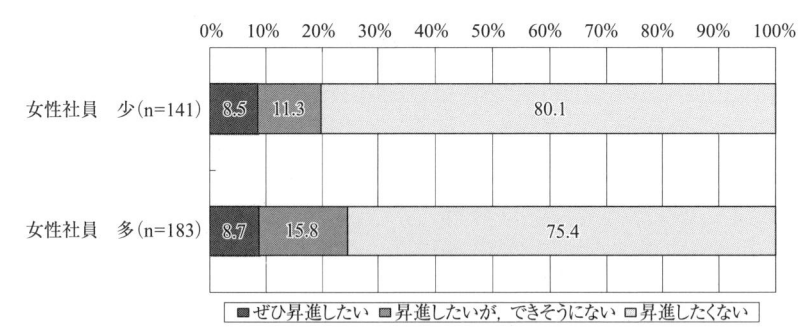

図7　職場にいる女性社員の多寡と昇進意欲

注：女性のサンプルのみ

表2　業種別人事制度の整備

	人事制度高整備	人事制度中整備	人事制度低整備	合計
製造業	78	41	40	159
	49.1%	25.8%	25.2%	100.0%
非製造業	209	130	131	470
	44.5%	27.7%	27.9%	100.0%
合計	287	171	171	629
	45.6%	27.2%	27.2%	100.0%

高整備」「人事制度中整備」「人事制度低整備」の3つに分類した。

　昇進意欲にどのような影響を与えるかを見る前に，制度の整備状況を見ておきたい。表2は業種により人事制度の整備に差があるのかを見たものであるが，「製造業」「非製造業」で差は見られない。つぎに従業員規模（正社員）による差を見たのが表3である。「100人以上」の企業では，人事制度が「高整備」である割合が53.9％となっており，人事制度は従業員数が多くなるのにしたがい，整備されていることがわかる。これには従業員規模が増えると，たとえば専任の人事スタッフを配置することができ，人事制度の整備に繋がったこともひとつの要因として考えられる。

　では人事制度が整備されていると，昇進意欲にどのような影響を与えるのか。それを見たのが図8である。男性の場合は，人事制度が整うのに伴い，「ぜ

表3 従業員規模別人事制度の整備

	人事制度高整備	人事制度中整備	人事制度低整備	合計
50人未満	42 34.4%	40 32.8%	40 32.8%	122 100.0%
50人以上100人未満	53 35.3%	44 29.3%	53 35.3%	150 100.0%
100人以上	194 53.9%	87 24.2%	79 21.9%	360 100.0%
合計	289 45.7%	171 27.1%	172 27.2%	632 100.0%

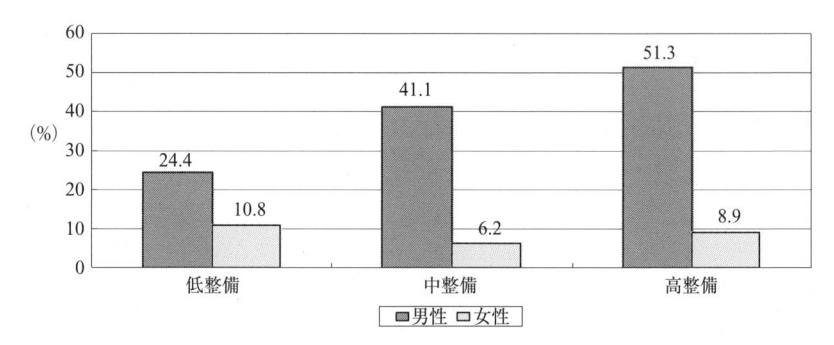

図8 人事制度の整備と昇進意欲

注：「ぜひ昇進したい」と回答した割合

ひ昇進したい」と回答する割合が増えるのに対し，女性の場合，整備の程度は昇進意欲にほとんど影響を与えないことがわかる。

(3) 人事制度運用の公平性と昇進意欲

つぎに「人事制度運用の公平度」と昇進意欲の関係を見る。人事制度が公平に運用されていれば，昇進意欲が高まるのではないかと考えられる。そこで人事制度の運用について，つぎの4つに関して聞いた。それは①昇進・昇格の公正性，②賃金の公平性，③評価の公平性，④配置の公平性である。それぞれの運用について，「1. かなりあてはまる（かなり公平）」から「5. まったくあてはまらない（まったく公平でない）」の5段階で回答してもらった。ここではそれ

第8章　人事制度，ワーク・ライフ・バランスと女性の昇進意識　171

表4　業種別人事公平度

	人事公平度高	人事公平度中	人事公平度低	合計
製造業	47 29.7%	56 35.4%	55 34.8%	158 100.0%
非製造業	149 31.5%	189 40.0%	135 28.5%	473 100.0%
合計	196 31.1%	245 38.8%	190 30.1%	631 100.0%

表5　従業員規模と人事公平度

	人事公平度高	人事公平度中	人事公平度低	合計
50人未満	37 30.1%	56 45.5%	30 24.4%	123 100.0%
50人以上100人未満	42 28.2%	52 34.9%	55 36.9%	149 100.0%
100人以上	119 32.9%	138 38.1%	105 29.0%	362 100.0%
合計	198 31.2%	246 38.8%	190 30.0%	634 100.0%

らを得点化（「1. かなりあてはまる」=1〜「5. まったくあてはまらない」=5）し，①〜④の得点を合計する。その結果により，「人事公平度高」「人事公平度中」「人事公平度低」の3つに分類した。

　昇進意欲にどのような影響を与えるかを見る前に，人事制度運用の公平度についての特徴を見ておこう。表4は業種により，公平度に差があるのかを見たものであるが，「製造業」「非製造業」で差は見られない。つぎに従業員規模（正社員）による差を見たのが表5である。先に見たように人事制度の整備度合いは従業員規模が多くなるのにしたがい高まったが，公平度に関しては，従業員規模との間には関係が見られないことは興味深い実態である。

　では昇進のもとになる評価制度や，昇進制度が適正に運用されていれば，昇

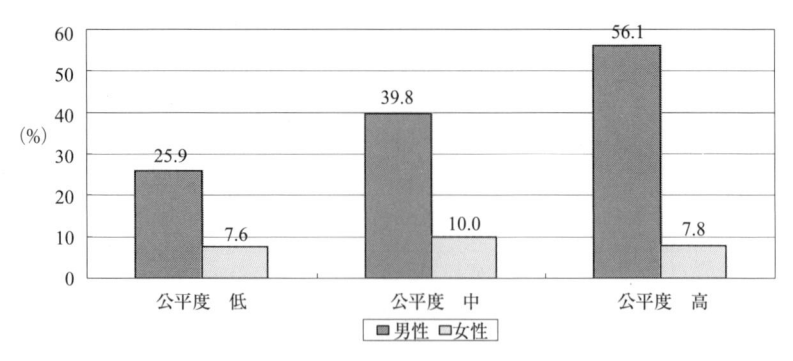

図9 人事公平度と昇進意欲

注：「ぜひ昇進したい」と回答した割合

進意欲は高まるのかを図9で見ることにしたい。その結果は，男女で違いが出ており，男性の場合は，人事の公平度が高くなるのにしたがい，「ぜひ昇進したい」と回答する割合が高くなり，それに対して公平度が低くなるのにしたがい，「昇進したくない」の割合が高くなる。一方，女性の場合には，公平の程度は昇進意欲に影響を与えないことがわかる。

(4) ワーク・ライフ・バランスの取り組みと昇進意欲

休暇などが取得しやすければ，管理職になっても仕事だけでなく，家庭，自己啓発，地域活動などに時間を割くことができ，昇進意欲が増えるのではないかと考えられる。そこでワーク・ライフ・バランスと昇進意欲との関係を探る。この調査ではワーク・ライフ・バランスの取り組みについて，5つの事柄に関して聞いた。それは，①結婚後勤め続けることができるか，②出産後勤め続けることができるか，③育児休暇が取得しやすいか，④有給休暇が取得しやすいか，⑤フレックスタイム，短時間勤務など労働時間に対する工夫があるか，である。それぞれについて，「1．かなりあてはまる」から「5．まったくあてはまらない」の5段階で回答してもらった。ここではそれらを得点化（「1．かなりあてはまる」＝1〜「5．まったくあてはまらない」＝5）し，①〜⑤の得点を合計する。その結果にもとづき，「WLB度高」「WLB度中」「WLB度低」の3つ

表6 業種別ワーク・ライフ・バランスの取り組み

	WLB度 高	WLB度 中	WLB度 低	合計
製造業	49 32.0%	63 41.2%	41 26.8%	153 100.0%
非製造業	146 31.6%	159 34.4%	157 34.0%	462 100.0%
合計	195 31.7%	222 36.1%	198 32.2%	615 100.0%

表7 規模別ワーク・ライフ・バランスの取り組み

	WLB度 高	WLB度 中	WLB度 低	合計
50人未満	33 27.0%	41 33.6%	48 39.3%	122 100.0%
50人以上100人未満	38 26.0%	51 34.9%	57 39.0%	146 100.0%
100人以上	124 35.5%	131 37.5%	94 26.9%	349 100.0%
合計	195 31.6%	223 36.1%	199 32.3%	617 100.0%

に分類した。

　昇進意欲にどのような影響を与えるかの分析に入る前に，ワーク・ライフ・バランスの取り組みの特徴を見ておこう。表6は業種によりワーク・ライフ・バランスの取り組みに差があるのかを見たものであるが，「製造業」「非製造業」で差は見られない。つぎに従業員規模（正社員）による差を見たのが表7である。従業員が多くなるのにしたがい，休暇，労働時間の配慮度が高くなっていることがわかる。先にみたように，人事制度は従業員規模の大きな企業では整備されている度合いが増えたが，ワーク・ライフ・バランスに関しても，従業員規模が大きければ，たとえば人事の専任スタッフを配置させるなどして，休暇や労働時間制度の整備，運用を図っていることが窺われる。

　ではワーク・ライフ・バランスに対する配慮度合いが高まると，昇進意欲に

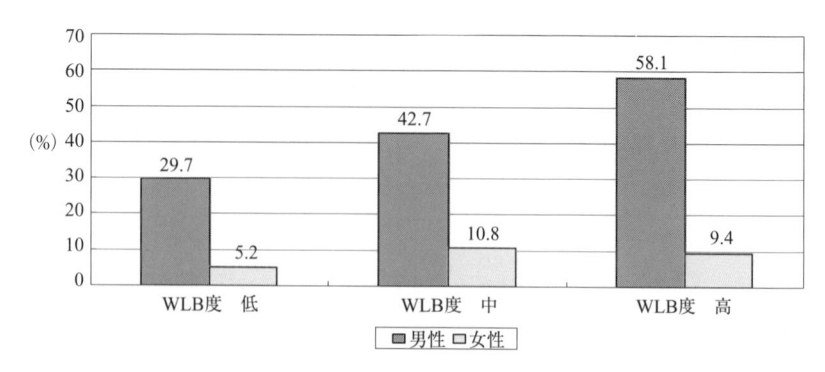

```
       70
       60                                              58.1
       50
  (%)  40                       42.7
       30    29.7
       20
       10          5.2                 10.8                  9.4
        0
            WLB度 低          WLB度 中         WLB度 高
                         ■男性 □女性
```

図10　ワーク・ライフ・バランスの取り組みと昇進意欲

注：「ぜひ昇進したい」と回答した割合

どのような影響を与えるのか。それを見たのが図10である。結果は男女で違いが見られる。男性の場合は，配慮度合いが高まるのにしたがい，「ぜひ昇進したい」と回答する割合が増えるのに対し，女性の場合，配慮度合いが昇進意欲にほとんど影響しないことがわかる。

　以上わかったことをまとめておこう。企業の人材管理に関する取り組み，①人事制度の整備度，②人事制度運用の公平度，③ワーク・ライフ・バランスに対する配慮度は，男性の場合，これらが高まると昇進意欲にプラスの影響を与える結果が得られたが，女性については直接影響を与えないことがわかった。

第5節　問題と今後の課題

(1) 異動に男女差

　本節では問題と課題を検討することにしたい。先に見たように管理職を志望しない理由に，能力や実力に不安があることが挙げられていた。その割合を男女で見ると男性29.0％，女性42.9％と，多くの女性が能力や実力を不安であるとしている。なぜ能力や実力を不安であるとする回答が多いのか。それには女性に対しては管理職に向けた育成が行われていないことが考えられる。

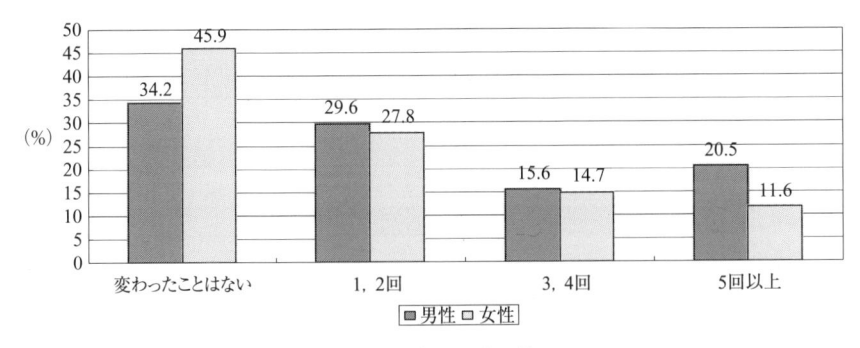

第 8 章　人事制度，ワーク・ライフ・バランスと女性の昇進意識　175

図 11　男女別異動回数

そこで育成が行われているのかを確かめるため，ここでは異動を見ることにしたい。職場の関連あるさまざまな業務をこなすこと，つまり異動を経験してこそ管理職として幅広い観点から判断することができる。逆に入社から担当業務が変わらなかったり，異動回数が少なかったりすれば，管理職に必要な知識，スキルは蓄積されず，管理職の職務を遂行することは困難になる。アンケートでは「異動回数」を聞いた。設問は「あなたは現在の会社で，担当替え，課の異動などの配置替えを何回経験しましたか」とした。その結果，図 11 のように，女性は「変わったことがない」は 45.9％と半数近くが異動・配置替えを経験していない。それに対して男性は女性より多くの異動・配置替えを経験していることがわかる。

さらに条件を整えて，異動の男女差を確かめよう。まずは同一職種で男女別の異動回数の差を調べる。図 12 から，「営業」「事務職」ともに，男性は異動の経験が多いのに対して，女性は少ない実態がわかる。

つぎに勤続年数区分を同じにして，男女の異動回数差を見る。図 13 から，「勤続 5 年未満」では男女で異動回数に大きな差はないが，「5 年以上」になると，男性は女性よりも異動を多く経験していることがわかる。

異動回数と昇進意欲の関係を見てみよう。表 8 は，異動回数別の昇進意欲を見たものであるが，異動回数が多いほど「ぜひ昇進したい」と回答する割合が高くなることがわかる。これには，部門内や課内，グループ内でさまざまな業

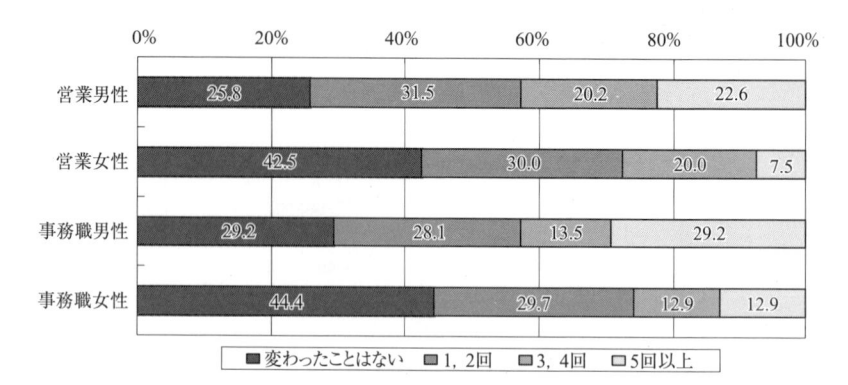

図12 男女別・職種別異動回数

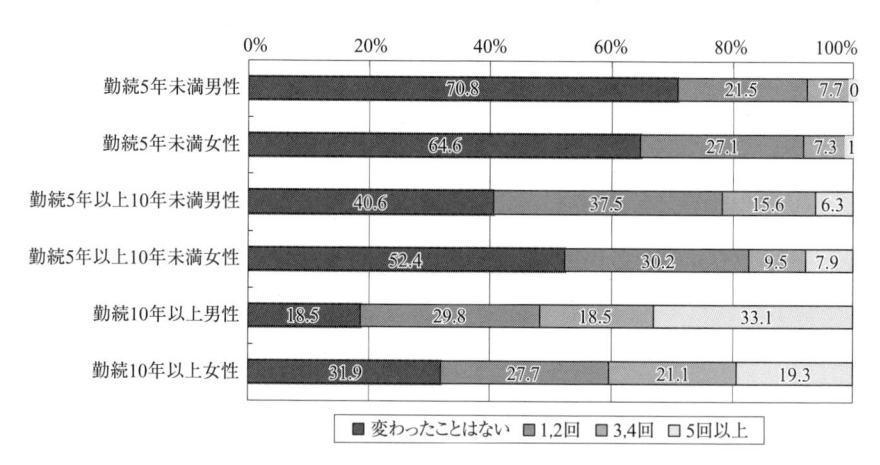

営業男性: 25.8 / 31.5 / 20.2 / 22.6
営業女性: 42.5 / 30.0 / 20.0 / 7.5
事務職男性: 29.2 / 28.1 / 13.5 / 29.2
事務職女性: 44.4 / 29.7 / 12.9 / 12.9

凡例: ■変わったことはない ■1,2回 ■3,4回 □5回以上

図13 男女別・勤続年数区分別異動回数

勤続5年未満男性: 70.8 / 21.5 / 7.7 / 0
勤続5年未満女性: 64.6 / 27.1 / 7.3 / 1
勤続5年以上10年未満男性: 40.6 / 37.5 / 15.6 / 6.3
勤続5年以上10年未満女性: 52.4 / 30.2 / 9.5 / 7.9
勤続10年以上男性: 18.5 / 29.8 / 18.5 / 33.1
勤続10年以上女性: 31.9 / 27.7 / 21.1 / 19.3

凡例: ■変わったことはない ■1,2回 ■3,4回 □5回以上

務，領域を担当すること，つまりスキルの幅を広げることは，管理職として判断業務が行いやすくなるため，昇進に対しての抵抗が少なくなるのではないかと考えられる。

そして異動を促進することは，従業員がスキルを向上させようとする意欲を高めることにも繋がる。表9は，現在勤める会社での異動回数と今後の本人の配置・異動に対する希望との関係を見たものであるが，異動の経験がない（変わったことはない）場合には，今後の配置・異動に対する希望は「今のままで良

表8 昇進意欲別異動回数

	ぜひ昇進したい	昇進したいが、できそうにない	昇進したくない	合計
変わったことはない	51 20.2%	30 11.9%	172 68.0%	253 100.0%
1, 2回	44 24.4%	34 18.9%	102 56.7%	180 100.0%
3, 4回	25 26.0%	16 16.7%	55 57.3%	96 100.0%
5回以上	36 35.6%	11 10.9%	54 53.5%	101 100.0%
合計	156 24.8%	91 14.4%	383 60.8%	630 100.0%

表9 異動回数と配置・異動に対する希望

	配置・異動に対する希望				
	今のままで良い	今の仕事をより深く追求したい	今の仕事に関連する範囲で仕事の幅を広げたい	今の仕事とは違う仕事をしたい	合計
変わったことはない	113 44.5%	42 16.5%	71 28.0%	28 11.0%	254 100.0%
1, 2回	67 37.0%	28 15.5%	55 30.4%	31 17.1%	181 100.0%
3, 4回	33 34.4%	13 13.5%	34 35.4%	16 16.7%	96 100.0%
5回以上	32 32.7%	16 16.3%	32 32.7%	18 18.4%	98 100.0%
合計	245 39.0%	99 15.7%	192 30.5%	93 14.8%	629 100.0%

い」とする割合が44.5％と，スキルを向上させたいとする割合は低いことがわかる。それに対して異動回数が増えるとともに，「今の仕事に関連する範囲で仕事の幅を広げたい」「今の仕事とは違う仕事を経験したい」の割合が高くなり，スキル形成に積極的になることがわかる。このように異動が昇進意識やス

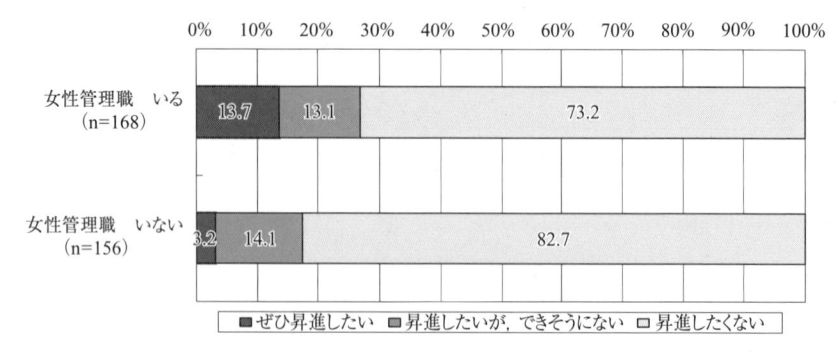

```
                    0%  10% 20% 30% 40% 50% 60% 70% 80% 90% 100%
女性管理職 いる      | 13.7 | 13.1 |        73.2           |
  (n=168)
女性管理職 いない   |3.2| 14.1 |         82.7            |
  (n=156)
              ■ぜひ昇進したい  ■昇進したいが，できそうにない  □昇進したくない
```

図14　女性管理職の有無別昇進意欲

注：女性のみのサンプル

キル形成に大きな影響を与えることを考えて，女性社員の異動をどう組むか，キャリアをどう開発させるかを検討することが今後の課題となろう。

(2) 女性管理職がいる会社では昇進意欲が高い

　女性管理職が職場にいるか，いないかによっても，女性の管理職志望は異なる。それを見たのが図14である。このように働く職場に女性管理職がいる場合，女性の管理職志望が増える。先に見たように昇格・昇進制度を設ければ女性管理職の志望が増えるということではなかった。また人事制度が公平に運用されれば，管理職志望が増えることでもなかった。むしろ実際に身近なところで女性管理職が働いていることの方が，自分も管理職として働きたいという意識を向上させるということである。

　以上見てきたように，福井県内の企業で働く女性は昇進に対する意識が低いことが明らかとなった。しかしながら昇進を希望する割合は2割を超えており，その中には昇進を希望しているが諦めてしまっている者は1割強いた。こうした管理職への昇進に対する抵抗を少なくするため，さらには昇進を希望していない者が少しでも昇進を希望するために，まずは企業内で異動を図りスキルを向上させ，管理職への障壁を低くする取り組みが必要であることが明らかとなった。さらには女性管理職のロール・モデルを作ることが有効であることが

わかった。

[参考文献]

電機連合総合研究企画室（2007）『電機連合21世紀ビジョン研究会報告書』電機連合。
労働政策研究・研修機構（2007）『仕事と家庭の両立支援にかかわる調査（JILPT調査シリーズ No. 37)』。

第9章
新入社員の就職意識とキャリア形成

中里弘穂

はじめに

　新規学卒者に対する求人は，景気変動の影響を受ける傾向が強い。新規大卒者の求人倍率は売り手市場といわれたバブル期の後，バブル崩壊（1991年）から減少し，就職氷河期と呼ばれた2000年前後には0.99倍に低下した。その後の景気回復を受けて2008年卒の大学生・大学院生の民間企業の求人倍率は，2.14倍に上昇し，バブル期を越えた売り手市場をもたらした（㈱リクルート「ワークス研究所」2007年調べ）。新規高卒者に対しても同じような状況がみられた。2008年9月アメリカ発の金融危機は世界経済の悪化を招き，需要の減少は雇用調整という形となり非正規雇用者の削減や内定取り消しなどの社会問題を生み出した。今後新規学卒者の求人はまた減少し，冬の時代を迎えるであろうと予測されている。

　その一方で「7・5・3」といわれる新入社員の離職率[1]は，求人倍率の高低にかかわらず高止まりを続け，せっかく確保した正社員の座を手放す若年労働者

---

1) 厚生労働省「新規学校卒業者の就職離職状況調査」（2003年）によれば，就職後3年目の離職率は中学校卒73.0％，高校卒50.3％，大学卒35.7％と高くなっている。

が多いのも事実である。雇用が厳しい時代において，早期離職者はフリーターや非正規雇用者になる確率が高いと指摘されている。

本章では，これまで地方の中でも雇用が好調であった福井県の新規学卒者に焦点を当て，その就職意識を全国調査と比較することで，地方における人材活用の方向性を導くことをねらいとする。

福井県は中小企業の割合が高く，製造業の就業者割合も22.4％と高い[2]。多業種の製造業が立地し上場企業の本社立地も多いなどの特徴を持ち，高卒就職者の県内就職率も高い[3]など，希望すれば地元就職がかなう地域と考えられる。今回，福井県内の商工会議所様や企業様のご協力を得て，新入社員に就職先選択の基準や就職に対する考え方を問うアンケートを独自に実施した。その結果を全国の新入社員就職意識調査と比較分析することで，地元に就職する若年労働者がどのような就職意識を持つのかを考察していく。その上で採用した地元企業がどのように新入社員を育てるのか，企業の人材育成についても言及する。

若年労働者の職場定着は，今後の地域経済の発展を考えるうえで重要であると考える。本章が教育関係者各位並びに企業の採用担当者各位に多少なりともお役に立てれば幸いである。

第1節　新規学卒者の進路と就職状況

バブル経済が崩壊した1991（平成3）年，高校卒業者の大学等進学率は31.7％であった。その後徐々に上昇し，就職氷河期といわれた2000（平成12）年には45.1％，2007（平成19）年には51.2％になっている[4]。全国的には高等

---

2) 総務省「国勢調査」（2006年）による。愛知県26.4％，静岡県26.1％など製造業の就業者割合が高い地域は雇用が順調である。
3) 福井労働局発表資料によれば，福井県の新規高卒者の県内就職率は91.0％になる（2007年）。
4) 文部科学省『学校基本調査』（2007年）より。

表1 新規高卒者の就職率と大学等進学率

	2000年		2003年		2006年		2007年	
	就職率	進学率	就職率	進学率	就職率	進学率	就職率	進学率
全国	18.40%	45.10%	16.60%	44.60%	18.00%	49.30%	18.50%	51.20%
福井県	24.00%	49.40%	20.40%	50.40%	20.40%	54.50%	22.40%	55.50%

出所：文部科学省「学校基本調査」(2000, 2003, 2006, 2007) より作成

教育を受けた若年労働者が増加していることになる。これは企業が高卒者よりも大卒者の求人を増やしている（原：2005）という状況にも合致している。

福井県の場合はどうか。就職率も進学率も全国を上回っているが，進学率は年々上昇している（表1）。就職率と進学率の合計が100％にならないのは，専門学校への進学や一時的な職業につく場合，無業者があるからである。

大学卒業者の進路状況はどのように変化したのか。バブルが崩壊した1991年，就職氷河期の2000年，売り手市場といわれる2007年を比べてみる。1991年全国の4年生大学卒業者数は428,078人であったが2007年には30.6％増えて559,083人になっている[5]。大学卒業者数が増加する中で，2000年前後には就職もできず進学もしなかった無業者が大幅に出現した。このことは社会問題ともなり，ニート・フリーターの増加の原因や対策が盛んに議論された（玄田・小杉他：2001）。景気回復に伴い求人数が増加すると無業者は減少したが，2007年3月の卒業者においても全卒業者数559,083人の12.3％が就職もせず，進学もしない状況で大学を卒業している。無業者数の多い地域は東京・大阪といった都市部である[6]。

地方ではどうか。地方においても求人が減少した2000年に，大卒無業者が多く出ている。その中では福井県が堅実で，表2のように大学卒就職者数が順調に増加し，無業者数は少ない。新規学卒者に対する求人は全国的には回復してきたが，九州地方や東北地方では地元就職希望者のニーズを満たせない状況にある。その中で福井県は求人需要と供給側のニーズがマッチしている地域と

---

5) 同調査。
6) 同調査。

表2 新規大学卒就職者数

	1991年		2000年		2007年	
	就職者	無業者	就職者	無業者	就職者	無業者
全国	347,862人	22,121人	300,687人	121,083人	377,731人	69,294人
福井県	1,186人	86人	1,400人	195人	1,485人	89人

出所:文部科学省「学校基本調査」(1991, 2000, 2007)より作成

考えられる(中里:2008)。

　学生の就職活動にはどのような変化があったのか。バブル崩壊以降,学生の就職活動における1番の変化は就職活動にインターネットが活用されていることであろう。大卒新入社員のうち就職活動の情報源としてインターネットを利用した割合は,95%にのぼる[7]。インターネットは次のような便益を学生に与えると考えられる。(1)就職先の情報収集,(2)企業の情報検索や絞込み,(3)問合せや申込みの手間と経費の軽減,(4)就職活動情報の取得。就職活動におけるインターネットの活用は,就職活動における地方在住という距離の壁を低くしたということが言えるであろう。

第2節　全国の新入社員の就職意識

　企業に就職した新入社員は,どのような就職意識を持っているのか。本節では新入社員が企業選択や仕事に対しどのような意識を持っているのかを,全国版新入社員「働くことの意識」調査の結果を元に考察する。

(1) 全国版新入社員「働くことの意識」調査の概要と意義

　㈶社会経済生産性本部では1971(昭和46)年以来,毎年新入社員に「働くことの意識調査」を実施している。ほぼ40年にわたり同一の質問項目で実施さ

---

[7] ㈶社会経済生産性本部『平成19年度新入社員「働くことの意識」調査報告書』2007年。

表3 「働くことの意識調査」[企業規模別回答者数]

	総数	99人以下	100～499人	500～999人	1,000～1,999人	2,000～2,999人	3,000～3,999人	4,000～4,999人	5,000人以上
人	3,849	3	270	576	665	87	735	371	1,142
%	100	0.1	7	15	17.3	2.3	19.1	9.6	29.7

出所：(財) 社会経済生産性本部『平成19年度「働くことの意識」調査報告書』より作成。

れている非常に意義のある調査と考えられる (岩間：2006)。

2007 (平成19) 年の調査は，3月7日〜4月30日に東京のオリンピック記念青少年センターにおける「平成19年度新社会人研修村」参加者全員を対象として行われた。有効回答数は3,849人である。この調査の特徴は，研修の場で実施しているので有効回答率が高いことと，業種や企業規模，学歴，男女の偏りが少ないことである。この調査の回答者は数百人の新入社員を採用するほどの大企業でもなく，新入社員研修を実施しない零細企業の新入社員でもないごく普通の新入社員の意識の集約とみてよいだろう。

調査期日：平成19年3月17日〜4月30日

有効回答総数：3,849人 (男性2,437人，女性1,412人，高卒577人，短大・専門学校卒528人，大学・大学院卒2,672人，その他72人)

回答者の就職先の企業規模は表3のようになる。

(2) 調査結果の分析

㈶社会経済生産性本部の調査では，生活や考え方についてかなり細かいことまで質問している。本節では主に働くことに対する意識を中心に検討する。

就職先の選択理由

新入社員たちはどのような理由で就職先を選択しているのだろうか。最も多い回答は「自分の能力・個性が活かせるから」で全体の28.8％である。以下「仕事がおもしろいから」(21.3％)，「技術が覚えられるから」(14.1％) と続く。個人の能力や興味に関連する項目の割合が高く，勤務先の企業に関連する項目は低くなっている。「一流会社だから」(5.0％)，「経営者に魅力を感じて」(4.7％)，「地理的条件がよいから」(3.8％) などは5％に満たない数字である (図1)。こ

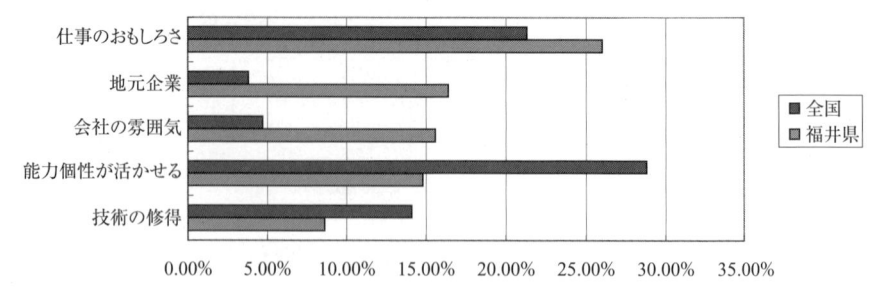

図1 就職先の選択理由

出所：福井県新入社員「就職意識調査」(2007)，全国新入社員「働くことの意識調査」(2007)より作成

の調査の始まった昭和40年代の後半には「会社の将来性を考えて」が第1位で，25％前後がこの理由を挙げている。岩間は新入社員の会社選択は「会社」から「職」へ軸足を移していると分析する（岩間：2006）。

就職活動の情報源

就職先選択の情報源は，利用度の高い順に「会社説明会」(85.2％)，「インターネットの企業ホームページ」(83.9％)，「インターネットの就職関連サイト」(79.0％)，「企業の採用案内パンフレット」(76.3％)，「学校への求人票」(53.0％)となる。就職活動の情報源については，学歴により大きな差が見られる。「学校への求人票」は高校生での利用は91.5％と高いが，4年制大学卒は35.5％と低くなる（図2）。逆に「インターネットの就職関連サイト」の利用は，4年生大学卒は95.9％に上り第1位になるが，高校卒業者は22.9％である。恐らく高校や大学または自宅で日常的にインターネットが使える環境にあるかどうかが関わると思われる。

直接コミュニケーションが取れる機会である会社説明会の利用はどうか。4年制大学卒は95.6％が利用している。高校卒業者の利用は49.6％にとどまる。

就労意識

働く目的についてもみていこう。第1位は「楽しい生活をしたい」(37.9％)のエンジョイ派である。第2位は「経済的に豊かな生活を送りたい」(23.4％)のリッチ派となり，第3位は「自分の能力を試す生き方をしたい」(18.7％)の

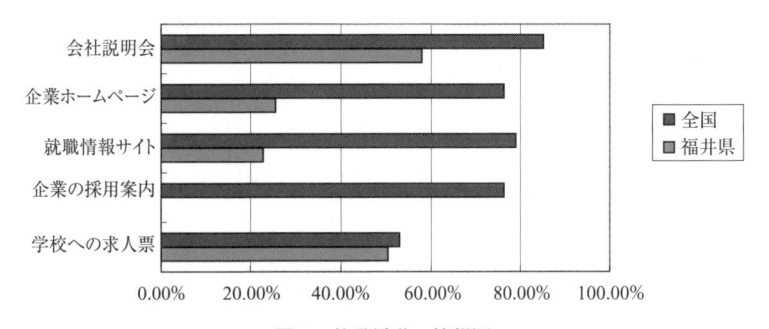

図2　就職活動の情報源
出所：福井県新入社員「就職意識調査」(2007)，全国新入社員「働くことの意識調査」(2007) より作成

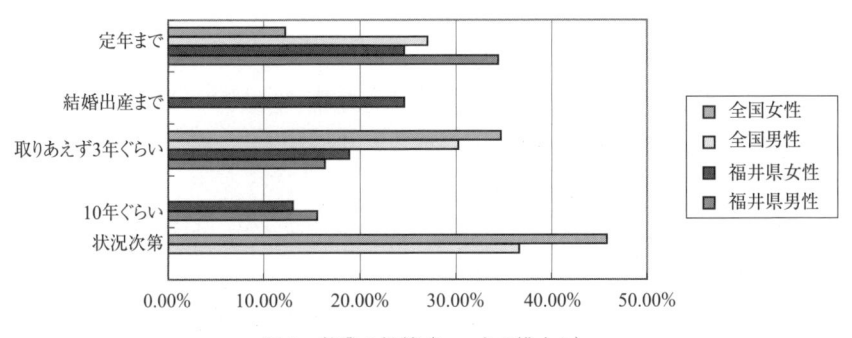

図3　就業の継続（いつまで働くか）
出所：福井県新入社員「就職意識調査」(2007)，全国新入社員「働くことの意識調査」(2007) より作成

チャレンジ派となっている。女性の場合リッチ派とチャレンジ派は21.3％ずつの同率で2位となっている。

バブル崩壊といわれた1991年はどうか。エンジョイ派32％，リッチ派とチャレンジ派は共に26％である。1991年の前後の5,6年も大体このような割合であり，ここ数年のエンジョイ派の急伸とチャレンジ派の減少は注目に値する。

就業の継続と昇進願望

「この会社でずっと働きたいと思いますか」という問には，男性の27.0％，女性の12.3％が「定年まで働きたい」と答えている。女性に腰掛け意識が強く，「状況次第で変わる」の選択が45.8％に上る（図3）。昇進についてはどのように考えているのだろうか。男性・女性で回答に差が見られる。男性の場合「社

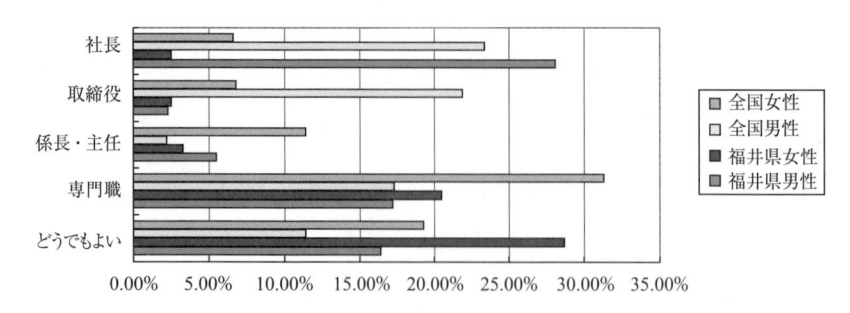

```
            社長
           取締役
         係長・主任
           専門職
         どうでもよい
              0.00%   5.00%  10.00%  15.00%  20.00%  25.00%  30.00%  35.00%
```

凡例：全国女性／全国男性／福井県女性／福井県男性

図4　昇進願望

出所：福井県新入社員「就職意識調査」(2007)，全国新入社員「働くことの意識調査」(2007) より作成

長」(23.4％)，「重役」(21.9％)，「専門職」(17.3％) の順になる。女性は「専門職」(31.3％)，「どうでもよい」(19.3％)，「主任・班長」(11.4％) で均等法の時代といいながら昇進意欲が低いことが見て取れる (図4)。

就業への不安

給与体系についてはどのように考えているのだろうか。男性の49.7％，女性の45.8％が「実力主義」が望ましいとしている。「年功序列」は男性16.6％，女性16.1％である。学歴による差はあまり見られない。時代による差が見られ，2000年前後は「実力主義」を望ましいとするものは50％の後半から60％台あった。企業の給与体系は間違いなく従来の「年功序列」から「実力主義・成果主義」へと移行しているが，新入社員の選択は「実力主義」の選択が減少し，「年功序列」を良しとする回答が増えている。

将来設計

「結婚した場合共働きをするつもりですか」の回答を見てみよう。「共働き」支持は，男性39.5％，女性60.5％になり女性の支持が高い。学歴で見ると高校卒が38.7％の支持に対し，4年生大学卒の51.1％が共働きを考えている。同様に「女性は結婚したら家庭に入ったほうがよい」の設問に対して，「そう思う」「ややそう思う」の選択は男性が多く，「あまりそう思わない」「そう思わない」の選択は女性が多い。高卒者と大卒者を比べると，こちらも高卒者のほうが「そう思う」「ややそう思う」の選択が多い。経済状況を考えると高卒者のほうが将

来の生活は厳しいことが予想される。高卒者の現状認識が甘いのか楽観的なのかはわからない。

2000年の調査結果と比べると，全国の新入社員の就職意識は就職難の時代から売り手市場の時代に変わった中で，多少変化が見られる。一つは仕事において個人を重視する傾向が強くなったことである。就職先の選択理由として「仕事がおもしろい」の回答率が増加し，働く意識として「仕事と個人の生活の両立」を良しとする回答が，高くなったことなどに表れている。もう一つは安定志向の高まりであろう。「定年まで勤める」との回答が増加し，給与の決め方に対し「年功序列」を良しとする回答が，就職超氷河期といわれた時代よりも増えている。これらの特徴は，大卒者の大手企業志向が高くなっているとの調査結果とも合致している[8]。

第3節　福井地域の新入社員の就職意識

(1) 福井県「新入社員就職意識調査」の概要と意義

福井県の新入社員がどのような「就職意識」を持っているのか，全国の新入社員の就職意識と違いがあるのかを調べるために，2007年入社の新入社員を対象に独自の調査を実施した。福井県地域労使就職支援機構は，2005年に「若年者の就労意識と実態に関する調査報告書」をまとめている。この調査は在職者，求職者，学生と三つの違う立場の人に「会社選定の重視事項」や「収入と満足感」「ニートの原因」などをアンケート調査でまとめたものであり，質問項目も少ない。この調査では就職意識に関する全体的な傾向は把握しがたいといえる。

調査にあたり以下の点を留意した。

①全国版「働くことの意識調査」に基づき設問を作成し，入社間もない新入

---

8)　㈱リクルートワークス研究所「ワークス大卒求人倍率調査」(2007) より。

社員にアンケート調査を行う(表5)。

②業種・学歴・男女・地域の偏りを防ぐために,福井・武生・大野の各商工会議所で行われる新入社員研修の参加者を中心にアンケートを依頼する。そのほかに敦賀市,坂井市,越前市などの企業の新入社員も含め,県内全体にわたる調査とする。

③有効回答率の向上とアンケートの趣旨を徹底するため,郵送ではなくその場で記入,回収する。回答時間の制約があるので,質問項目を15に絞る。

④質問項目は「会社の選択」「働く目的」「就職活動の情報源」「入社後の働き方」をみることに重点を置き,複数回答と単一回答の項目を作成し,新入社員の意識をより明確にする。

⑤回答者には第二新卒と呼ばれる既卒者も含まれるが,採用企業が新入社員研修に参加させていることから,新入社員として扱われると考え区別しない。

調査期日:平成19年3月15日〜4月20日

有効回答総数:250人(回答数268人(男性128人,女性122人)有効回答率93.3%)

調査集計対象者の属性は以下のとおりである。

表4-1 調査対象者[学歴別]

	総数	高校	短大・専門学校等	4年制大学・大学院
人	250	90	75	85
%	100.0%	36.0%	30.0%	34.0%

表4-2 調査対象者[産業別]

	総数	建設	製造	卸小売	金融保険	不動産	運輸通信	外食	情報関連	医療介護	サービス他	無回答
人	250	23	110	16	5	0	2	2	20	10	61	1
%	100.0	9.2	44.0	6.4	2.0	0	0.8	0.8	8.0	4.0	24.4	0.4

表4-3 調査対象者［業規模別］

	総数	10人以下	11～50人	51～100人	101～300人	301人以上	無回答
人	250	41	57	38	66	48	0
%	100.0	16.4	22.8	15.2	26.4	19.2	0

　福井県内においても大手企業は自社内において新入社員研修を実施するので，今回の調査対象者は地元の中小企業の新入社員が多いと考えられる。

(2) 調査項目の概要
　質問項目は全国調査の内容を踏まえ，回答が比較できるように作成した。最近の就職活動や新入社員との対話から出てきた声を反映し，以下のような全国調査にはない設問及び選択肢を加える。
　①インターンシップの経験について尋ねる。
　②働く目的を問う設問の選択肢に「自己成長のため」を加える。
　③働くことへの不安について尋ねる。
　④給与の決め方について望ましいと考える選択肢について，「実力主義」「年功序列」のほかに「職務給」を追加する。
　⑤将来展望を問う設問を加える。
　問1から問3は，回答者の属性や就職先の規模・業種を尋ねる質問である。

(3) 調査結果の分析
就職先の選択理由
　就職先の選択理由について一番重視したものは「仕事がおもしろそうだから」(26.0％)であり，2番が「地元企業だから」(16.4％)，3番が「会社の雰囲気が良いから」(15.4％)となる。より深層的な分析を試みるため，複数回答（3択）でも選択させる2段構えの設問とした。複数回答の場合，会社の選択理由としてあげたものは，1番が「仕事がおもしろそうだから」(47.6％)で，2番が「地元企業だから」(44.4％)，3番が「会社の雰囲気が良いから」(39.2％)と「地元

企業」や「会社の雰囲気」が個人の働きがいとほぼ同等に重要視されていることがわかる。男性と女性でも差が見られ，男性の場合は「仕事がおもしろそうだから」(51.6％)，「地元企業だから」(45.3％)に続き「能力・専門が活かせる」(37.5％)が3位である。女性の場合は「会社の雰囲気が良いから」(46.7％)が1位になり「地元企業だから」と「仕事がおもしろそう」(43.4％)が同率の2位になる。高卒者の場合は「地元企業だから」(51.1％)が半数を超え，第1位である。この順位は「1番重視したもの」という問でもあまり変わらない(図1参照)。

福井の新入社員は，全国と比べると会社選択に当たり仕事への興味や専門を活かすことよりも，「地元企業」であることや「会社の雰囲気」など職場の働きやすさを重要視していることがわかる。大卒女性の51.1％が「地元企業だから」と答えているように，特にその傾向は女性に強く表れるといえよう。

就職活動の情報源

就職活動について利用した情報源への回答は「学校への求人」(50.4％)，「会社訪問」(39.6％)，「合同企業説明会」(37.2％)，「インターネットのホームページ」(25.6％)，「就職情報サイト」(22.8％)となった。大卒者に限ってみても「インターネットのホームページ」(45.9％)，「就職情報サイト」(49.4％)と全国調査に比べそれほど高くない。県内大学等卒業者と県外大学等卒業者にも差は見られる。県内大学等卒業者の場合「学校への求人」の利用は56.9％と高いが，県外大学等卒業者の場合は27.5％にとどまる。その分インターネットの利用は20ポイント以上高くなる(図2参照)。

インターネットの利用が少ないのは学生の側の問題ではなく，福井県の場合中小企業が多く自社のホームページが充実していないことが原因であると思われる。就職情報サイトの掲載はコストもかかる。平成19年2月時点でのリクナビサイトへの掲載は，福井県内企業の場合わずか27社にとどまっていた。学生にとってインターネットでは十分な採用情報が得られないと考えられる。

就職活動の情報源と共に注目されるのは，就職に当たっての相談者である。「自分で決めた」(40.4％)が一番多いのだが，相談者として「両親・兄姉」を

39.6％があげている。大卒女性においては「両親・兄姉」を58.3％があげており，「自分で決めた」を上回っている。大卒者の場合「学校の先生」「学校の就職担当者」は，それぞれ4.7％，10.6％にとどまっている。全国調査の場合とは設問が異なっているので，一概に比較はできない。全国調査の場合「今の会社を誰の意志で決めたか」に対して89.1％が「自分の意思」と答え，「両親・兄姉」はわずか2.3％である。地元志向とも関連し就職に関して家族の影響が強いと推測される。

就労意識

「働く目的」を問う設問は，全国調査と福井県の場合少し異なっている。全国調査では回答は一つだが，福井の場合複数回答とした。さらに選択肢に「知識や技術を身につけ経験を積むことで自分を成長させたい」を加えた。新入社員との会話の中で，働く目的を自己成長と答える人が多いように思われたからである。全体で見ると「楽しく仕事したい」(42.0％)，「自己成長」(35.2％)，「経済的な豊かさ」(33.6％) の順になる。自己成長をチャレンジと考えれば「エンジョイ」「チャレンジ」「リッチ」の順で，エンジョイ派の割合が高いことでは全国調査と変わりはない。

「働く目的」についての考え方は，学歴により差が見られる。高卒者の場合エンジョイ派は57.8％とかなり高く，短大専門学校卒者も45.3％と高いが，大卒者の場合は22.4％にとどまり，「自己成長」(36.5％)，「経済的な豊かさ」(27.1％) につぎ第3位になる。逆にリッチ派は高卒者に多いが (47.8％)，大卒者 (27.1％)，短大専門学校卒者 (24.0％) はあまりこだわらないようだ。これは恐らく家庭の経済環境によるところが多いと思われる。高卒男性の27.1％は，働く目的として「収入を得て家族を助けたい」を選択している。大卒者でこの選択肢を選んだものはわずかに5.9％で，もっぱら自分のためだけに働くという姿が浮かぶ。県内学校出身者と県外学校出身者では，働く目的についてそれほどの差は見られない。

就業の継続と昇進願望

「いつまで働きたいか」という設問に対する答えを見てみよう。全体では

「定年まで」(29.6%),「とりあえず3年」(17.6%),「とりあえず10年」(14.4%)となる。大卒者の場合は「定年まで」(30.6%),「とりあえず10年」(20.0%),「とりあえず3年」(14.1%)とある程度の長さは勤めようという意識がうかがえる。定年までと答えた割合は全国調査の大卒者を10%上回っている。就業の継続についての意識は男性と女性で差が見られ,女性の場合「定年まで」と「結婚・出産まで」は同率で24.6%になる。「結婚・出産まで」の回答は学歴が低いほど高くなる(図3参照)。

　昇進についてはどのように考えているのだろうか。昇進にはあまりこだわりが無いようで,全体としてみると「どうでもよい」(22.4%),「専門職」(18.8%),「社長」(15.6%)となる。男性と女性でかなり差が見られ,男性の場合「社長」(28.1%),「専門職」(17.2%),「どうでもよい」(16.4%)の順になる。女性は「どうでもよい」(28.7%),「専門職」(20.5%),「役職につきたくない」(9.8%)で全国調査と比べ昇進意欲が低いことが見て取れる。特に大卒女性の場合45.8%が「どうでもよい」を選択し昇進には興味がないようだ(図4参照)。

就業への不安

　企業においては,成果主義を取り入れた人事処遇制度を採用しているところが増えてきている。福井県内の企業説明会などでも,実力主義で昇進や給与に差がつくことをアピールするところも多い。新入社員はどのように受け止めているのだろうか。「実力主義」に賛成としたものは55.2%と半数を超える。次が「職務に応じた給与」で25.2%,「年功序列」を選択した人は16.6%にとどまる。男性と女性では女性のほうが「実力主義」を選ぶ人は少ない。特に大卒女性では「実力主義」の選択は37.5%にとどまり,意欲がないのか自信がないのか消極性が窺われる。

　仕事に対してはどのような不安を持っているのだろうか。全体では「仕事を覚えられるか」(36.0%),「専門知識の不足」(30.4%),「仕事のスピード」(26.4%)の順になるが,学歴により差が見られる。大卒者の場合「専門知識の不足」(40.0%)が一番になり,短大専門学校卒者の場合は「仕事のスピード」(37.3%),高卒者の場合は「仕事を覚えられるか」(41.1%)が一番となる。

将来設計

　将来の生活についてはどのように考えているのだろうか。全体で見ると「共働き」支持は 38.4％,「女性はパートなど家事に支障がない働き方」支持が 26.4％,「女性は子育て後に再就職」支持は 10.8％ となった。若年層における晩婚化, 非婚化の現象も指摘されているが[9],「家庭を作るのは大変なので独身で気ままに暮らしたい」を選択は 3.2％ である。「専業主婦」を支持する割合は学歴が低くなるほど高く, 共働きを望む割合は大卒女性では 54.2％ と学歴が高いほど高くなる。

(4) 福井県新入社員の「就職意識」

　福井県の新入社員の就職意識については, 以下のようにまとめられる。
① 就職先の選択にあたり, 自己の専門や能力よりも地元企業であることや職場の雰囲気を重視する傾向が強い。
② 就職相談者として家族の役割が大きい。特に女性にその傾向が強い。
③ 就職活動の情報源として, 全国に比べインターネットの活用割合は低い。県外学校出身者においても, 企業 HP や就職情報サイトの利用は全国調査に比べ低くなっている。福井県の新入社員採用企業は中小企業が多く, インターネットからでは十分な情報が入手できないためと思われる。
④ 働く目的は全国と同じようにエンジョイ派が多い。大学卒の場合「楽しむ」よりも「自己成長」を目的とする割合が高い。高卒の場合, エンジョイ派の割合は他の学歴より高く,「自己成長」よりも「経済的豊かさ」を就職に求めている傾向が見て取れる。
⑤ 定年まで勤めたいという希望はあるものの, 昇進についてのこだわりが薄い。特に全国調査と比べ女性の昇進意欲が低い。
⑥ 休日は,「休養を第一に考える」「仕事にかかわりのある勉強をする」など勤勉性の高さが窺われる。

---

9) 山田昌弘『パラサイト・シングルの時代』(ちくま新書, 1999 年) 他。

⑦仕事に対する不安では，大卒者の場合は「専門知識の不足」，短大・専門学校卒者の場合は「仕事のスピード」，高卒者の場合は「仕事を覚えられるか」が第1位になる。受け入れ企業としてはそれに合わせた教育が必要であろう。

今回実施した新入社員の就職意識調査から，全国の新入社員就職意識と，福井地域の新入社員の就職意識には大きな違いがあることがわかった。

福井地域の新入社員は就職先の選択に当たり，「地元企業であること」や「職場の雰囲気」を重視する割合が高い。これらの就職先自体に関する選択理由は，全国調査の場合5％に満たない。また就職先の選択について家族に相談する割合も高くなっている。就職活動においてはインターネットの活用が全国よりは低く，直接コミュニケーションを取れる会社訪問や合同企業説明会などの利用が高い。これは地域の企業が規模の小さいところが多く，インターネットでは十分な情報が入手できないことや，地域という狭い範囲においては会社訪問や合同企業説明会への参加が比較的容易にできることが要因と考えられる。「定年まで」の勤務を希望する割合は全国調査より高いが，昇進意欲はそれほど高くない。福井地域の新入社員は，いわば「生活安定型」志向が高いと考えられる。

地方に就職した新入社員が，就職先の選択理由として「地元企業」や「会社の雰囲気」を重視し「昇進意欲」が全国に比べ低いという特徴は，他の地方でも見られる。大卒新入社員が95.5％を占める，石川県の機械製造業大手のS工業（売上高約500億円，従業員数約1,500名）に対する同様のアンケート調査でもほぼ同じ傾向がみられる。またアンケート調査の内容が異なるが熊本商工会議所や甲府商工会議所が実施した新入社員就職意識調査[10]からも，「地元企業」や「会社の雰囲気」を重視して就職先を選び，「昇進意欲」が高くない傾向がうかがわれる。これらは地方に就職する新入社員に共通した特徴であると考えられる。

---

10) 熊本商工会議所新入社員「就職意識調査」2007年4月実施，調査回答数は487人。
甲府商工会議所新入社員「就職意識調査」2007年4月実施，調査回答数は81人。

第4節　企業におけるキャリア形成

　前節により地元企業に就職する新入社員は，「地元志向」が強くまじめであるが昇進意欲はそれほど高くないことが明らかになった。では採用した企業側はどのような人材育成を考えているのであろうか。

　独立行政法人労働政策研究・研修機構の「企業が求める人材」調査（2005年）によれば，最近企業の求める人材要件に違いが見られると言う（図5）。この調査は1998年と2003年に行なわれ，企業が人材に求める要件について複数回答で答えを求めている。1番求められている要件は「意欲・行動力」で変わりないが，2005年には1998年より「協調性」「堅実性」を求める企業の割合が増加している。逆に「独創性」を求める企業は1998年より減少している。1998年はバブル崩壊後新規学卒者に対する求人が減少し，企業は生き残りをかけ若い人材の独創性へ期待したと考えられる。2005年は雇用が回復し始める時期にあたり，若年労働者の離職率の高さも問題視され始めた。コスト面から考えても採用した人材の定着を意識しだしたのではないか。

　福井県の場合どうか。このような調査結果はないが，企業の人事担当者のお話を伺うと「協調性」や「堅実性」を求める声は多い。

　福井県企業の場合，地元出身者の採用にこだわる企業が多い。採用の門戸は開いているが，応募者の質が地元大学卒業者や地元出身者のほうが高いのだと言う。地方に立地する企業は中小企業の割合が高く，全国的な知名度もそれほど高くない。然るに地元においては一流企業としての知名度がある。優秀な地元出身者を採用しやすい環境にあるといえよう。同時に地元出身者中心の採用は企業の採用コストや住宅手当などの福利厚生費を削減する効果をもたらす。福井市の情報通信業F社（社員数434人：2008年）によれば，同郷者はコミュニケーションが容易で生産性の向上や勤続年数の長期化をもたらすと言う。福井市の機械製造業M社（社員数284人：2007年）も採用はほとんど地元出身者で，同じようにコミュニケーションの容易さや16.2年という勤続年数の長さをメ

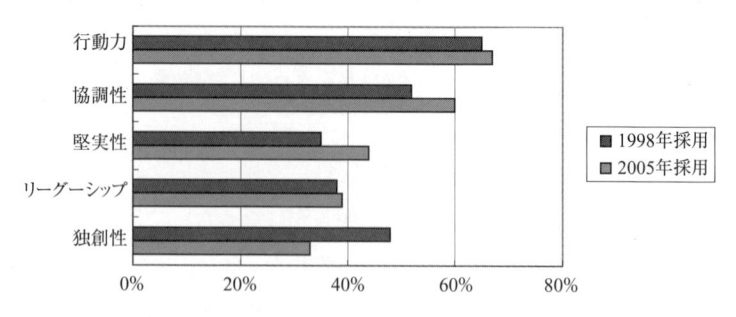

図5 企業が新入社員に求める要素
出所：労働政策研究・研修機構調査（2005）

リットとしてあげている。両社はともに正社員比率も高い。福井県の場合，初任給は全国平均に比べ各学歴とも1万円下回る。賃金水準の相対的な低さが正社員比率を高めることを可能にし，新入社員の「定年まで」勤務希望の高さとも相まって，勤続年数の長期化を生み出していると考えられる。

人材育成においても社内のコミュニケーションや「協調性」を重視している傾向がうかがわれる。営業所や販売拠点を全国に展開している企業も多いが，新入社員研修や節目となる研修に社員を集合させ福井県で実施し，一体感を図っている。また地域貢献の意味合いも含めて新入社員を地元の祭りなどに参加させることも，協調性重視の一つの表れと考えられる。今回アンケート調査にご協力いただいた企業の多くは，導入教育や技術教育は社内で行いOJTに重点を置いている。地元出身者の勤勉性に対する評価は高いが，人事担当者からはバイタリティやチャレンジ精神の不足を指摘する声も聞かれた。

むすびにかえて

福井県に就職した新入社員は，「地元志向」が強く「上昇志向」が高くないと言う特徴が見られた。これらの特徴は熊本県・山梨県の調査でもみられ地方の地元企業に就職する若年労働者に共通する意識と考えられる。

福井県の新入社員の就職活動をみると，全国の新入社員と二つの点で違いがある。
　一つはインターネットの利用率が低く，志望企業と直接コミュニケーションを取れる会社訪問や合同企業説明会の参加が高いことである。インターネットは地方にも普及し，遠隔地にある企業の採用情報は容易に入手できるようになった。然るに地方の中小企業においては，掲載コストの高さからハローワークや学校求人，地域の合同説明会を利用するところが多い[11]。このことから，地方に就職する新入社員は他地域の採用情報が入手できないから地元に就職するのではなく，最初から地元就職を志望しており地元企業に合わせた就職活動を実施していると考えられる。
　もう一つは，就職に際し家族への相談割合が高いことである。福井県の新入社員の場合，相談者として「両親・兄姉」を39.6％があげている。全国調査ではわずか2.3％である。地元に就職する場合，当然両親との同居が前提となる。また地縁・血縁の強い地方では，両親や家族のほうが新入社員よりも地域の企業について詳しいことも考えられる。家族と同居する中で行われる就職活動は，個人の決定というよりも家族イベントの側面が強くなるのではないだろうか。
　新入社員の離職率が全国的に高止まっている中で，このような就職活動が新入社員の職場定着にどのような影響を与えるかは，今後の課題として解明される必要があるであろう。
　地方の新入社員における地元志向の背景には何があるのか。熊本商工会議所の調査[12]により，地元志向は本年だけに見られるものではなく，景気のいかんにかかわらず持っていることが推測される。
　まず考えられるのは，少子化の影響であろう。一人っ子，長男，長女が多く

---

11) 石川県地域労使就職支援機構「中小企業における人材確保・育成に関する調査結果」（2006年）によると今後人材を採用する際の予定経路としては「ハローワーク利用」（55％），「学校紹介」（44％）の回答が高い。
12) 前出，中里弘穂「若年労働者の雇用と就職意識」（福井県立大学大学院修士論文，2008年）参照。

なり，家から出る必要がなくなった。しかも地方の持ち家比率や居住面積の広さは都市部に比べ高く，自宅通勤の優位性が高い。初任給は全国平均を約1万円以上下回るが，家族との同居からもたらされる経済性は初任給の差を上回ると考えられる。

次に地方の生活環境，文化教育施設の充実があげられるであろう。地方都市やその周辺部にショッピングセンターが進出し，都市部と同じような商品が購入できる。図書館や音楽ホール，美術館などの文化教育施設も充実している。地方においても大学への進学率が高くなり，高等教育機関も充実してきた。仕事も個人の生活も両立させ，無理せず真面目に長く働きたいと考える新入社員にとり，地方は働きやすい環境を提供しているといえよう。

このような新入社員の「地元志向」の高さや「安定性」を求める志向は，地元企業にとってもコミュニケーションの容易性を生み，社員の定着化につながるなどプラス効果をもたらしている。しかしながら経済のグローバル化が進む中で，地方企業も積極的に海外へと進出している。地方企業が更なる成長・拡大を考えるとき，若年労働者の上昇志向やチャレンジ精神の不足はマイナス効果となる懸念も生じる。地元に就職した新入社員の良い面を生かしながらいかに目標意識を高く持たせるかが，今後地方企業が更なる成長を目指すうえでの課題となるであろう。

[参考文献]

石川県地域労使就職支援機構編「中小企業における人材確保育成等に関する調査結果」2006年6月。

岩間夏樹「新入社員はこう考える――「働くことの意識」調査と日本的雇用慣行の行方」『新社会人白書』(財)社会経済生産性本部，2006年。

熊本商工会議所編「平成19年度新入社員意識調査報告書」2007年5月。

甲府商工会議所「平成19年度新入社員意識調査報告書」2007年4月。

小杉礼子『フリーターとニート』勁草書房，2005年。

玄田有史『仕事の中の曖昧な不安』中央公論新社，2001年。

㈶社会経済生産性本部編『平成19年度新入社員「働くことの意識」調査報告書』2007年。

㈶社会経済生産性本部編『平成18年度新入社員「働くことの意識」調査報告書』2006年。

中里弘穂「若年労働者の雇用と就職意識」福井県立大学大学院修士論文，2008年。
原ひろみ「新規学卒労働市場の現状」『日本労働研究雑誌』No. 542，2005年。
福井県地域労使就職支援機構編「若年者の就労意識と実態に関する調査報告書」2006年11月。
宮沢秀次「就職好調期と超氷河期における大学生の就職意識の比較研究」『日本青年心理学会大会発表論文集』1997年。
文部科学省『学校基本調査　平成18年度版』2007年12月。
㈱リクルートワークス研究所編「第23回ワークス大卒求人倍率調査（2007年卒）」2006年4月。
山田昌弘『パラサイト・シングルの時代』ちくま新書，1999年。

表5　[新入社員就職意識調査]

『新入社員　就職意識調査』

　このアンケート調査は，学術的な研究目的のためにお願いするものです。個人情報に関する質問はございませんので，ぜひご協力をお願いします。

1），まずあなた自身についてお尋ねします。男女別と学歴を教えてください。

　　男性・女性，県内学校卒業・県外学校卒業（○をつける）　　学歴（　　卒）

2），あなたの会社は，次のどの産業に属しますか。（○をつける）

　　1 建設土木　　2 製造　　3 卸小売　　4 金融保険　　5 不動産　　6 運輸通信

　　7 外食産業　　8 情報産業　　9 医療介護　　10 その他（　　　　　　　　）

3），あなたの会社の規模はどのくらいですか（○をつける）

　　1，10人以下　2，11人～50人　3，51人～100人　4，101人～300人

　　5，301人以上

4），会社を選ぶとき，どういうことを重視しましたか（3つまで○をつける）

　　1，自分の能力や専門が生かせるから

　　2，給料が高いから

　　3，仕事がおもしろそうだから・やってみたい仕事だから

　　4，技術や資格が身につけられるから

　　5，大企業・一流企業だから

　　6，休日が多いから・勤務条件が良いから

　　7，家から近いから・通勤が便利だから・地元企業だから

　　8，先輩や知人が働いているから

　　9，経営者や社員の人たちの雰囲気がいいから・魅力を感じたから

　　10，第1志望・第2志望に不合格になったから

　　11，その他（　　　　　　　　　　　　　　　　　　　　　）

上記のうち1番重視したのはどういうことですか（　　　　　番）

5），就職を決めるとき誰かに相談しましたか（○をつける）

　　1，自分で決めた　2，両親兄姉　3，学校の先生　4，学校の就職担当者

　　5，友人・知人

6), あなたはいつごろから就職活動を始めましたか
   （   年）の（   月ごろ）から
7), 会社を選択するときに利用したり，参加したものはありますか（いくつでも○をつける）
  1. 高校・大学の就職課への求人
  2. インターネットの企業ホームページ
  3. インターネットの就職情報サイト（リクナビなど）
  4. ハローワークの求人コーナー
  5. 単独の企業説明会
  6. 合同企業説明会・学校主催の企業ガイダンス
  7. 会社訪問・見学
  8. OB・OG訪問
8), インターンシップには参加しましたか（○をつける）
  1. 参加して役に立った　2. 参加したが役に立ってない　3. 参加しなかった
9), あなたは仕事と個人の生活についてどちらを中心に考えますか
  1. 仕事中心　2. 仕事と個人の生活の両立　3. 個人の生活重視
10), 働く目的についてあなたは次のどれが自分の考えに一番近いと思いますか
    （2つ○をつける）
  1. 経済的に豊かな生活を送りたい
  2. 地位を得て社内でも社会的にも認められたい
  3. 職場の皆と楽しく仕事したい
  4. 仕事を通して自分の能力を試したい
  5. 知識や技術を身につけ経験を積むことで自分を成長させたい
  6. 仕事を通して企業の発展に貢献したい
  7. 社会に役に立つ仕事をしたい
  8. 別にこれという目的はなく生活できる収入が得られれば良い
  9. 収入を得て家族を助けたい
  10. その他（   ）

11), あなたは今の会社でずっと働きたいと思いますか（○をつける）
　1．定年まで働きたい　　2．とりあえず10年ぐらい働く
　3．とりあえず3年ぐらい働く　4．嫌になったら辞めるかもしれない
　5．結婚・出産まで働く　　6．やりたいことのお金をためるまで働く
　7．その他（　　　　　　　　　　　　　　　　　　　　　　　　　）

12), あなたはどの役職まで昇進したいと思いますか（○をつける）
　1．社長　　2．取締役　　3．部長　　4．課長　　5．係長・主任
　6．専門職・現場のエキスパート　　7．役職につきたくない
　8．どうでもよい

13), 給与の決め方や昇進についてあなたはどのような形が望ましいと思いますか（○をつける）
　1．頑張って成果を上げた人は他の人より給与が高く、昇進も早くなる「実力主義」がよい
　2．実績ではなく年齢や経験に応じて給与が上がるのが良い
　3．職務の難しさや大変さで給与や待遇に差をつけるのが良い

14), これから仕事をするにあたって一番不安なことはどのようなことですか（○をつける）
　1．仕事を覚えられるかどうか
　2．仕事のスピードが遅いのではないか
　3．専門知識が足りないのではないか
　4．上司や先輩など職場の人たちとうまくコミュニケーションが取れるかどうか
　5．お客様に対してうまく応対できるかどうか
　6．電話応対や敬語などビジネスマナーに自信がない
　7．朝早く起きられるかどうか
　8．その他（　　　　　　　　　　　　　　　　　　　　　　　　　）

15), 休日の使い方に関してあなたの考えはどれに近いですか（○をつける）
　1．休日は友人と目一杯遊ぶ

2．休日は休養を第1に考える
3．休日も半分ぐらいは仕事にかかわりのある勉強をする
4．休日は家の手伝いをしたり，家族と過ごす
5．休日はスポーツで体を動かす

16）．結婚した場合どのような働き方が望ましいですか
1．共働き
2．女性は専業主婦になるのがよい
3．男性が主として働き，女性はパート勤務など家事に支障がない働き方が良い
4．男性が主として働き女性は子育て中は家庭におり，子育て終了後再就職するのがよい
5．男女どちらでも能力のあるほうが主として働き，もう一人が家事育児をするのがよい
6．家庭を作るのは大変なので，独身で気ままに暮らしたい

17）．自分の将来についてバラ色だと思いますか，何か心配なことがありましたら自由に記入してください
1．バラ色
2．心配だ（何が　　　　　　　　　　　　　　　　　　　　　　　）

ご協力ありがとうございました

第10章
福井県眼鏡産業の現状と将来

山本　潤

はじめに

　2005年に産地生誕100周年を迎えた福井県眼鏡産業も，福井県工業統計によれば眼鏡産業の製造品出荷額は2000年の1,226億円をピークに，2006年には737億円と40％減少した。従業員数も1999年の8,938人から2006年の5,410人に同じく40％減少している。

　これまでも福井県眼鏡産業界の各企業も様々な市場の変化に対応してきたが，品質を重視し欧州と異なる骨格を持つ日本人にとって掛け易いフレームを望む国内市場の需要を満たす要求が常に確保されており，また国外市場に対しても欧州製よりも安く提供することにより，またチタン眼鏡枠の生産技術により生産量の確保が維持されてきた。景気変動には影響されながらであっても一定量生産を確保できたが，最近の世界の工場といわれる中国が眼鏡生産に参入後はその一定生産枠確保が一掃され，業界を取り巻く環境に大きな変化が生じている。この変化の中で，2006年・2007年の県内老舗企業の大型倒産・民事再生法申請などが起き，業界と企業の努力だけでは解決できない外部環境の変化を分析し，今後の新たな成長戦略を検討してみたい。

第1節　眼鏡界状況の変化の検証と分析

(1) 眼鏡の国内市場

　特に福井産地は国内市場を主たる市場とし，また相手先ブランド製造（OEM）に専念してきたため，国内市場の変化に大きく影響される。2006年の福井県眼鏡製造品出荷額737億円から輸出額162億円を差し引いても78％を占めている。

　国内における眼鏡店の形態は，従来の専門店と大型ディスカウンターチェーン店が並存してきたが，2000年ごろからフレームとレンズのセットで5,000円・7,000円・9,000円で販売するスリープライス・ショップが増え，現在は約1,000店舗がある。また2005年からはフレームとレンズ特に多焦点レンズも含め約2万円で販売するワンプライス・ショップが出現し，現在約560店舗がある。上記4形態の小売店は全国で1万6,000店舗あるが，上位100社6,000店舗で80％以上の販売シェアーを占める。

　スリープライス・ショップとワンプライス・ショップによる低価格定価販売店全体による年間売り上げ562億円は，眼鏡小売市場5,075億円の11％を占め，2004年眼鏡一式平均単価29,814円から2006年の26,490円へ7％減少した（眼鏡新聞2008年1月18日号眼鏡工学出版（株）より抜粋）。

　これら低価格販売の眼鏡枠は，スリープライス・ショップにおいては100％中国製であり，ワンプライス・ショップにおける眼鏡枠もかなりの割合が中国製であり，国内眼鏡市場における眼鏡枠販売数量においては，福井産地の眼鏡枠の生産枠を大きく減らしている。

(2) 消費者の嗜好の変化と支払い意思額の変化

　雇用者報酬が2000年度以降低下し，2005年度は2000年度と比較し5％以上低減している。また1998年ごろから産業間・企業間格差および地域間格差が拡大し，さらに2007年には年収200万円以下の勤労者が30％を超える状況

になっている。このような状況において、「付加価値の高い製品を作ることが企業存続にとって重要である」といっても、福井産の眼鏡を購入することが可能な消費者の絶対数が減少していることは、上記のスリープライス・ショップやワンプライス・ショップでの販売が増加していることからも明らかである。

また近年消費者にとっての可処分所得のうち、携帯電話機・通話料やパソコン・インターネット接続料などの通信費の増加に伴い、家計調査年報によれば衣料費などと同じく眼鏡支出も 2000 年の 9,794 円から 2006 年の 8,072 円へ 17％減少している。

このような状況の中で、消費者が眼鏡の使用価値においては満足できかつ低価格である中国製の眼鏡に対し、違和感無く購入することは認めざるを得ない。言い換えるならば、低所得者にとって上記の低価格商品がなければ現実的に眼鏡の買い替えが出来ない。

(3) 市場占有

これまでは常識として、「消費財においては良質で安価なものが市場を占有する」といわれ、眼鏡枠の世界でも 1970 年代から 2000 年ごろの間は、福井産地がドイツをはじめフランス・イタリアに追いつき、台湾・韓国が日本の後を、価格競争力を第一の武器にして市場占有拡大を図ってきた。しかし現実的には一国の生産能力では世界の需要を満たすだけの能力はなく、先進国も市場占有率は減少させながらも生産を確保してきた。つまり各国とも生産能力の増加を図るにも、労働力の確保に限界があり生産能力を無限に増加することが出来ず、各国に一定の生産枠が付与されていたといえる。福井産地も 1998 年の輸出額 3,485 億円が限界であり、ドイツ業界を壊滅することは出来なかった。

しかし 1990 年ごろより中国からの眼鏡枠の輸出が増加し、北米を先頭にヨーロッパの市場を低価格品と中級品で確保し、2000 年ごろからは日本への輸出も年々増加している。

特に福井県の眼鏡枠製造は国内市場を主たる供給先とし、輸出は相手先ブランドで供給する OEM ビジネスを主としてきた為に、ブランド化・導入とグ

ローバル化に乗り遅れた。

　中国が「世界の工場」といわれる意味は，単に豊富な労働力によって安くもの作りをするだけでなく，手工業的産業においては中国一カ国で世界の需要を生産する能力を内在している点において，過去において経験した先進国と後進国の入れ替わりの歴史とは根本的に異なる。ドイツが眼鏡枠生産において，国内生産拠点を完全に無くした状況にいたったことはこの点において理解できる。

(4) 技術移転

　従来先進国から後進国への技術移転という場合，手工業的な要素を含む技術は結局経験的な修練を必要とした。しかし現在の技術移転は機械の移転に等しく，特にスエージングマシン，チタンロー付け機のような眼鏡枠専用機器ならびに金型製造のためのワイヤーカットマシン，放電加工機，マシニングセンターのような汎用機器もCNC式（コンピュータ制御）であるために直ちに熟練者並みの加工が可能になる。また専用機器のCNC化は日本で開発されたものが多く，単に「技術移転が失敗の元か，中国進出は技術を奪われた」というだけでは解決しない。

　確かに産業の発展は技術の革新であるが，眼鏡は同じ機械を揃えることと経験則だけで同じ品質の眼鏡が出来るわけではない。品質の高い眼鏡を作るには，表現したい品質のイメージを持つことが重要であるが，同時にそこへ達するまでのスタート点が基本である。今日このスタート点が最も高いのは世界で福井産地であることは疑問の余地は無い。

　財務省の貿易統計からも見られるように，2007年の眼鏡枠の日本の輸出平均金額は2,727円/枚に対し，中国からの輸入平均金額は802円/枚で3.4倍の差である。この差をどのように福井産地にとって有利に発展させるかは第4節で論じたい。

第2節　福井県眼鏡業界の現状と将来

　福井県眼鏡枠産業と世界の眼鏡枠産業について，まず世界各国の眼鏡産地の簡単な歴史変遷と特徴を論じ，福井産地の現状を確認したい。

(1) アメリカ

　1800年代中頃創立のアメリカン・オプティカルや"レイバン"ブランドのボシュロム社などが少品種大量生産で世界中に販売したが，ヨーロッパの高品質かつきめ細かいサービスによって衰退し，アメリカ以外の国で生産し継続を図ってきたが，現在はイタリアの会社にブランドを買収され継続されている。

(2) ドイツ

　1870年後半からは多くの眼鏡枠メーカーが存立していたが，1990年頃には垂直統合が進み6・7社になり最終的に90年代末には3・4社に集約された。しかし消費者嗜好の変化により少量多品種生産を余儀なくされ，さらに賃金の高騰やチタン枠製造開発の乗り遅れなどが原因で，現在はドイツ国内には大きな工場は一つも存在せず，僅かのメーカーが東欧諸国に工場を移転させ製造を続けている。大半は自社ブランドをベースにライセンスブランドのもと，日本や中国からの輸入に頼り，企画・販売会社に特化している。

> ［コラム］ドイツの眼鏡業界は何故衰退したか ── 元メッツラー社会長，フイッシャー氏のレポート
> 　　　　　　　　　　　　　　　　　　　　　　　　　　　　　2008年3月11日
> **何故ドイツの眼鏡製造業界は衰退したのか？**
> 　ドイツの眼鏡製造業界は，技術開発と新素材については決して問題が無かった，例えばメンラッド社は金無垢の部材を使うことで全くロー付けのない，純チタンの眼鏡を最初に市場に紹介した一社であり，またメッツラー社はラーテノウーにおいてシュスラー社のアセテート用CNC自動切削機で作った，マグネシウムのサングラス（マルコポーロ　デザインで）を最初に紹介した一社であ

る。
　今日，日本でも重要な相違と考えられている，最も重要な間接的理由の一つとして挙げられる労賃上昇の流れは，日本より早く始まっていた。ドイツ人は日本人ほど中程度の品質に抵抗を示さない。殆どのドイツ人と総てのヨーロッパは，台湾・韓国・中国製のシンプルで視力補正の目的を果たすだけの品質の低いものを理解した，そしてそれは現在日本においても減少している所得に対し，出費低減を十分にもたらした。それは普通の人々がメード・イン・ジャーマニー（オーストリアや日本と同等な）である，より良い品質に対し幾らか高い価格を支払う意思が無くなった。このような状況は1980年代後半（1985-1990）にかけ致命的な状態に徐々になっていった。
　一般的経済的理由は，実質賃金を引き下げ，そして総ての部門での低価格商品を漁る流れを引き起こすことを助長した。
　歴史的文化的理由は重要でなく，殆ど問題とならない。

何故ドイツの眼鏡会社はイタリアのようにブランドを取得できなかったのか？

　眼鏡製造はファッション産業の一部である。それ故眼鏡フレームのための実質的ブランドは衣装ブランドである。それらブランドの大半はイタリアである。それらのライセンサーは他の国々よりイタリアと密接である。販売上のカテゴリーにおいて検討される最も成功できるブランドは，中サイズのフレーム製造会社の手が届かない所にあり，またリスクを負ってまで勧めるところではない。だからそれら中サイズの会社は眼鏡販売（眼鏡店や眼鏡士との）での彼らの評判に頼って，成功の危うい二番手のブランドを試みた。

ドイツの眼鏡会社は何処へ？

　彼らは素早くて十分な反応が出来ない為に，多くの会社が厳しい財務上の問題に面した。その幾つかは倒産にいたった。またその多くは，業界外の人に僅かな費用で買い取られた。彼らの総てが自社でのフレームの生産を徐々に減らしていった，そしてデザイン部門と品質管理と修理とだけを維持しながら，新しい生産地から買い付ける卸業へ転換していった。この業務転換は20年前からアメリカと多くの国々の市場に一定の割合を占めた。
　私は未だ誰も完全に異なるビジネスへスタートしたとは聞いていない。私自身も90社の末端を持つメイルショップ（レンズを主とし）を，メッツラー社の新たなビジネスとして自社の製品を持たない卸業として，あるいはデスカウンターのように始めた。これは非常に成功している，なぜなら厳しい収益上の問題を抱えているツアイス社やローデンストック社のように重い責務を負いながら製造している自社製品を持たないからである。

(3) フランス

スイスのジュネーブに近いモレやオヨナックスに集約して発展してきた。ドイツほど垂直統合が行われなかった結果中小規模の企業が多く存在したが，近年は不採算部門の閉鎖や人員削減により自社生産を減らし，中国製を中心として輸入し本国で仕上げ加工を施しハウスブランドでの販売が多くなっている。しかし中国製との差別化を図る為のフランスでの技術革新が出来ず模索している。またモレ地域はジュネーブに近いことから車での通勤が可能で，地元での眼鏡枠生産に携わる若年労働者の確保が大きな問題になっている。

(4) イタリア

オーストリアとの国境のカルニケ・アルプスの麓であるカドレ地方を中心とする地場産業として分業制度の中で中小零細企業が混在しながら発達してきた。1990年代中頃から，大手数社はニューヨークでの株式上場で得た資金で，有名デザイナーズ・アンド・キャラクターブランド(DC)を多数取得し販売部門を強化，またその資金で北米，ヨーロッパ，日本以外の東南アジア，オセアニアなどで各国の大手小売チェーンを買収し，生産工程の垂直統合を図らずDCブランドを核として販売部門の川下への垂直統合を進め成功している。またイタリアは品質において低価格販売品は中国からの輸入でまかないながら，中級あるいは中級の上に目的を絞りながら生産，販売をしているが，大手に集約され中小・零細規模では倒産，廃業も多くなっている。しかし中小・零細の従業員は大手に再雇用されている。

(5) 韓国

韓国眼鏡工業組合の報告では，2006年の眼鏡関連企業数は600社，全従業員数は5,000人である。30年位前には数百人規模の企業があったが，現在はその企業が分裂した結果，少人数の企業になっている。通常のフレーム製造では中国との差別化が困難な為，レーザー加工でのチタン・チタン合金板のフレームに特徴を見い出したり，木製のテンプルなどの特殊なフレーム製造に移

表1 欧州の眼鏡製造従業員数の変遷（単位：人）

国名	1995-97年	2007年
ドイツ	2,500	500
イタリア	20,000	10,000
フランス	5,000	2,000
オーストリア	4,000	1,000
スペイン	2,000	500
マルタ	1,000	0
デンマーク	500	0
チェコ	1,000	500

注：ヨーロッパ全体で4-5万人が現在は1万5,000人

行している。

(6) 中国

香港でのプラスチックフレームの製造を基礎に，1980年代よりメタルフレームの生産へ転換していった。1990年代に入ると日本との合弁事業や日本企業の工場進出などをきっかけに，ヨーロッパや日本の自動機の導入および日本からの技術導入により飛躍的に品質の向上を進め，香港資本，台湾資本の大きな工場を中国本土に設立した。さらに安くて豊富な若年労働者を使い，生産の垂直統合というより一社で数百から数千人の人海戦術にて大量に生産し，上記でも述べたように低価格を武器に短期間に市場を占有してきた。例えばドイツの生産からの撤退は日本の進出でなく中国の進出によって一気に追い込まれた。

また正確な統一データは発表されていないが，中国の眼鏡業界には約3,000社の眼鏡枠製造に関する企業があり，全従業員数は約200万人と推測されている（福井県上海事務所のビジネスコーディネータ調査報告より）。

断片的資料ではあるが，大手企業を参考までに述べると，アーツ社の従業員数は1万人，エレガンス社は7,000人，ワーミン社は6,000人，トライスター社は5,000人，アリスター社は4,000人など一社で福井県の全体の眼鏡業従事者5,000人強と比較できる状況である。

その進出は各国の市場において価格破壊を呼び，各国の生産者に打撃を与えている。

第1節(1)でも述べたように，日本での低価格商品市場は100％中国製によって成り立っており，デフレ状況の日本市場で消費者のニーズに合致する為に必要な商品になっている。

(7) 日本

2005年に産地誕生100周年を迎えた福井産地は，今日様々な面で過去に無い大きな危機に直面している。分業制度を発展させながら地場産業として確立してきた，特にチタン眼鏡枠の製造については世界をリードし，1998年の事業所数980社，従業員数9,000人，2000年の眼鏡枠出荷額1,226億円とピークを迎えた。しかしその後は国内市場のデフレ傾向による消費の落ち込みと中国からの低価格商品に押され，2006年には事業所数320社，従業員数5,410人，出荷額699億円まで低下している。チタンに替わる新素材による製品の開発が出来ず，OEMによる国内市場を主にした構造は転換できないままに，今日に至っている。

次に上記に述べてきた各国の現状を考えながら，福井の眼鏡産地の現状をみてみたい。

福井県眼鏡枠製造産地としては，国内生産の97％以上を維持しており，福井県の工業および地場産業として一定の地位を保持してきた。2006年福井県工業統計調査によれば事業所数（従業員4人以上）は261で第3位（2005年は297で3位），従業員数は5,410人で第4位（2005年は5,659人で4位）とともに減少したが順位には変化が無かったが，製造品出荷額は737.51億円で（2005年は748.97億円で9位）ついに上位10業種からその他14業種に転落した。

2000年のピーク時と比較すると，事業所数が416から261へ（▲37.2％），従業員数が7,852人から5,410人へ（▲31.1％），製造品出荷額が1,197.98億円から737.51億円へ（▲38.4％）へ減少している。

貿易においても，輸出額では2000年の324.9億円が2005年には165.43億

表2　福井県内　眼鏡各種集計データ

	H2	H3	H4	H5	H6	H7	H8	H9	H10	H11	H12	H13	H14	H15	H16	H17	H18
出荷合計額 単位：億円	1,060	1,157	1,202	1,098	1,044	961	1,010	1,062	1,149	1,181	1,227	1,019	830	779	765	723	699
企業実数	754	725	702	672	666	649	835	854	969	962	935	866	338	331	296	297	261
従業員数（十人）	820	783	780	743	738	696	737	758	863	894	885	794	626	604	584	566	541

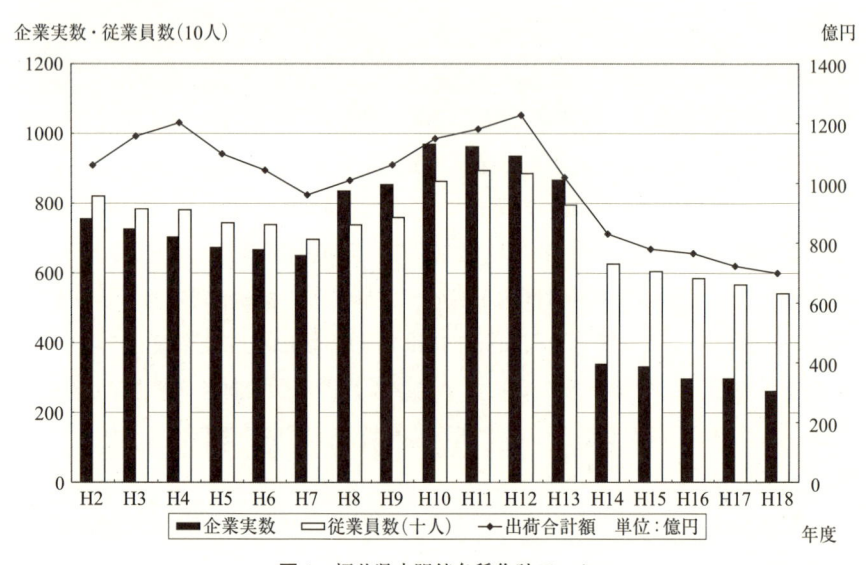

図1　福井県内眼鏡各種集計データ

円へ（▲49%）へ減少，しかし輸入額は117.27億円が198.45億円に（40%）増加している。だが輸出額は2005年から微増に変化している。輸入相手国は中国が72.4%と圧倒的に占めている。また輸出の平均単価2,727円に対し中国からの輸入平均単価は802円である。

　以上述べてきた世界の眼鏡産地と比較しながら福井の産地を考えてみたい。
　先ず従業員数でみてみると，福井の5,410人（2006年福井県工業統計）に対し，中国の200万人を比べるまでも無く総生産数量については，全く太刀打ちできる状況ではない。またイタリアとブランド展開の能力について比べても，イタリアの長い間に集積したノウハウを一朝一夕に覆すこともできない。また国

内市場についても眼鏡界状況の変化でも述べたように，福井の眼鏡業界にとっては一段と悪化しているといわざるを得ない。

第3節　鯖江市にとっての眼鏡産業の位置

(1) 鯖江市眼鏡業界

　福井県の眼鏡産業統計と鯖江市の眼鏡産業統計を比較すると，2005年では工業出荷額は722億円に対し679億円，事業所数366社に対し276社，従業員数5,659名に対し4,949名であり，実際は福井県の地場産業というよりも鯖江市の地場産業というべきである。

　それらの特徴を鯖江市からみてみると，2005年度「鯖江市の眼鏡産業の現況」資料によれば，就業人口35,044人に占める眼鏡産業従事者数は5,596人で15.97％である。

　眼鏡産業従業員数5,596人（平成17年福井県では5,659人）の，鯖江市全工業人口11,387人に占める割合は49.14％である。

　眼鏡関連事業所数601は鯖江市全事業所1,211に対し49.63％である。（ただし県の統計と異なり従業者3人未満を含む，4人以上の事業所数は276）

　眼鏡製造品出荷額679億8,664万円は鯖江市全製造品出荷額1,626億1,573万円に対して41.81％を占める。

　また鯖江市の眼鏡製造品出荷額は1992年の1,144億8,240万円をピークに，2005年の679億8,664万円と約40％減少している（工業統計調査（鯖江市独自集計）より）。

　以上のような数字からも明らかなように，眼鏡業界の衰退は鯖江市にとって，市民の就業と財政上の死活問題といえるほど大きな問題である。

(2) 自治体からの眼鏡業界への援助

　次に福井県と鯖江市の眼鏡業界への産業振興費としては，近年はほぼ同額の

218　第2部　福井県の雇用と東アジア

表3-1　鯖江市の眼鏡産業の現況

【全事業所】

年次	事業所数	従業員数（人）	出荷額等（万円）
1991	894	7,725	10,728,018
1992	887	7,744	11,448,240
1993	860	7,407	10,423,926
1994	826	7,075	9,513,146
1995	815	6,752	8,976,619
1996	815	6,853	9,484,184
1997	852	7,058	9,971,559
1998	833	6,976	9,379,276
1999	819	7,213	9,494,446
2000	800	6,611	9,773,487
2001	746	6,792	8,810,501
2002			
2003	640	5,846	7,052,316
2004			
2005	601	5,596	6,798,664

注：2002年工業統計は，従業員4人以上の事業所のみを調査対象としているため，全事業所の数値は不明。

工業統計調査（鯖江市独自集計）各年共に12月31日現在の数値。（平成17年工業統計調査／鯖江市独自集計）

表3-2　製造業全体に対する眼鏡産業の占める割合（全事業所）

人口（人）	工業人口 a	眼鏡産業従業者数 b	従業者比率 b/a（％）	事業所数 c	眼鏡関連事業所数 d	事業所比率 d/c（％）	製造品出荷額等 e	眼鏡製造品出荷額等 f	出荷額等比率 f/e（％）
68,010	11,387	5,596	49.14	1,211	601	49.63	16,261,573	6,798,664	41.81

工業統計調査（鯖江市独自集計）各年共に12月31日現在の数値。（平成17年工業統計調査／鯖江市独自集計）
就業人口に対する眼鏡産業従事者の占める割合
（資料出典：2005年国勢調査）

人口 A	工業人口 B	就業率 B/A（％）	眼鏡産業従事者数 C	眼鏡従事者比 C/B（％）
66,831	35,044	52.44	5,596	15.97

表4　福井県の眼鏡業界への補助金（単位：千円）

2003	2004	2005	2006	2007	2008
50,491	44,341	35,900	11,500	23,000	62,000

海外眼鏡市場開拓推進／国内眼鏡市場開拓推進／自社企画ブランド開拓推進／デザイン力強化推進
2008年度は福井のめがねフラッグショップ開設支援事業費35,000（千円）が含まれる。

（福井県産業労働部資料より）

表5　鯖江市の眼鏡業界への補助金（単位：千円）

2002	2003	2004	2005	2006
28,900	29,002	26,380	33,907	28,249

県とほぼ同じ内容
2003～2005年度は産地100周年記念事業補助が含まれる。

（鯖江市産業部　ものづくり支援課）

補助されている。福井県からは平均3,300万円であるが，2008年度は東京での《福井291》のアンテナショップの運営費を含め6,200万円の予算が組まれている。その内容は東京とイタリア及び中国での展示会への補助金が約60％，自社ブランド開拓やデザイン力強化への補助として約40％である。鯖江市からは平均2,900万円で展示会補助が約70％を占めている。

　そのほか国の構造不況事業指定などによる事業融資援助などが行われてきた。

　これまでは業界への直接的な補助が中心であったが，今後は産官学による新たな成長を目指す為の費用にも使うべきである。例えば県立大学経済学部に依頼して，市場調査，家計調査からの眼鏡の支払意思額の変化などを調査・分析をするなど，現状分析から今後の発展への道を明らかにするために使用することなども考えるべきである。

第4節　福井県眼鏡産業の新たな成長戦略のために何が必要か

(1) 価格競争力 —— 生産性の向上のもとに

　福井産地にとって現在最も重要なことは価格を考えることである。

　例えば眼鏡フレームの国際価格競争力というと，誰もが「中国に価格では勝てるわけが無い，人件費が全く違う」と答えるであろう。本当にそうであろうか？　例えば2006年の貿易統計から眼鏡フレームの輸出入価格を分析してみると，輸出の平均単価をみると2,727円であり，中国からの輸入平均単価は802円である。単にこの数値を絶対的にみれば802円の方が価格競争力があるというが，福井産地は802円と対抗しようというのではない。

　中国からみれば802円でしか輸出できないのである。福井産地は2,727円までの幅を持った競争力があるのである。もちろん製造者サイドからいうと「今より良いものを作りたい，その為には工程が多くなりあるいは手作業が多くなり高くなる」，「現在より高くなるものを理解し購入する消費者はいない」という従来の考えがまず先に立つ。特に国内市場を主とする眼鏡業界においても同じ状況である。しかし最近の液晶テレビ業界や携帯電話業界の報道でも，市場価格における消費者の購入意思額に合わせられないと，共同開発やOEM委託や市場からの撤退と伝えられているように，真剣に市場の情勢に合わせる努力をしている。確かに国内市場においても，中国からの低価格商品によって市場価格は引き下げの影響をうけているが，中国からの輸入品と価格において完全競争をし，完全に排除しようというのではない。国内市場での福井の眼鏡の価格が国内市場に適した価格で提供されているのかということを考え直すべきである。

　要求される消費市場へいかに適正価格で提供するかという問題を解決するには，生産性の向上と市場への説明が重要である。生産性を向上するには，アッセンブル大企業の生産方式を真似ても難しく，アッセンブル大企業へJITシステムで納入する協力工場の生産方式を勉強すべきであり，その為には地元の大

学などと連携しながら，眼鏡業界の為の生産工程をデータ化し，生産方式を確立する必要がある。市場への説明としては，工場見学をもっと受け入れし，生産工程を説明し，生産性を上げ競争力のある価格を提供する為には，現在の少量多品種では最終的に型代を消費者に転嫁せざるを得ないことを説明し，適正価格で生産するための数量確保に理解を求めるよう努力すべきである。

(2) 使用価値から表現価値への転換 ── ラグジュアリー市場への開発

　品質という点から福井産地の可能性を考えると，日本ならびに先進国の中で生産手段を十分に持っているかと考えると，ドイツ・フランスなどヨーロッパ諸国は生産能力を大幅に減少し，中国での生産に依存している。言い換えるならば，希望する品質のものを製造しようとしても自国の生産手段を持たない国は，中国の製造技術による品質水準に妥協するしかない。もしその品質の差を，代価で埋めようとしても中国の工場が多くの顧客が満足している品質よりも高めることは非常に難しい。

　欧州では唯一イタリアが生産能力を維持しているが，彼らも品質的には中級から上を目指しているものの，その上の高級品質は目指していない。世界の市場には，このような品質の高い製品を要求する企業は多く，その場合その要求に答えられるのは，福井産地だけである。その要求に答えるには，従来の眼鏡枠の機能をベースにする使用価値から表現価値へ発展すべきである。使用価値は説明するまでも無く，眼鏡枠としての基本的価値であり，一定水準のレンズを安定的に保持する機能・装用者に心地よく掛けさせる機能・調和するデザイン機能などが説明される。それに対し表現価値とは，使用価値をさらに高めながら，あらたにより精密で正確な意匠を表現し，より洗練されたデザインを表現するものである。

　既にその要件は貿易統計からも読み取れるように，1900年後半からの輸出額・数量の低下は2005年より横ばいに推移し，その間に2,300円台から2,700円台へ上昇している。また今後は表現価値の高い製品を市場に提供するには，国内市場だけでは足らず，国際需要を求めて，ラグジュアリー市場を開拓すべ

表6　眼鏡フレームの輸出推移（全体）

	1992	1993	1994	1995	1996	1997	1998	1999	2000	2001	2002	2003	2004	2005	2006	2007
数量（千枚）	20,157	16,648	14,195	14,098	13,785	15,165	15,586	15,127	13,625	10,677	10,270	8,457	7,428	6,784	6,775	6,067
金額（百万円）	40,596	35,405	29,985	29,914	28,656	33,314	34,851	33,811	32,490	24,964	22,932	20,199	18,085	15,976	16,278	16,543
平均単価（円）	2,014	2,127	2,112	2,122	2,079	2,197	2,236	2,235	2,385	2,338	2,233	2,388	2,435	2,355	2,403	2,727

出所：財務省『貿易統計』

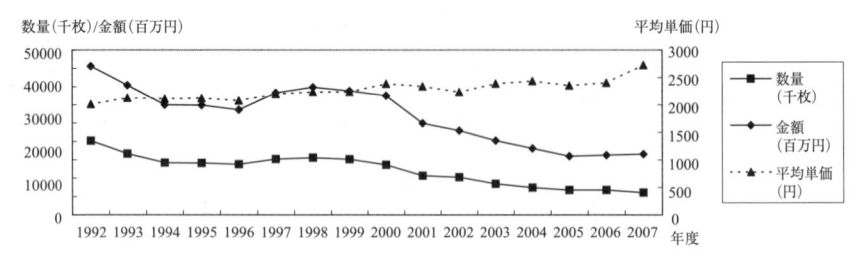

図2　眼鏡フレームの輸出推移（全体）

表7　眼鏡フレームの輸入推移（全体）

	1992	1993	1994	1995	1996	1997	1998	1999	2000	2001	2002	2003	2004	2005	2006	2007
数量（千枚）	5,184	6,599	7,111	7,985	9,521	10,590	9,410	10,375	11,369	14,966	16,525	11,096	12,693	15,200	17,339	19,547
金額（百万円）	5,416	5,360	6,408	6,777	8,783	10,558	10,410	11,472	11,727	13,308	14,456	11,636	11,967	13,859	16,966	19,845
平均単価（円）	1,045	812	901	849	922	997	1,106	1,106	1,031	889	875	1,049	943	912	978	1,015

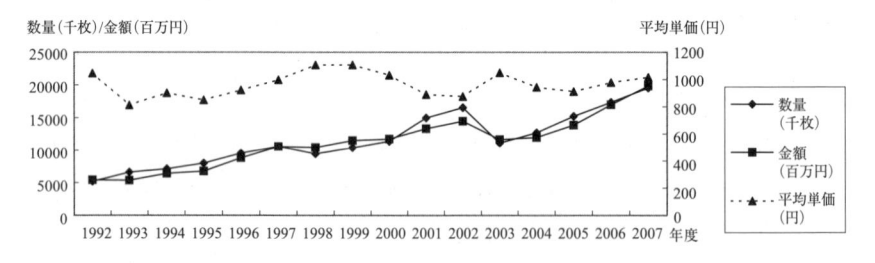

図3　眼鏡フレームの輸入推移（全体）

きである。

　その為には生産工程のデータ化のほかに品質のデータ化を，福井県工業試験場をはじめ，福井大学・福井工業大学・福井高専など官学の協力を得ながら，欧州製や中国製との品質の違いを，市場に対しビジュアルに説明できるようにすべきである。現在品質の差異は，目視によって説明するだけであるが，今後

第 10 章　福井県眼鏡産業の現状と将来　223

表8　眼鏡フレームの輸入推移（うち中国）

	1992	1993	1994	1995	1996	1997	1998	1999	2000	2001	2002	2003	2004	2005	2006	2007
数量（千枚）	348	790	1,379	2,058	3,661	5,189	6,027	6,468	7,034	11,293	13,397	9,025	10,598	13,305	15,611	17,914
金額（百万円）	264	634	937	1,182	2,118	3,659	5,059	5,214	5,080	7,379	8,837	6,590	7,056	8,926	11,484	14,359
平均単価（円）	759	803	679	574	579	705	839	806	722	653	660	730	666	671	736	802

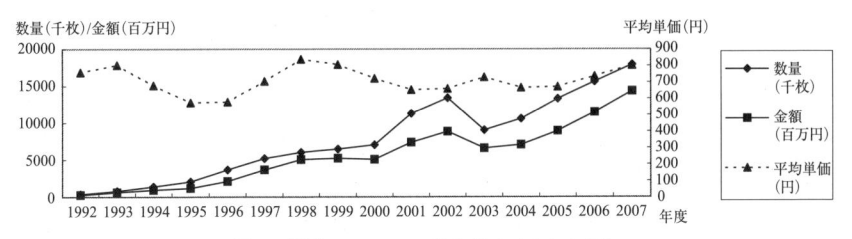

図4　眼鏡フレームの輸入推移（うち中国）

はデジタル計測器によって表現説明できるようにする。100％の表現は出来なくとも，その計測は同時に目指す品質レベルを明確にする効果も期待できる。高付加価値の商品開発を，高品質の商品開発をと言っても，その差異を正確に説明できなければ効果が無い。またその努力は，各企業の個性を明確にし，ハウスブランドの確立に貢献するはずある。

また市場の希望（高いものを売りたい，売らざるを得ない）と要求（安いものが売り易い，よそよりも安く売りたい）に対し，製造側から商品の製造法や特徴及び海外製品との違い・有利性をデータ化して説明の努力をすべきである。

(3) 異業種市場への進出

今日福井県眼鏡界においても様々な企業が企業の得意分野での独自の技術を携えて，異業種の企業と取引を始めているし，さらに新規の取引と拡大を図っている。しかし所謂長期契約関係の確立が難しいのが現状である。その理由としては，地場産業という地理的条件と分業という同一産業界内でのシステムの中で成長してきた為に，他業種とのコミュニケーションにおける共通言語の能力が教育されていない。この場合の共通言語とは，上記でも述べてきたように，生産工程のデータ化と品質のデータ化である。もちろん商業取引であるから，

長期契約関係に至るには取引期間の時間と人間的コミュニケーションも大事であるが，製造・製品・技術の説明にはデータという言語がお互いに一番理解しやすい。

しかし長年の地場産業としての歴史を急激に変化させることは難しいので，この点においても官学の協力と指導が期待される。

むすびにかえて

今回のレポートの目的としては当然福井県の眼鏡産業が今後どのように生き延びるか，あるいはいかに持続的発展が出来るかを考えることである。今回は眼鏡枠製造サイドの資料分析を中心として論じたが，眼鏡枠国内外の消費市場の変化，流通構造の変化などを通じての分析と考察が必要である。また業界の新たな成長戦略を描く為には品質の数値化，新素材への挑戦，技術開発，ハウスブランドの確立，パテント化された特殊構造の開発，デザイン創造など，今回のレポートでは論じることが出来なかった点からの考察もまた必要である。今後はこれらの視点からも再度，データ集積・分析していきたいと思う。

[参考文献]

西崎雅仁・竹内貞雄編（2008）『技術経営の探究』晃洋書房。
中村剛治郎編（2008）『基本ケースで学ぶ地域経済学』有斐閣ブックス。
ふくい産業支援センター「福井県の経済」2006年版。

第3部
福井県企業の東アジア進出
―― 県内企業の訪問調査 ――

2008年4-8月にかけて，葉山滉，服部茂幸，中里弘穂の3名は福井県企業の東アジア進出の実態を調査するために，インタビューを行った。ここに紹介するのは，その結果をまとめたものである。インタビューを行った企業は，セーレン，アタゴ，日華化学，松浦機械製作所，テクニカフクイ，ホリカワの6社である。アタゴと日華化学に関しては，中里がまとめた。他の4社は服部がまとめた。業種は繊維産業，化学産業，工作機械，電気機械産業，眼鏡産業となる。この6社は福井県を代表する製造業企業である。業種についても，福井県の代表的な製造業をカバーしている。

その後9月にはアメリカでリーマン・ショックが起こり，日本の輸出が壊滅的な打撃を受けた。その結果，過去例を見ない製造業生産の落ち込みが生じた。当然，各企業の海外進出の計画も見直されていると予想されるが，リーマン・ショック以前になされた本調査ではそうした問題は，全く扱われていない。

中国など東アジアに工場を建設する企業には，二つの動機がある。1つが製品を販売する市場であり，もう1つが低賃金である。「海外生産を行わない」を含めると3つの型を抽出することができる。

インタビューを行った企業のうち，市場追求型は，セーレンと日華化学である。両社の場合，販路となる市場は，中国の消費者や企業ではなく，中国に進出した日本の企業である。低賃金活用型は，アタゴ，テクニカフクイ，ホリカワである。この3社は，低賃金を利用すると言っても，全ての製品を中国などアジアで生産しようと考えているわけではない。海外で生産するのは汎用品で，高度な技術の必要な製品は，日本国内で生産しようと考えている。また中国における最近の賃金上昇は著しい。低賃金活用型の3社は，この賃金上昇を受けて，生産拠点を移すことも考えている。他方，市場追求型の2社は，賃金上昇に対する危機感はあまりない。低賃金活用型，市場追求型何れの企業も共通して，中国，アジアの工場における離職率は高い。しかもその理由もよく分からないという点でも共通性がある。

さらに松浦は生産を行うのは日本国内で，海外での生産は考えていない。先述したように，低賃金活用型の企業も，高度な技術を要する製品は国内に生産

拠点を残すと考えている。これを考慮すれば，高度な技術を要する工作機械メーカー松浦機械が，国内生産を続けようとするのは，理解できる。

1 東アジア進出企業の事例①―セーレン株式会社―

(1) 会社概要

本社所在地：東京都（港区南青山）・福井市

創業：1989 年

設立：1923 年 5 月

資本金：17,514,640 千円

売上高：単体　66,443 百万円（2008 年 3 月期）

　　　　連結　112,922 百万円（2008 年 3 月期）

代表者：代表取締役社長　川田達男

社員数：1,675 名（2008 年 3 月末）

　　　　（出向者を含み，嘱託・臨時工等は含まず）

　　　　セーレングループ　5,874 名（2008 年 3 月末）

事業内容：
  1. 各種繊維品の染色加工
  2. 各種繊維製品の企画製造販売
  3. 各種化学工業品の製造販売
  4. 各種産業機器の製造販売
  5. 電子部品の企画製造販売

(2) 海外進出の経緯と事業展開

当社は創業 120 年である。当初の 100 年間は下請けの染色加工が主体であった。作られた製品は実際には輸出向けが主体であった。けれども，下請けなので実際にどれだけ輸出されていたかは分からなかった。現在の社長になり下

請けだけでは生き残れないと考え，リスクを負い製品の企画・製造・販売に大きく転換した。またグローバル事業にも乗り出した。現在では関連企業が国内17社（連結対象13社），海外は8社（連結対象7社）である。表1-1では海外の連結子会社を示している。

　天然繊維から合成繊維まであらゆる製品を加工しているという意味でも，売上の3分の1が衣服事業，残りの3分の2が電機産業，自動車産業，バイオメディカルといった産業用繊維という意味でも総合メーカーである。また一貫生産体制を確立し，無駄をなくしている。

　初めは糸の委託加工だったのが，糸の販売，製品の販売，自社ブランドでの販売，最後はパーソナル・オーダーと変化してきた。今ではITを活用した「ビスコティック・システム」によって多品種，少量，短納期の生産ができている。しかし，繊維の特徴は新しいビジネス・モデルができても，古いモデルが無くならないことにある。

　20年前は付加価値のつかない生産は外注に回すというのが，普通の考えであった。しかし，当社は内生による一貫生産体制を作ることに努めた。この努力があった結果，要求の厳しい，自動車内装材，エレクトロニクス，バイオメディカルの分野に事業を拡大することができた。

　海外戦略として世界の各市場向けに生産基地を置くことにしている。初めから海外で安く生産したものを逆輸入するということは考えていなかった。中国進出に関しても，同業他社よりも非常に遅かった。また海外進出の始まりは，自動車メーカーに資材を供給することであった。自動車内装材では，国内自動車の40％程度のシェアである。自動車会社の海外進出とともに，当社も海外に進出することになった。その意味で確実なマーケットが初めからあった。海外企業は100％子会社を基本としている。自動車会社の納期は厳しい。生産に外注を入れて要求を達成することはできない。また他社の資本を入れて的確な経営はできない。ただ今後は合弁も考えている。

　さらにビスコティック（当社が開発した繊維製品のデジタルプロダクションシステム）でファッションに対応したシステムを海外の自動車製造基地にも展開し

表1-1　セーレン株式会社　海外子会社生産概況

場所	アメリカ	タイ	ブラジル	アメリカ
会社名	Seiren U.S.A Corporation	Saha Seiren Corporation	Seiren Produtos Automotivos	Viscotec U.S.A
設立	1986年10月	1994年12月	1996年10月	1998年9月

場所	アメリカ	中国	アメリカ
会社名	Viscotec Automotive Products	世聯汽車内装有限公司	Viscotec World Center
設立	2001年12月	2002年12月	2004年7月

出所：『有価証券報告書』

たいと考えている。最終的には全世界にこうして生産基地を作りたいということであった。現在は日本，北米，南米，東南アジア，中国，ヨーロッパの6拠点制である。海外子会社の売上は急速に増加している。

(3) 海外拠点の位置づけと経営戦略

　図1-1は2007年度の事業別売上高を示したものである。売上高では半分近く，営業利益では3分の2が自動車関係である。ファッション関係は売上では3分の1，営業利益では1割程度である。繊維と言っても，衣服ではなく，産業用，特に自動車関連が中心である。

　図1-2は2004年度からの日本国内と外国の売上高と営業利益の推移を示したものである。外国での売上高は，2003年度以前は全体の10％未満で，『有価証券報告書』に記載されていなかった。06年度にはアジアでの売上高が全体の10％に達し，記載されるようになった。図1-2を見ても，ここ最近で海外，特にアジアの売上高が増加していることが分かる。

　当社は輸出よりも，海外子会社の生産が圧倒的に大きい。海外子会社は現地企業への販売がほとんどを占める。生産の管理は，現地にあった管理ができるので，現地の人間を使う。現地に進出している日系ファブリックメーカーとセーレンの関係は，国内と同様である。価格，品質に関して国内同様，他社と競争している。

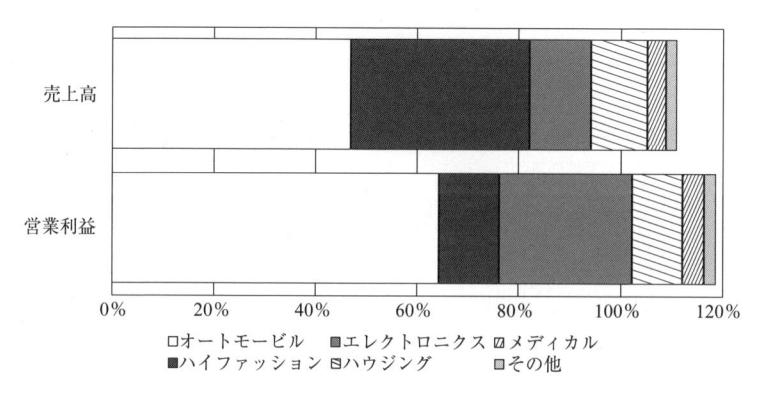

図 1-1 売上高と営業利益の事業別シェア（連結）(2007 年度)
資料：『有価証券報告書』
注：内部売上高もあるので、総計は 100％にならない。

　繊維はナイーブで，原糸が変わると，同じ織物，編物でも，極端な場合には，同じ染め方でも，同じ色が出ない場合がある。そこで同じシートを作る場合には同じ糸を同じ条件で染色し，再現している。日本と同じルートで糸は供給している。

　今，海外の製造・販売の拠点は 4 カ所である。アジアではタイに 1994 年に進出した。

　中国への進出は同業他社と比べて，非常に遅い。「勇気を持って進出しなかった」そうである。繊維業界で中国に進出した企業は多いが，あまり成功したという話は聞かないということである。けれども，日本の自動車メーカーも中国をマーケットとして考えている。ジャスト・イン・タイムで製品を供給するためには，近くに生産拠点が必要である。繊維メーカーはこれまで中国を生産の拠点として，マーケットとは別に考えていて失敗した部分もあった。しかし，日本メーカーの大きな市場への供給拠点と考え，2002 年に進出した。

　他の繊維メーカーは中国も賃金が上がっているので，次にベトナムやタイを考えている。しかし，何れはこれらの国でも賃金上昇が生じるであろうと，当社は考えている。

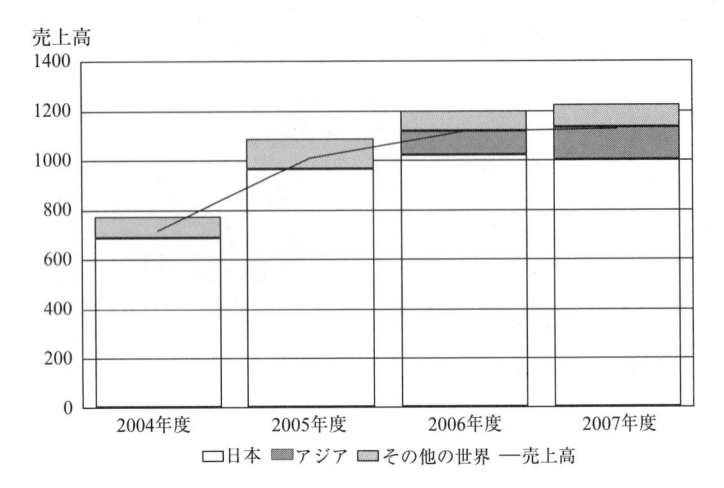

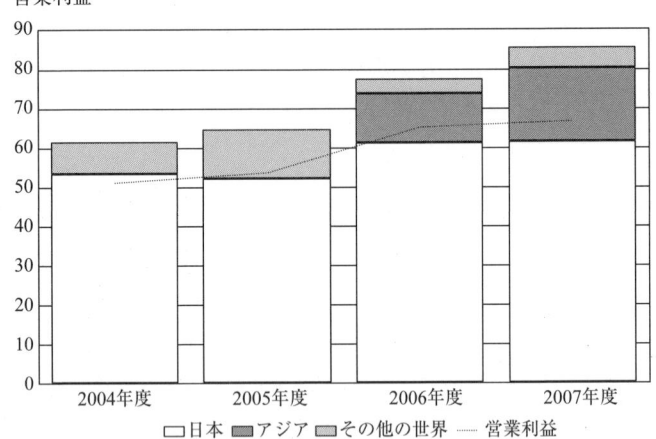

図1-2 セーレンの国内と海外の売上高と営業利益（連結）（2004年度-07年度）

資料：『有価証券報告書』
単位：億円
注1：内部売上高もあるので，総計は一致しない。
注2：2004年度，05年度のアジアはその他の世界に含まれる。

(4) 技術力の蓄積と人材育成

　タイでも他社の給料が高ければ，すぐ転職する。しかし，引き抜かれないようにするために，昇級させるわけにもいかず，苦労している。駐在員は3-5年でローテーションしたい。駐在員はそれほど送り込めないので，現地の生産課長クラスは現地のスタッフが育って欲しいと思っている。しかし，定着率が低いので，なかなかうまくいかない。日本の終身雇用型の考え方は定着していない。

　タイでは工場の品質の向上に関しても日本のようにいかない。例えば，エアバックの縫い目がちょっとでも破けていると日本では欠陥になる。しかし，その原因を追及しようとしても，人の悪いことは言わないという意識があり，欠陥の原因が最後まで分からない。改善提案をタイで行おうとしても，なかなか改善提案が出てこない。例えば，工場では女性従業員が夜縫製をしている。その時に，来ない人がいるらしい。しかし，日本人が確認に行くと，女性従業員を信じないのかということで，問題になる。そのため，確認ができない。

　このようにタイや中国でも国民性の違いで苦労している。

　日本では「見つけました運動」を行い現場で不具合を見つけるようにした。その結果，5分の1に不具合が減った。日本は，賃金はオペレータの水準でも，意識はオペレータの水準ではなく，高い。しかし，アメリカでもオペレータはオペレータとして雇われているという意識があり，日本のようには行動しない。アメリカでも日本でセーレンが行っているような生産ができれば，品質その他の点でナンバー1の繊維メーカーになれるが，労働者の意識の違いがあるので，それは難しい。

　社員の中には中国人はいるが，タイ人はいない。セーレン流の技術スタッフとして育てていきたいので，中国人は年に1人2人でも採用したいと考えている。

(5) ヒアリング調査からの考察

　中国への進出は大別して，低賃金活用型と市場追求型の2つがあると言える。

セーレンの場合には，中国やタイへの進出は市場追求型であると言える。しかし，セーレンのターゲットとする顧客は，現地に進出した自動車工場である。売上高・営業利益のシェアからの大きさからも分かるように，セーレンは自動車関連の繊維が中心である。したがって，顧客の自動車会社との関係で海外生産の方向性が決まるのは理解できる。また販路が確保されているという意味では堅実と言える。

国民性の違いから日本と同じような生産ができない，離職率が高いということは，他の企業と同様の悩みであろう。しかし，進出の原因が低賃金目当てでないために，中国の賃金上昇に関しては，比較的危機感が薄い。

2 東アジア進出企業の事例②—株式会社アタゴ—

(1) 会社概要

本社所在地：福井市
創業：1928年9月
設立：1962年5月
資本金：48,000千円
売上高：7,734百万円（2007年4月期）
代表者：代表取締役社長　愛宕泰男
社員数：256名（2007年4月）
事業内容：ニットテキスタイル・ニットアパレルの製造販売

(2) 海外進出の経緯と事業展開

㈱アタゴの創業は古く，1928年に軍手・軍足などの手横編製品の製造販売からスタートした。その後，生地編立から縫製までの一貫生産方式によるメリヤス肌着の製造により成長し，現在ではインナーからアウターまでのトータルニットファッションメーカーとして高い評価を受けている。製品は全て，レナ

表 2-1 ㈱アタゴの中国進出

	青島藤華服装有限公司	青島愛達高有限公司	愛宕上海国際貿易有限公司	青島雅麗娜服飾有限公司
所在地	山東省青島市	山東省青島市	上海	山東省青島市
設立	1996年	2002年	2004年	2007年
従業員数	966人	742人	8人	250人
駐在員数	2人	3人	0人	
製造品	ニット縫製	ニット縫製	販売・営業	ニット生地製造

出所：同社提供資料より作成

ウン，ワコール，アディダス，デサントなどの一流メーカーに OEM 提供されているので，消費者がアタゴブランドの製品を手に取ることはない。

同社の海外進出は，1996年中国の山東省青島市が最初である。中国や台湾製の安価なニット製品が輸入されコスト競争が激しくなっている中で，古くからの取引先である伊藤忠商事㈱が，紡績から生地生産，縫製までを一貫して製造し日本に輸出するプロジェクトを企画した。その進出先として青島市が選ばれ，紡績，染色，生地生産を担当する企業として近藤紡㈱が，縫製を担当する企業として同社が誘われた。青島市は青島ビールで知られるが人口730万余り，港，空港のほか高速道路網も整備され経済発展も著しく，日本企業も多数進出している都市である。同社にとって初めての中国進出であったが，伊藤忠商事のプロジェクトに加わる形を取ったため，工場用地の賃借や事業開始にかかわる許認可手続き等の煩雑さは，軽減されたとみられる。

その後，2002年に同じ青島市に2番目の生産拠点を立ち上げ，07年に生地生産も行なう3番目の拠点を開設した（表2-1）。更に04年に中国市場での販売を目的とした商社機能を持つ会社を上海に設立している。進出当初は，紡績，生地生産と縫製という役割分担に基づき，共同受注を図るという事業展開であったが，進出から10年を経てプロジェクトの枠内での事業には限界があり，自由に生産できる自社拠点を持つに至ったとのことである。

(3) 海外拠点の位置づけと経営戦略

　同社の場合生産量でいうと約7割が中国になる。日本国内で原糸を調達し，本社工場で生地を編み上げる。敦賀などの港から青島の工場へ運び，縫製して製品となる。デザインや縫製の図面はインターネットを通して日本から送る。完製品は，青島から船便で神戸・名古屋・東京など取引先の倉庫に直接運ばれる。製品は現在のところ全て日本に運ばれ，日本国内で販売されるために高い品質が求められる。そのために品質管理には注意を払い，当初は全て日本で検品していたとのこと。次に日本人駐在員が検品に当たるとともに，現地スタッフの指導をし，現在は現地スタッフで検品を行なうことができるようになったそうだ。07年に立ち上げた生地製造の拠点は，まだ生産能力も低く現状では生地を日本から輸出し，中国で縫製加工し日本に逆輸入するという形を取っている。

　縫製加工という労働集約型の生産においては，中国の人件費の安さは不可欠であった。中国の経済発展に伴い最低賃金の上昇が著しい中，同社は人件費の上昇についてどのように考えているのであろうか。「当社が一番最初に進出した1996年当時の給与（月給）が600元か700元，今は900元位なので上がったといっても2倍にも3倍にもなったわけではない」とのこと。月々の給与以外に賞与（約1カ月分位）や社会保険等の負担は日本に比べて少なく，コスト面でのメリットはまだ大きいということである。

　市場としての中国は，どのように見ているのか。人口から考えても中国市場の魅力は大きく，将来的には中国で生地を製造し，現地のアパレルメーカーに販売していきたいとのこと。そのために伊藤忠プロジェクトから離れ，自社独自の生産ができる3番目の拠点を立ち上げた。生地だけでなくニット製品も中国市場で販売することを視野に入れている。中国市場開拓のためには独自の販売ルートの確保と中国市場にあったデザインの開発が課題であると考えている。国内生産はどうなるのであろうか。当初は企画開発部門だけを残し，製造部門は全て中国に移管する形を考えていた。3社あった協力工場も現在は本社と丸岡町のみに縮小した。一方でリードタイムの短い製品や高品質の求められ

る特注品の製造は国内に残るという。最近は，リスク管理という意味においても，やはり国内の生産はなくすことはできないとの見方になってきているそうだ。

(4) 品質管理と人材の育成

　同社は自社製品の競争優位性を品質の高さに置く。その意味で現地従業員の育成には力を注いでいる。少子高齢化の進む日本で中小製造業は，従業員の採用が厳しいと聞く。中国での採用事情はどうか。1996年当時，100人の募集に1,000人もの応募者があったそうだ。製造担当者の募集にもかかわらず，大卒の人も含まれ，その当時採用した現地従業員は今では幹部として活躍しているという。その後外資系企業や日系企業も多数進出し，現在は96年当時に比べると応募者のレベルは数段下がったと思われるが，まだ募集人員に対して数倍の応募者があり採用にはあまり苦労していない。離職率は年間20％位で設立当初からほぼ一定である。

　縫製という仕事は従業員の技量により，品質や生産性が大きく変わってくる。同社では固定給を低く抑え，歩合給を取り入れることにより現地従業員の技術向上を図っている。技術の高い人と低い人では，給料の差は軽く2倍を越すという。更にインセンティブとして研修員制度を活用し，優秀な従業員は日本で3年間研修をさせるということでモチベーションを高めている。現地従業員に欠けているのは生活環境の違いがもたらす品質に対する感覚の差で，日本での研修修了者には検査業務などを担当させるという。然るに日本語を身につけ，品質管理を学んだ従業員は他の企業からも誘われる魅力的な人材であり，帰国後転職されることが多いのも悩みの種であるとのこと。

　福井県での採用はどうか。企画開発部門の充実という意味では，大卒技術系の人材が求められるが，この部分の採用が2, 3年前から本当に厳しいとのこと。その中で日本に留学している中国人留学生の応募があり，昨年は大学院卒を2人，今年は1人を採用した。日本人の新卒者と同じ待遇で同じように仕事を覚えてもらうが，将来は中国の会社の経営幹部として活躍できるように育っ

てほしいと期待しているそうである。

(5) ヒアリングからの考察

中国に進出したものの，人件費の高騰や定着率の悪さから内陸部や他のアジア諸国への生産拠点の移転を考えている日本企業が少なくないと聞く。その中で㈱アタゴは青島市にこだわり，3拠点を展開している。これは同社の製品の流れと深く関わる。同社の場合日本で生産したニット生地を船便で輸出し，完成した製品を船便で神戸・東京等に送るので，港湾都市での立地が不可欠になる。青島には関西空港からの直行便があり[1]，出張の便もよい。

上海など沿海部において最低賃金の上昇が著しい中，青島地区の賃金状況は上海地区の3分の2程度と低い（JETROレポートによる）。同社にとってはよい地域選択であったといえるが，情報や資金力の不足する中小企業がはじめて海外進出をする際に，経験豊富な大手商社のプロジェクトに加わる形を取ったことが大きいと思われる。現地従業員の育成の面でも歩合給を取り入れたり，日本での研修をインセンティブとしているなど工夫することで，定着率を高めている。

同社にとっての課題は何か。一つは原材料の高騰に対する対応である。OEMという生産方式であるので価格転嫁が難しいため，内部コストのいっそうの引き下げが求められている。そのためには中国で原糸を調達し，生地生産を増やす必要があろう。もう一つは品質の向上で，高品質の製品を中国で生産できるようにすることであるという。

今後の課題はあるものの，㈱アタゴは中小企業の中国進出がうまくいっている一つのパターンと考えられないであろうか。

---

1) 中国東方航空　毎日運航

3 東アジア進出企業の事例③—日華化学株式会社—

(1) 会社概要
本社所在地：福井市
創立：1941年9月
資本金：2,898,545千円
売上高：32,635百万円 (2008年3月期)
代表者：代表取締役社長　江守康昌
社員数：連結1,057名 (2007年9月)
事業内容：
1. 繊維工業用界面活性剤の製造・販売
2. 金属・農薬・製紙・塗料・合成樹脂用界面活性剤の製造・販売
3. クリーニング・業務用洗剤の製造・販売
4. 化粧品・医薬品の製造・販売

(2) 海外進出の経緯と事業展開
　日華化学㈱のグループ企業は、日華化学㈱と連結の子会社12社から成り立つ。国内に2社、海外は中国に4社、他に台湾、韓国、タイ、インドネシア、アメリカ、ベトナムと展開している。主力の事業は界面活性剤の製造販売で、50％ぐらいが繊維関係になる。福井でスタートした会社であるので、繊維関係が一番コアな事業といえる。他に紙パルプ、金属加工、化粧品、ハウスホールド (クリーニング・業務用洗剤) の分野もあり、繊維、クリーニング、情報記録材料の分野での日本国内のシェアはナンバー1に近いであろうとのこと。
　海外進出は1968年の台湾日華が最初で、繊維の界面活性剤を生産している。福井県の繊維業界が、台湾や韓国経済の発展による繊維製品の需要増と、安い人件費を求めて海外展開を進めたことに合わせ、同社も台湾に進出した。その後71年に韓国、74年にタイ、75年にインドネシアと海外展開を進める。主

表3-1　日華化学株式会社　海外関係会社概況

国名	台湾	韓国	タイ	インドネシア	アメリカ	香港	中国	中国	中国	ベトナム
略称名	NTW	NKR	STC	INKALI	NUS	HNC	GNC	NSC	NSC	NVN
会社名	TAIWAN NICCA CHEMICAL CO. LTD.	NICCA KOREA CO., LTD.	SIAM TEXTILE CHEMICAL CO. LTD.	PT. INDONESIA NIKKA CHEMICALS	NICCA U.S.A. INC.	HONG KONG NICCA CHEMICAL LTD.	GUANGZHOU NICCA CHEMICAL CO., LTD.	ZHEJIANG NICCA CHEMICAL CO., LTD.	NICCA CHEMICAL TECHNICAL SOLUTION CENTER CO., LTD.	NICCA VETNAM CO., LTD.
設立	1968年	1971年	1974年	1974年	1988年	1988年	1993年	2002年	2002年	2004年
場所	台北市	ソウル特別市	バンコク	カラワン	サンフランシスコ	香港クワイチャン	広東省広州市	浙江省杭州市	上海市	ビエンチャ市
人員数（人）	85	79	77	77	36	14	69	83	27	19
出向者（人）	3	2	4	4	5	2	2	8	3	2
技術研究者（人）	18	14	7	6	3	0	6	8	21	3

出所：同社提供資料より作成

力は繊維用界面活性剤で，ハウスホールドや化粧品などの事業はあとからスタートした（表3-1）。

　現在のビジネスの中心は圧倒的に中国であるが，タイやインドネシアなどは自動車用資材など中国とは違った意味で繊維に力を入れているとのことである。タイ，インドネシア，中国など人口の多い地域，更に今発展途上のベトナムなどが繊維生産では活況を呈している。生産拠点は置いてないが，販売ではインド，パキスタン，バングラデシュ，トルコあたりにまで広げている。もちろんヨーロッパでも販売しているそうである。

(3) 海外拠点の位置づけと経営戦略

　同社の売上は海外で45％，国内が55％であるという（図3-1）。全製品がBtoBであり一般市場では販売していない。海外の子会社に対して原料を輸出する形も多いので，製品の輸出と考えると輸出割合は半分以下になる。同社が海外子会社を設けるのは，安い労賃で製品を作り日本に逆輸入する目的では一切ないという。完全にその地域の繊維産業を一緒に育てるつもりで進出してお

(A) 国内外別

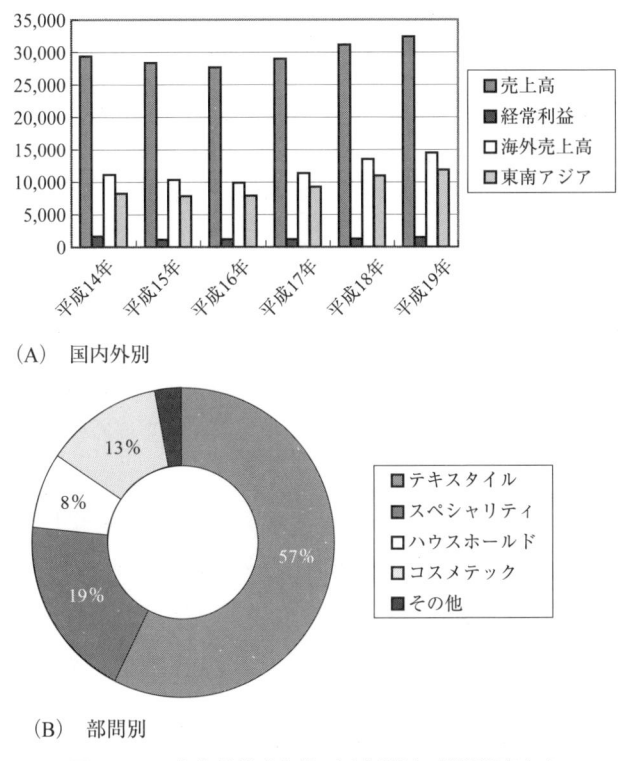

(B) 部門別

図3-1 日華化学株式会社 国内外別・部門別売上高

り，生産品はその国内で消費するか周辺国に輸出するとのことである。それぞれの地域には日系企業や福井県の繊維産業も進出しており取引もあるが，福井県の進出企業や日系企業との取引がメインというわけではなく，あくまで現地企業としてビジネス展開をしている。

現在，繊維産業は中国市場が伸びており同社もそれに呼応して，中国での生産量を増やしている。中国での現地生産は，88年香港，93年広州，2002年浙江省と展開し，2008年1月に浙江省の工場を増設し生産規模を3倍に拡大した。中国でも繊維用界面活性剤を中心に生産しており，それ以外の分野は取り組み始めたばかりである。

先進国における繊維産業の衰退に関しては，「日本でも繊維産業はなくなる

表3-2　日華化学（株）　海外売上高の推移　　　　　連結（百万）

	平成14年	平成15年	平成16年	平成17年	平成18年	平成19年
売上高	29,375	28,344	27,682	29,009	31,130	32,400
経常利益	1,651	1,123	1,200	1,212	1,251	1,486
海外売上高	11,093	10,336	9,853	11,362	13,504	14,443
東南アジア	8,232	7,838	7,898	9,244	10,920	11,831

出所：同社提供資料より作成

わけではなく，高度なものに転換している。技術を高め付加価値の高いものを生産していくことが一つと，産業資材という分野で勝負していくことが二つ目」とおっしゃるように，市場が縮小する中でシェアを高めることでの勝ち残り策を考えている。

　同社が最初に海外進出してから，40年近く経ち環境も変化した。衣料用の繊維で言えば生産がどんどん工賃の安い地域に移動している。それに対応して同社もエリアを拡大してきたが，価格競争だけでは生き残ることは難しく，高付加価値を持った製品を作るところに変化してきている。産業資材においても同様に，防炎性であるとか光に対する退色性が少ないとか付加価値を持った製品が求められている。同時に現地のローカル企業，中国なら中国の現地企業が育ってきているので競争がいっそう激しくなってきているとのことである（表3-2）。

(4) 技術力の蓄積と人材育成

　高付加価値製品の製造は，技術開発力の向上と深くかかわる。海外に生産拠点を移すことで国内の開発力が低下することはないのだろうか。

　同社は付加価値を高めるためには，顧客のニーズを知る必要があると考える。日本製のものがすべてよいという考えは過去のもので，中国なら中国の市場に合った製品を開発する必要があるのだという。そのために2002年上海にソリューションセンターを設立した。これは，本社の研究所の出先研究所で，中国及びアジア市場の繊維を研究して，市場にあった製品の供給を目指した開

発を行っている。

　進出した地域での経営についてはどのように考えているのであろうか。同社は，技術面において中国企業との合弁は考えていないという。台湾に進出以後40年をともにやってきた。台湾についても韓国にしても，現地の会社は現地の人が運営していけばよい，製品開発も積極的にやってくださいという考えでいる。

　特に中国政策では，台湾の会社と日華化学が共同で出資して中国の会社を経営する形を取っている。中国の会社を日本人が経営するのは，言葉の問題のほかフード，文化，メンタリティ等難しさが存在する。そこで台湾の企業の力を借りて一緒に中国の会社をマネジメントするという形をとっているそうだ。このことはここ10年の大きな変化になるという。

　現地の会社は，現地の人に任せるとの方針の下，任せるに足る人材は採用できているのだろうか。現地での優秀な人材の採用は同社にとっての課題であるようだ。台湾や韓国の会社は進出以降長い年月が経ち，当初は小規模からスタートしたので，当時の新入社員が社長となり経営している。中国やインドネシア，タイの会社にも，現地に経営できる人材がいるかというと難しい状況である。一つには現地の人がどんどん経営してくれればよいとは言いながら，赴任している日本人スタッフが現地経営者を育てるというサポートができていないという問題。もう一つは報酬の問題で，日本国内の会社との関連で欧米の会社のように業績に応じた高額の給与はなかなか支払えない事情があることだ。

　現地従業員の教育については，現在は派遣している日華化学の社員が行なっている。現地の幹部を育て，その人たちが新しく採用した従業員の教育ができるようにするために，今一生懸命取り組んでいる。採用については，大手企業，外資系企業に流れ，良い大卒人材が取れないのが悩みであるという。その様な状況の中で，福井に留学していた中国人学生が日華化学に入社し，日本国内で営業を経験してもらった後，現地で営業部長として活躍している例が出ている。まだ積極的には動いてないが，将来を見据えて留学生を採用して育てるという流れはぜひ作りたいとのことである。

(5) ヒアリング調査からの考察

　日華化学は，福井県企業の中でも早い時期にアジアへ進出した企業の一つに数えられる。同社の海外進出の目的は，コストを削減し低価格の製品を逆輸入する為ではなく，取引先である繊維製造業の進出に伴った現地での製品提供にある。繊維用界面活性剤の製造というコア技術を持つことが同社の強みであり，基本的な考え方は現地のニーズにあった製品を現地で開発し，現地で販売または近隣地域へ輸出することにある。これは同社の製品が消費財ではなく生産財であることも大きくかかわっている。日華化学本体は，海外のグループ企業への原料の提供や技術指導料などで利益を上げており，互いにWin-Winの関係を作り上げているといえよう。

　先進国での繊維産業の衰退や，より安い労働コストを求めてアジア地域での繊維製造業の移転が見られる中で，同社はより高い付加価値を持った製品の開発と繊維以外の分野への事業拡大を進めることで生き残る道を模索している。そのような状況の中，現地の人材育成にはご苦労があるようで，現在は日本から社員を派遣し，技術指導や人材育成に当たらせている。早く現地の人材に指導や経営を任せたいという考え方はあるようだが，特に近年生産を増加させている中国の現地企業では採用競争も厳しく，大卒の優秀な人材が採用できないという悩みを抱えている。

　ヒアリングを終えて，永年築き上げてきた海外展開のゆるぎない強みを感じた。進出先の経済状況の変化に右往左往することなく，自社の強みと方向性をはっきり持っている企業の自信であろうか。その一方で人材育成に関するご苦労は多いようで，今後いかに現地の人材を育成するかが，海外グループ企業の発展の鍵を握ると思われる。

4 東アジア進出企業の事例④―松浦機械製作所―

(1) 会社概要

本社所在地：福井市

創業：1935年8月

創立：1960年9月

資本金：90,000千円

売上高：172億6,600万円（2007年度／輸出比率64.5％）

代表者：代表取締役社長　松浦勝俊

社員数：289名（2008年3月末）

事業内容：
1. 工作機械（マシニングセンタ）製造，販売
2. 金属光造形複合加工機製造，販売
3. CAD/CAMシステム販売各種繊維品の染色加工

(2) 海外進出の経緯と事業展開

　工作機械は英語で「マザー・マシン」と言われているように，物作りの基礎となるものである。日本の物作りが優秀であると言われるのも，そのかなりの部分が工作機械が優秀であるためである。日本の工作機械産業は，2007年で1兆5,900億円を売り上げ，世界第1位であった。これで世界第1位の売上が26年間続いている。このうち輸出は8,920億円である。半分以上が外国で販売されている。輸入は726億円にすぎず，圧倒的に輸出超過である（経済産業省『ものづくり白書』2008年版，表157-1，182ページ）。日本の工作機械の売り上げは国内の自動車産業の売上と同調している。日本の工作機械の成長は，自動車産業に支えられていたのである。

　世界的に見ると，最近は中国が成長している。ヨーロッパではドイツが強い。イタリアもユニークな機械を作っている。アメリカには昔は名門があったが，

表4-1　松浦機械製作所　海外関連会社

設立年	会社名	国
1988年	エリオット・マシナリー	カナダ
1991年	マツウラ・テクニカル・センター	イギリス
1993年	マツウラ・マシナリー	ドイツ
2001年	マツウラ・ヨーロッパ GmbH	ドイツ
2002年	MMTS社	アメリカ

M&Aによって解体された。

　当社の2007年度の売上173億円は過去最高である。しかし，日本の工作機械産業のシェアでは1％程度である。工作機械は景気の波を非常に受ける産業である。工作機械のメーカーは大きくするとつぶれるというのが創業者の考えであり，従業員300人の中で事業を行うということである。従業員は基本的に会社から半径30キロメートル範囲内に居住する人である。この意味では極めてローカルな企業である。

　しかし，高速主軸搭載マシニングセンタ（1986年），無人運転対応5軸マシニングセンタ（1998年）などを開発し，「高速加工のマツウラ」は世界に知れ渡っている。この意味ではグローバルな企業であり，売上も7割近くが海外である。また輸出は円建てで行っている。

　コストを削り，安値で販売するのではなく，顧客の要望に応え，付加価値をつけて販売することを目指している。

　海外の関連会社は5社である（表4-1）。従業員は全部で150名程度である。工作機械はアフターケアが必要である。日本から全部行うのは大変なので，代理店が現地に必要である。また現地のオペレータと会話ができなくてはならない。そのため，基本的には1国1代理店制度をとっている。代理店も含めて，計24カ国に販売網を築いている。よい代理店は製品販売のために不可欠であるので，大事にしている。

　アメリカが最大の輸出先である。ここにはメソッドという大きな販売代理店がある。このメソッドとは，お互いに創業者から3代にわたる人事交流がある。

(3) 海外拠点の位置づけと経営戦略

　生産は福井市の本社の工場と越前市の工場で行っている。かつてはイギリスにも工場を作っていた。しかし，顧客はメード・イン・ジャパンの製品が欲しいということと，工場を作ってすぐにポンドが上昇したことによって，うまくいかなかった。そのため，すぐに撤退した。しかし，F1ビジネスに当社の機械が入るなど，ビジネスとしてはプラスになった。ホンダF1レーシングチームにも7台採用されたことは，雑誌にも掲載されたそうである。

　海外に工場を設立し，生産を行う計画はない。

　販売先としては，アメリカが最も多い。スペースシャトルの燃料タンクはリチウムアルミニウムという特殊な材料を使っている。これも当社の機械で製造している。

　ヨーロッパではオランダのレゴブロックのベース，スウェーデンのゴディバのチョコレートの金型，スウェーデンのノキアの携帯電話関連などの製造にも当社の機械が使われている。

　欧米と比較して，アジアに関してはあまり進出していない。シンガポール，マレーシアは若干あるが，中国では日本の進出企業にもなかなか採用されていない。ただし，中国の産業は当社の機械を必要とするほどの精度はまだないということである。

　アメリカ，ヨーロッパなどに市場を分散させることが，基本的な経営方針である。また工作機械はあらゆる産業のベースであるので，産業をセレクトして，次に伸びる産業にあわせた機械をつくればよいと考えている。

　現在，日本の企業はアジアに進出し，製品を作るようになっている。それでも，中核的な部品に関してはしばしば日本で作られている。その背景には優秀な工作機械がある。アジアの人々も日本製品にあこがれを持っているということである。

(4) 技術力の蓄積と人材育成

　従業員は基本的に福井の人である。高校生に関しては，高校が推薦した人を

採用しないと，翌年からその高校からの反応が鈍くなる。それで，推薦してきた人を採用している。従業員は資格を取ることが，企業文化になっている。インタビューに応じてくれた人は給料は高くないと話すが，それでも定着率は非常に高い。給与体系は，研究・製造全て同じということである。技術志向の強い会社では，技術系の給料が高いのは普通である。しかし，当社では，技術系の給料も他と同じである。それでも流行の成果主義は入っている。ただし，実際にはその運用は難しいということである。

(5) ヒアリング調査からの考察

松浦機械製作所は，中小企業であるが，工作機械の分野では世界でも有数の優良企業である。このような技術志向型の企業は，優秀な人材を日本(現在では広く世界)から集め，研究・開発をしていかないと生き残れないと思うのが通常であろう。しかし，従業員のほとんどが地元の福井県出身であるという極めてローカル色の強い企業である。松浦機械製作所は，福井県にとって貴重な企業であると言える。

また世界の各地に輸出しているという点では，グローバルな企業であると言える。しかし，今回，ヒアリングした他の企業と異なり，生産拠点を海外に移すということは全く考えていない。ここに高度な技術を必要とする工作機械の特性が現れていると言える。また輸出に関しても，アメリカ，ヨーロッパが中心で，アジアはあまりない。この点でも他の企業と異なっている。

松浦機械製作所はグローバル展開を行っている企業であるが，その海外戦略は，輸出中心，欧米中心という点で今回取り上げた他の企業と大きく異なる。

5 東アジア進出企業の事例⑤—株式会社テクニカフクイ—

(1) 会社概要
　本社所在地：越前市

創立：1973年1月（1970年10月オーディオ・テクニカ福井事務所として創業）
　　　（オーディオ・テクニカの創立は1962年4月）
資本金：5,000千円（オーディオ・テクニカは1億円）
売上高：13,076百万円（2008年3月期）
　　　　（オーディオ・テクニカは28,678百万円）
　　　　光ピックアップ　48.2％，ワイヤレスマイクロフォン　10.3％，
　　　　赤外線マイクロフォン　4.6％
代表者：代表取締役社長　松下秀雄
社員数：225名（2007年9月）
　　　　（オーディオ・テクニカは，国内関連会社を含み715名）
事業内容：音響・映像機器製造

(2) 海外進出の経緯と事業展開

　テクニカフクイはオーディオ・テクニカ・グループの1企業である。1970年にオーディオ・テクニカのフクイ事務所として創業されたが，73年に独立した。現在はグループの製造を担当する。営業機能は持っていない。
　創業者は越前市の出身で，酒屋の息子であった。裕福な家庭に育ち，音楽に興味があり，自宅にも蓄音機などがあった。けれども，レコードの音に物足りなさを感じていた。改善するためには，カートリッジを代えればよいが，よいものが見あたらない。そこで自分で作ろうとして始めたのが，オーディオ・テクニカである。今でもテクニカフクイも，オーディオ・テクニカも株式の大部分は社長が保有している。
　創業者は画家を兄弟に持ち，音楽評論家にも知り合いがいた。その関係でオーディオ・テクニカのカートリッジを雑誌に載せてもらえることができた。一時期は世界のカートリッジの8割のシェアを占めるという時代もあったということである。
　今の主力商品は光ピックアップである。そのシェアは売上の半分近い。トリノ・オリンピックでは，小型マイクも採用され，カーリングで使われていた。

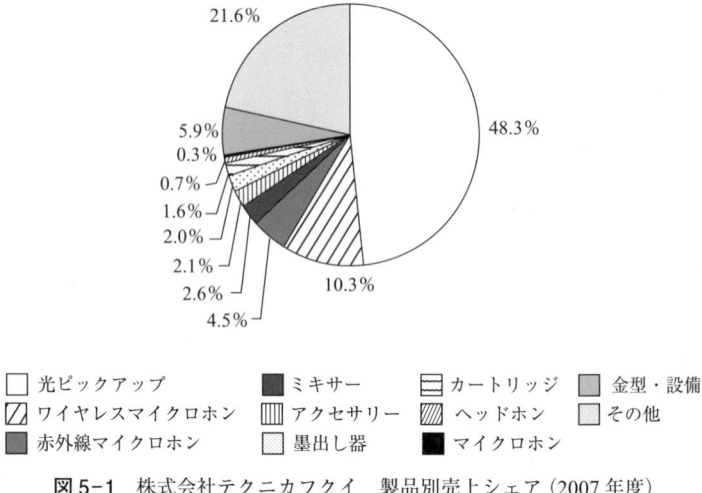

図 5-1 に示すように、売上シェアは光ピックアップ 48.3%、ワイヤレスマイクロホン 10.3%、赤外線マイクロホン 4.5%、墨出し器 2.6%、ミキサー 2.1%、アクセサリー 2.0%、カートリッジ 1.6%、ヘッドホン 0.7%、マイクロホン 0.3%、金型・設備 5.9%、その他 21.6% となっている。

図 5-1 株式会社テクニカフクイ　製品別売上シェア（2007 年度）
資料：テクニカフクイ・ホームページ

表 5-1 株式会社テクニカフクイ　中国関係会社概況

場所	南通市	杭州市	折江省桐廬県	宿遷市	上海市
略称名	南通新福達光電有限公司	杭州鐵三角科技有限公司	杭州騰宇光電有限公司	宿遷市騰瑞光電有限公司	日本鐵三角股份有限公司上海代表処
設立	1996 年 2 月	2000 年 4 月	2002 年 8 月	2007 年 10 月	
人員数	4,000 人	500 人	1,000 人	600 人	

出所：テクニカフクイ・ホームページ

また毎年夏に開かれる音楽イベント「サマーソニック」でもマイクは使われている（図 5-1 参照）。

現在，中国に生産拠点として 4 つの関連会社を持っている（表 5-1 参照）。その従業員は 6,000 人程度である。日本国内で生産した部品を，中国で組み立てている。中国で生産する場合には，部品は現地調達するというのが普通である。しかし，光ピックアップの生産のためには高度な技術が必要なので，中国では調達できない。光ピックアップは部品なので，それを組み込んだ最終的な製品がどこで使われているかは，同社では把握していない。

中国への進出は，1996 年，江蘇省南通市が最初である。当時，杭州市の幹

部の子女が福井県に留学していた。その留学生が，当社の経営陣の子女と同級生であった。こうした縁によって，進出することになった。ただし，杭州市は他と比べて賃金水準が高いので，もっと田舎で賃金の低い南通市に工場を造ることにした。

(3) 海外拠点の位置づけと経営戦略

中国は完全に生産拠点として，位置づけている。

賃金上昇が一番の問題である。近年中国では賃金が高騰している。進出当初の賃金水準は月に350元であった。それが昨年750元になり，今では850元になっている。次いで作業者の質の低さが問題である。

中国でも内陸部の方が賃金水準は低い。それで内陸部に生産拠点を移すことも考えている。またベトナムにも生産拠点を移すことを考えている。ベトナム人は真面目で，労働者として優れている。

中国に進出した多くの会社がそうであるように，当社も労働者の定着率は悪い。毎月10-20％の労働者が会社をやめる。やめる理由もよく分からない。しかし，管理系の仕事の離職率はそれほど高くない。

ここ十数年は中国のおかげで回復し，成り立ってきたのが実情である。しかし，中国も人件費が安い時代が終わり，これからどのように対処するかが課題である。

(4) 技術力の蓄積と人材育成

中国，東南アジア，インドなどで将来ライバルになりそうな会社はない。ライバルになりそうだった韓国のLG，サムソンも結局はライバルになり得なかった。音響機器関係は日本が世界的にトップである。

オーディオ・テクニカ全体でも大きな組織ではないが，その中で設計開発，営業部隊もあり，昔からの販売ルートもある。フェース・トゥ・フェースのコミュニケーションができることが強みであると考えているそうである。これからも大きくしないが，堅実な会社を目指している。

今は光ピックアップの注文は十分にある。しかし，すでに中国の工場で計6,000人も従業員がいる。これ以上の規模の拡大は危険であるので，考えていない。

　テクニカフクイは現在，3事業所がある。しかし，それでは事業所間で壁ができるので，統合する計画である。福井は田舎なので，流行から遅れるのが難点である。

　特許はあるが，多くはない。知的所有権に関しては訴えられることはあっても，訴えることはあまりない。やはり裁判では大きい会社が強い。

　武生商工会議所を通じ，中国人を毎年2，3人実習生として受け入れている。3年の研修後，元の会社に戻ることになっている。しかし，元の会社をやめた人もかなりいるそうである。日本の実習生は他の企業が欲しがり，違約金を払って引き抜いているとのことである。

(5) ヒアリング調査からの考察

　規模は大きくしないが，堅実な会社経営を心がけるということであった。また光ピックアップに関する技術については自信を持っている。最近では，特に家電に関して，LG，サムソンなど韓国企業が日本企業にとって強力なライバルになっている。しかし，テクニカフクイ，あるいは親会社のオーディオ・テクニカにとって，目下のところ韓国企業はライバルになっていない。他方で，技術力は強いが，その割に収益力はないというのは，ある意味で日本企業の典型と言えるかもしれない。

　中国については，完全に生産拠点として位置づけている。テクニカフクイの場合には，日本で研究・開発，あるいは部品を供給し，中国で生産をするという役割分担がはっきりとしている。国内の従業員は200人少しであるが，今では中国には6,000人もの従業員がいる。また中国，特に沿海部の人件費が高騰したことから，中国でも内陸部，あるいはベトナムなどに工場を移転しようと考えている。この点でも低い人件費を目指して中国に進出した日本企業の典型とも言える。

また中国での従業員の定着率の低さに悩むと同時に，その理由がよく分からないというのも，他の会社と同一である。

6　東アジア進出企業の事例⑥―ホリカワ―

(1) 会社概要

　　本社所在地：鯖江市
　　創業：1956年
　　創立：1963年
　　資本金：90,000千円
　　　　　　シャルマン本社は，617,525千円
　　売上高：56億円万円（2007年度）
　　　　　　シャルマン・グループ全体では262億円（2007年度）
　　代表者：代表取締役会長　堀川馨，取締役社長　岩堀一夫
　　社員数：419名（2008年3月）
　　　　　　グループ全体では4,715名，うち日本は633名（2007年12月）
　　事業内容：メタルフレーム，プラスティックフレーム，表面加工処理
　　販売はシャルマンが担当　創立：1975年

(2) 海外進出の経緯と事業展開

　眼鏡産業は鯖江の地場産業である。ホリカワ，あるいはシャルマン・グループは数多い眼鏡会社でも大手で，名を知られた会社である。ホリカワは生産会社で，シャルマンが販売会社である。
　もともとは堀川製作所という会社であった。初めは鋲というフレームの飾りを作っていた。そこからフレームの他の部品，さらにはフレームを作るようになった。しかし，部品の請負では価格など思い通りにならないこともあったので，当時は部品を卸しているメーカーとの軋轢もあったが，1975年に株式会

表 6-1　シャルマン・グループ　海外関連会社一覧

会社名	国	設立年	
Aristar　(従業員　3,300 人)	香港・中国	1991 年	生産
Charmant USA	アメリカ	1982 年	販売
Charman GmbH Europe	ドイツ	1987 年	
Charman GmbH Europe Benelux	ベネルクス	1998 年	
Charman GmbH Europe Sede Secondario	イタリア	1997 年	
Charman France SARL	フランス	1994 年	
Charman France Sucursal en Sapana	スペイン	2001 年	
Charman UK	イギリス	1994 年	
Charman HK	香港	1991 年	
Charman China	中国	1997 年	

社シャルマンを設立した。

　表 6-1 はシャルマン・グループの海外関連会社一覧である。初めは国内向けのフレーム販売であったが，1982 年にはアメリカに現地法人を設立し，海外向けに自社ブランドのフレームを販売した。初めのうちは日本製の品質イメージが悪く，販売には苦労した。その後，ドイツには 87 年に現地法人を設立した。ヨーロッパでは現在，フランス，イギリス，イタリアに現地法人を設立している。

　中国に販売を行うようになったのは，かなり後である。1991 年にアリスタ香港を設立したが，これは東南アジアを対象としていた。97 年に設立したシャルマンチャイナは中国向けである。今では上海，広州，北京に販売会社をおいている。

　5，6 年前までは，中国で制作したメガネは日本人の感覚では安いが，中国の一般の人からすれば，お金を出して買うものではなかった。例えば，フレームが歪んでいても平気であったりした。今は日本よりも高価なものが売れたりする。しかし，代金の回収には苦労している。

(3) 海外拠点の位置づけと経営戦略

　鯖江の眼鏡産業は 2000 年頃がピークである。この点ではホリカワも変わり

255

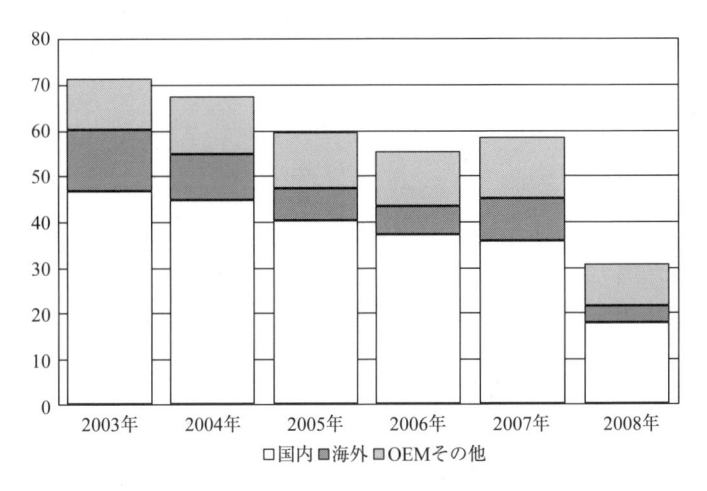

図 6-1 ホリカワ　国内工場　売上高とその販売先
資料：同社提供資料より作成。
単位：億円
注：2008年は6月まで。

がない。近年国内工場の生産量は減少している。また国内工場で生産されたものは，大部分が国内で販売されている。当社は深圳と広州市の中間，東莞というところに自社工場アリスタを設立している。国内の生産は減少しているが，中国の生産は急増している。従業員も増加している。生産数量に関しては完全に中国が中心になっている（図6-1，図6-2参照）。

　大まかに計算すると，国内生産は110万枚，うち6割が国内販売である。国内生産の6倍を中国工場で生産している。中国工場で作られた製品は，海外とOEMが半分ずつである。国内で販売される部分は5％程度であるが，これは中低級品である。世界100カ国以上に販売網を構築している。海外販売は，アメリカ，ヨーロッパが多く，中国向けはまだ少ない（図6-3参照）。

　眼鏡産業は労働集約的であるので，中国沿海部の最低賃金の引き上げは厳しい。各企業は内陸部か外国か何れを選択することになるそうである。

　ホリカワとしての市場は国内が多い。海外向けは日本でしかできない特殊な作り方をする商品，特許がらみの商品，中国ではまだ作ることのできないもの

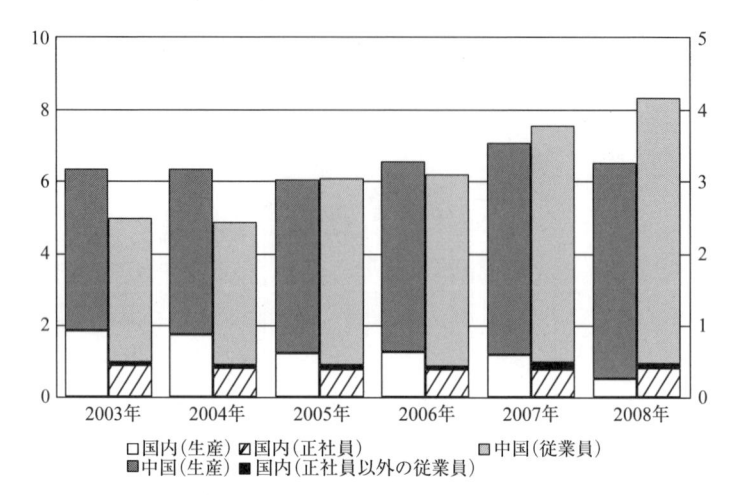

256　第3部　福井県企業の東アジア進出

図6-2　ホリカワ　国内工場と中国工場の生産高と従業員
資料：当社提供資料より作成。
単位：万枚，人
注1：生産は左目盛り，従業員は右目盛り。
注2：2008年は6月まで。

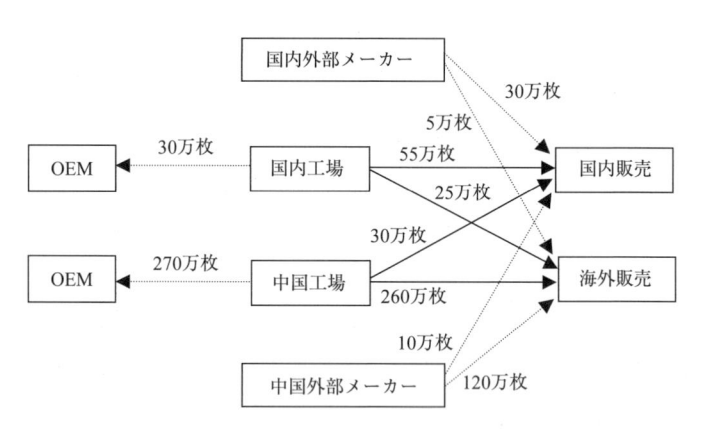

図6-3　ホリカワ　国内工場と中国工場の生産と販売先（2007年）
資料：当社提供資料より作成。

である。素材としてはチタン系で難加工のものである。

　中国工場の部品は日本から供給している。製品は価格帯で，5ドル-17, 18ドルくらいである。一般的な中国メーカーの製品は，安いものでは100円ショップで売られていることもあるし，50円，60円のフレームもある。中国全体の眼鏡工場の中では，品質は当社の中国工場が抜群に優れているということである。2位の中国メーカーとは不良率が4, 5倍くらい違うということである。日本では人件費が高いが，中国では機械のコストの方が高い。人を余らせても，機械を動かす方が，費用が少なくすむ。

　ヨーロッパは，ローデンシュトックなどヨーロッパ内部に本社工場を持っているところが，従来は材料も品質もよかった。それなりのメーカーのブランドの位置づけもできていた。今ではヨーロッパではほとんど生産していない。現在，イタリアのルクソティカ，サフィロなどの大手の戦略はデザイナーズブランドである。

　イタリアには北部の山間地域のカトレというところに産地があった。しかし，イタリアも鯖江も2001年位がピークで今では半分になっている。イタリアの中小のフレームメーカーは日本以上に深刻で，廃業しているところも多い。

　日本のメーカーは国際化の動きが鈍く，ブランド力も弱い。日本企業は小さいままでも，それなりにものを売れていたので，リスクを負って，海外展開することがなかった。その間にヨーロッパのメーカーは垂直統合によって，大きくなっている。

(4) 技術力の蓄積と人材育成

　中国工場の3,700人のうち，月に150人は入れ替わる。当社も定着率が低いが，すぐ募集できる。何年か前から中国の外部メーカーのレベルも上がってきているので，これからは中国メーカーから仕入れてもかまわないと考えている。新しく採用する人にはほとんど経験者はいない。逆に当社は日系眼鏡工場なので，品質管理や生産方法のノウハウを持っていかれた。

　ワーカーレベルのところは新人レベルに代わっても対応できる。管理職はあ

まり移動しない。現場の各ラインの管理者はある程度経験や技量が必要であるが，同時に他の中国メーカーも必要としている。そのような核となる人材が，頻繁に移動するので，困っている。

全面的に中国に移すことは絶対にないということである。それは文化や価値観の問題も絡み，日本でしかできない部分があるためである。もっとも20年，30年後には中国との技術の差は縮まるとも考えている。

(5) ヒアリング調査からの考察

本書第10章の山本「福井県眼鏡産業の現状と将来」が述べているように，中国が世界の眼鏡産業の一大生産地となっている。ヨーロッパには有力なメガネメーカーはあるが，実際に生産しているのは中国である。一部イタリアはまだ生産を行っているが，それも鯖江と同じく，中国との競争に敗れ，生産量が急減している。

鯖江の眼鏡産業の廃業が相次いでいる。福井県の企業は，技術力には自信があるが，ブランド戦略が弱いと言われている。鯖江の眼鏡会社も，ずいぶん前からブランドを構築し，高付加価値の製品を作ることの必要性が指摘されていた。それにもかかわらずブランドの構築は実際には進んでいるようには見えない。

その中でホリカワはブランドを構築することに成功していると言える。そのホリカワも今では生産の中心は中国になっている。逆に国内の生産は2003年-07年の4年間で6割程度に落ち込んでいる。大きく見れば，国内はブランドの開発，生産は中国という，ヨーロッパの企業と同じような分業体制となっていると言える。しかし，それでも高度な技術を必要とする部分はやはり国内でと考えているところが，日本の企業である。

第4部
ワークライフバランスの取り組み
―― 県内外の訪問調査 ――

1
日仏のワークライフバランス
── 企業内の支援策 ──

葉山 滉

はじめに ── 大幅な少子化,人口減少が予測される東アジア

　多くのアジア新興諸国が2050年頃には,日本と同じ少子化,人口減少の道へとまっしぐら,経済発展の領域でも凋落していく──。このように予測する研究機関が現われ始めた。『老いるアジア』(小峰隆夫・日本経済研究センター編,日本経済新聞出版社,2007年)は,このまま進む限り予測の実現性は疑いないことだと結論付けている。日本は自身の将来もさることながら,少子化,人口減少の経済発展諸国群の中にすっぽりと包み込まれることになる。それを裏付けるかのように,最近のアジア新興諸国の内,比較的早くから経済成長の著しかったNIES諸国の合計特殊出生率は,韓国(1.16),香港(0.93),台湾(1.18),シンガポール(1.24)と日本の水準(1.29)を下回る深刻な出生率をすでに示している[1]。少子化は決して先進諸国だけの現象ではなくなっている。
　こうした東アジアの将来展望は日本にとっても重大な関心事とならざるを得ない。そしてまた,これら多かれ少なかれ日本モデルを見習いつつ急速に経済

---

[1] いずれも2004年時点。内閣府『平成19年版　少子化社会白書』。

発展してきた諸国の今後の帰趨に，大きく影響を与え得るのも，やはり日本自身が現在のような激しい少子化，人口減少の轍から脱却し，そのすべをアジア諸国に提示することであろう。

脱却の手がかりを与える政策研究のあり方は多様であるが，当面本論では先進諸国で少子化克服の優れた実践経験を示したと見られるフランスでの聞き取り調査と，もうひとつは他ならぬ日本のなかでも比較的優れた施策実践を行っている事例から，日本の今後の実践にヒントや知見を得たい。

先進主要国の多くは出生率が1960年代後半から急速に低下し，1970年代には合計特殊出生率が2を下回るようになったが，その後は，一方では，ほぼ一貫して低下して1の前半に滞留する日本，ドイツ，イタリア，スペインと，他方では，再び上昇を始めて2前後に迫るスウェーデン，アメリカ，イギリス，フランスなどとに二極化している。このなかでフランスは，1994年に1.6台にまで低下したが，その後上昇し，2008年には欧州トップの2.02（フランス統計経済研究所発表）まで上昇したといわれている。

これらフランスと日本で注視すべき施策は，女性就業者の子育て支援をはじめとするワークライフバランス（仕事と生活の両立）の支援策であり，第二に，この施策努力がとくに企業内でどのように展開されているかを見たい。日本ではフランスの少子化対策がもっぱら国の財政による支援政策だと勘違いをしている向きが多いが，現在のフランスで進展する最も重要な新たな施策は，企業レベルで展開されている。

第1節　フランスにおける企業内での少子化政策

(1) 仏自動車メーカー，プジョー・シトロエンの事例[2)]

マッチョな企業として知られる自動車メーカーの多くで見られたように，プ

---

2)　2008年10月，フランス現地での聞き取り調査。

ジョーでも女子社員はかつて「欠勤常習者」としてマイナー扱いされた。しかし現在では，カードル層とよばれる管理職，高度専門職の社員の内，30歳未満の比較的若年層では30％が高学歴女性で占められるようになっている（03年）。エンジニアなどこれら女性は，より良い仕事が達成される環境と同時に，子供を生み育てられる企業環境を強く望むようになっている。企業はそうした環境をつくらなければ，少子化が進み，女性の高学歴化，男女均等化が進むなかでの高度専門職の有能な（talentueux）人材獲得競争にこれからは負けていくであろう。管理職にも昇進するこのような人材は，カルチャーの相違も考慮すると安易に外国人労働力で補完はできない。この種の人材の自前での確保は先進国それぞれにとって，国際競争の上で戦略的に重要な分野である。フランスでの聞き取り調査ではこうした切実な危機感が見て取れた。この点は，一見無関係のようであるが，医師不足に悩む日本の病院が抱える問題と根本で通底している面が大きい。

　このほか，ワークライフバランスを積極的に進めようとする企業動機には，フランステレコムや化粧品のロレアルなどの事例にみられるように，自社製品・サービスの対象とする顧客層が主として女性であったり，あるいは従業員に占める女性割合が大きいところから，女性の悩み苦しみをより強く理解する企業の姿勢を打ちだそうとしている企業も少なくない。

(2) フランスの「企業内での親の憲章」運動

　フランスはこれまで国家が児童手当の支給や育児施設の拡充など家族政策，少子化対策に熱心であったが，現在は民間企業レベルで，コンサルタントたちの協力を得て策定したワークライフバランス支援のための憲章に，個々の企業が自発的に賛同を表明し，企業内の労使の合意のもとで支援策を実施する運動が展開されている。

　ことの発端は，NPO団体であるSOSプレマ（「早産に救助の手を」）が，現在においても出産の8％を占めるといわれる早産の大きな原因は労働のストレスだとされる窮状を，ロレアルに訴え，企業内で親である（あるいは親となる）

人々に関し協力して意識改革を進めようともちかけて始められた。この動きはさらに、「働く者の均衡のとれた生活は、企業の経済効率と整合する」と考える人的資源管理専門の二つのコンサルタント事務所、エキリーブルとHRヴァレーに依頼して、「企業内での親の憲章」が書き上げられるという事態に発展した。これにはプジョー、フランステレコムなど大手企業やコンサルタント企業など約30社が賛同して調印し、憲章に例示されている実践目標、「午後6時以後は会議をしない」、「企業内の託児所を設置、拡充する」などにすでに着手している。政府はこれに関して労働厚生大臣が、この憲章を支持するよう全国の企業に訴えた。政府の役割は主として道義的支援にとどまっているが、育児施設の設置などには減税で対応する。

日本では「財政窮状のおり、フランスのような家族政策はできない」とする発言が多いが、ここでみるようなフランスの施策は、個々の企業の次元で展開するものであり、比較的実現は容易だが効果は小さくないと思われる施策もある。また、このように個々の先進的企業が、自らの社会的責任についての姿勢を社会にアッピールする空気が、日本にはもっとあってよいのではなかろうか。

(3) 憲章を調印した企業の誓約

憲章を調印した企業は、いうまでもなく一定の共通の目標、誓いを憲章の中でたてている。参加企業が高らかに宣言する誓いは以下のようなもので、大きく三つある[3]。

①企業内で親のあるべき姿を進展させる。
―人的資源の管理責任者および管理職たちに、企業内で親であることを考慮すること、その重要性に気づかせる。
―われわれの誓約をあらゆる企業関係者に知らしめる。

---

[3] (パンフレット)『企業内での親の憲章』、提唱；SOSプレマおよびロレアル、作成；コンサルタント事務所エキリーブルおよびHRヴァレー、協賛；労働・家族・連帯省。以下、(4)および(5)の資料出所も同じ。

②親である従業員，とりわけ妊婦に対し，適切な環境を創り出す。
—親である従業員の仕事と個人生活の両立を容易にする。
—妊婦にたいする労働条件の改善。
③親である従業員の職業上の進展において，非差別原則を守ること。
—われわれの人的資源プロセスにおいて，親である従業員が差別的取り扱いを受けないよう予防し，そうした取り扱いを排除すること。
—親である従業員の職業上の進展を尊重する管理職の実践と姿勢を助けること。

(4) すでに着手されている行動事例

こうした目標を追いながら，憲章の調印時点から既に実践しはじめている行動もある。以下にあげる行動事例は，調印企業のいずれかの企業が実践を始めている事例である。実践していなかった企業も，実践例にならって新たに着手していくであろうし，ここに示されていない実践を新たに加えていく企業もあろう。今のところそれらは以下の三分野に大別される。

①啓発手段
—管理職教育において，"企業における親"に関わる典型例についてドキュメンタリー映画を導入する。
—産休，養子引き取り休暇，父親休暇，育児休暇の開始時と終了時にあわせて，管理職教育を実施する。
—企業における男女共同参画の豊かさをとりあげた社内報を配布する。
②従業員サービス
—従業員の子供たち向けに企業共同の託児所を設置する。
—法律知識や実践的情報を提供する企業内サイトの設置：子供の保育や勉強の補習，家族休暇や校外見学に関する情報の提供。
—子供の保育費用をカバーするため，雇用普遍サービスチケット[4]を企業が増

---

4) 雇用普遍サービスチケット CESU は従業員が児童に必要なサービス，居住生活に必要なサービス，本人や家族が肉体的，精神的に他者からの支援として必要なサービスなど三

額して利用する。
—水曜日[5]および学校休暇中の4歳から10歳までの従業員子弟を無料受け入れ。
—仕事あるいは家庭のやむを得ざる理由で，緊急に子供の保育を頼めるホットラインの設置。

③勤務制度の適応
—午前9時以前および午後6時以後の会議予定をやめる。
—通勤時間の短縮のため，居住地近接のオフィスを設置。
—家族上の理由によっては，職業上の進展に影響を及ぼすことのないようキャリアの上での調整を可能とする。
—工業地域の従業員のために，学校のスケジュールに見合ってパートタイム労働を導入し年間調整する。

(5) 企業内で親であることを支援する政府行動

すでに述べたように，企業内の親であることについての憲章の運動そのものは，個々の企業内で展開され，それをコンサルタント事務所やNPOが支える。政府の支援は道義的支援に過ぎないと述べた。政府としてはこの運動の目指すものは政府の目指す方向と同じだとし，企業に参加を呼びかけ，国民に支援を訴える。この運動との直接的なかかわりはそこにとどまる。しかし，企業と社会にワークライフバランスを根付かせていくための制度的なテコとなる仕

種類のサービスを購入できるチケット。費用の全額または一部が企業，あるいはそれにかわって，福利厚生活動を行う従業員代表制度の企業委員会，民間企業でない場合は公的機関雇用主が支払う。雇用主の従業員に対する厚生事業の一環として実施されている。具体的にはたとえば，子供に必要なサービスとは，保育，同伴，自宅での補習など。居住サービスとは，家事，食事の支度，庭仕事，買い物など。支援サービスとは，高齢者，身障者，病人などの付き添い，手話，筆談，散歩の同伴，勤務先への自家用車運転，ペットの世話と散歩。など20項目以上のサービス支払いができ，項目の詳細が労働法典に明示されている。全雇用者とその家族を対象とし，法的に制度基盤が確立されているサービス支援制度である。2006年1月から実施された。

5) フランスの小学校は毎週日曜と水曜が休日。

組み，いわばワークライフバランスが十分に発展するようなインフラストラクチャーの形成に，政府は実に精力的に貢献している。21世紀にはいってからの10年近くの間，労働省を中心として展開されたこの種の政府行動の経緯を列挙してみよう。
— 2002年　父親は連続する11日間の父親休暇（社会保障から所得補償される）を取得できるようになった。
— 2004年　家族支援控除[6]によって，企業が親である従業員のために行動しやすくなった。
— 2004年　企業での男女平等を促進する模範的実践を顕彰する平等ラベル[7]が創設された。
— 2005年　ボルローブランによって雇用普遍サービスチケット[8]が創設され，雇用者家庭が必要とする対個人サービスが発展した。
— 2006年　早産で入院した出生児の母親は，産休期間と所得補償期間が延長される。
— 2006年　賃金平等法が，産休から職場復帰した女性の賃金差別禁止原則を再確認する。
— 2007年　産休取得方式が柔軟となり，女性が出産前後の休暇の権利を調整できるようになった。

---

6) 家族支援控除（crédit d'impots famille）。扶養すべき児童を持つ従業員が，職業生活と家庭での生活をより強く両立させるため，企業がたとえば次のような支出を行う。これらの額が，企業の所得税や法人税から控除される。
　・三歳未満の子供を受け入れる保育園または一時託児所の設立ないし運営の費用。
　・産休，父親休暇，あるいは子供の病気のための休暇などに企業が支払う所得補償。

7) 平等ラベル（Label Egalité）。労働・家族・連帯省によって設置された。国によって奨励され，企業の労使が支援すれば，企業規模，業種に関わりなくすべての企業が対象となり得る。授与企業の第1号は2005年のプジョー・シトロエン。その後，エレクトロニクス，運輸，保険，情報通信などの業種から表彰されている。2006年からは従業員50人未満の中小企業を対象としたバージョンも別途設けられ，小規模企業の審査もより促進された。

8) 雇用普遍サービスチケットCESUについては既出注4)を参照。ボルロー労相の名を冠したプランから同チケット制度が生まれている。

── 2006-2010 年　欧州委員会の男女平等のためのロードマップは，加盟各国に対し，仕事と個人の家族生活との両立を改善するよう強く勧告している。

　以上に見るとおり，政府行動では企業次元のワークライフバランス支援策をより容易にし，誘発発展させる多くの施策が，わずかこの5年程度の期間中も矢継ぎ早に打ち出されている。所得補償つきの父親休暇はすでに少なからぬ先進諸国で着手されているものの，企業に対する税制上の家族支援控除，コマーシャルとは別次元で企業を社会にアピールする平等ラベル，家庭のサービス需要充足を企業が支援する普遍サービスチケット，そして政府の専管領域ともいえる外交面では，EUでのワークライフバランス支援策強化のための国際共同行動の確認が行われたが，出生率二極化がみられるEU内でのこの行動の意味は小さくない。このように，個々の企業が展開するワークライフバランス支援運動の表層下では，そのための政府によるインフラストラクチャーの壮大な構築が進んでいる。次に，日本の病院におけるワークライフバランスの先進的事例を見よう。

第2節　医師不足とワークライフバランス

(1) 医師不足の真因

　08年までの10年近く，日本の毎年の医師国家試験の合格者8,000人近くの内，女性合格者が3割を越え続けており，それも徐々にではあるが，割合が増加さえしている。91年から比べるとなんと10数ポイントの上昇である。女性の貢献はきわめて大きい。しかし，最近の医師不足の中で医師数が手薄になった小児科医，産婦人科医は実にハードな勤務を強いられている。この最大の被害者は出産，育児の年齢を迎えた女性医師であろう。

　最近の日本医師会による病院勤務の女性医師に関するアンケート結果では，1週間に51時間以上の実勤務者が45.4％にのぼり，約85％が宿直翌日に通常勤務についている。休職・離職理由で最も大きいのが出産（70％），育児（38.3％）

であるが産休取得者は約8割，育休の取得は約4割にとどまっている[9]。これでは多くの女性医師が退職に追い込まれざるを得ない。小児科学会の04年度統計によると，病院勤務の女性医師は，20代では4割が小児科医師であるが，30代以降は急減していく。休診や閉鎖という病院小児科が出現してくるのも無理はない。

　大阪厚生年金病院は「女性医師を退職させない」を目標に，育児休業期間を3年間とし，この間，週1時間でも本人の希望する就業時間で就業するならば，正規職員の身分を保証する，など勤務制度の柔軟化—子育て支援を積極的に展開して，多くの成果をあげ全国的に注目されている。また，こうした先行例に刺激され，近県の北陸一円でも活発な経験交流が展開されている。福井県済生会病院も女性医師，看護師の勤務制度，子育て支援で積極的な努力を払っており，女性医師の社会貢献と地位向上の支援を目指すEJネットから「働きやすい病院」として評価された。

　医師不足に対して，現在，大学の医学部定員増や研修期間の短縮さえ検討されているが，いずれも根本的な解決にはつながらない。医師の過度の激務，ノーマルであるべき生活にすべて犠牲をしわ寄せする勤務のあり方を変えねば解決はありえない。その上で，出産，育児が将来の社会と経済にいかに大きく貢献するかに深く思いをいたし，社会が強くサポートしていく道を開かねばならないだろう。医師不足はとどのつまり，フランスのプジョーなど民間企業が気づき始めている問題——知識経済化が進行する中での少子化が，高度専門職女性の就業を通じて，仕事と生活のバランス確立というテーマをいかに切実な問題として投げかけているか，を示しているといえよう。

---

[9]　日本医師会男女共同参画委員会『女性医師の勤務環境の現況に関する調査報告書』平成21年3月。これまで各都道府県医師会ごとに同様のアンケート調査が行われているが，この調査は初めての全国調査であり，回答者数の規模が大きい（7,500人）だけでなく，比較的若い世代の女性勤務医師（40才未満が66.3％）が大量に入っており，より現実を反映した調査と考えられる。

(2) 大阪厚生年金病院の育児支援策

　出産子育て期の女性が，病院の激務と両立ができず，病院から去っていき，医師不足が生まれる。不足した医師の中で激務はさらに輪をかけ，病院の医師不足への悪循環が進む。この中で，ワークライフバランス支援策を大胆かつきめ細かく実施して，その悪循環から脱却し，病院収益の上からも，医師定着の上からも明るい展望へと局面を切り開いている病院がある。大阪厚生年金病院はそうした病院として注目された。2006年にはNPO法人女性医師のキャリア形成・維持・向上をめざす会(ejnet)による"働きやすい病院"の認定を受け，さらに，日本経済新聞社による「日経子育て支援大賞」を受賞した。こうした病院改革へと大きく舵を切ったリーダーとして，同病院の清野佳紀院長にはその後も今日に至るまで全国の講演会やシンポジュームへの参加依頼が続いている。清野院長の講演記録や寄稿論文などをもとに，同病院の育児支援策を紹介しよう[10]。

　育児支援策はまず，女医だけでなく病院の全女性職員を対象として実施される産前産後の休暇期間から，子供の小学校卒業までの期間での「育児支援スケジュール」で表わされる。これは三つの段階にわかれる。

a) 産休期間　産前産後の休暇は法律どおり。すでに述べたとおり，病院勤務女医の通例ではこれ自身大きな出来事であり，この裏にはいうまでもなく代替要員の確保という病院側の大きな努力があることはいうまでもない。

b) 育児休業期間　産後3年間は正規職員の身分のまま，この間休んでも勤務してもよい。勤務する場合は，週一回でも二回でも自分のペースでフレキシブルな働き方が自由に選べる。この場合，給与は月額給与の時間比例配分。賞与は通常通り，全額。社会保険料はいうまでもなく労使折半。また，3年間全部休むと1年半は雇用保険から給与の4割が支給される。

---

[10] 清野佳紀「女性医師が働きやすい環境づくり」，『日本医師会雑誌』第136巻第7号，2007年10月（特集　産科・小児科医療の現状と課題），同「女性医師と職場環境 —— 女性医師が生涯働き続けられるために」，『IRYU-TION』2007年9月（特集号　医療従事者を惹きつける職場環境）。

c) 育児支援期間　産休後子供が3歳以上小学校卒業まで，最低1日6時間勤務（週30時間以上）で正規職員としての待遇が受けられる。

　ここで，これらの支援策は，全女性職員が対象となっているのは，清野院長によれば重要なことで，全員の勤務条件を良くするというのでなければ，決してうまくいかないという。したがって，子育てをしない人に子育て支援のしわ寄せが行くのも避けなければいけない。子育て中の女性医師の戦力ダウンの分も，費用をかけて外部当直などパートタイマーを増やし，他の医師に負担が及ばないようにするのが鉄則であるという。

(3) ワークライフバランスの好循環

　子育て中の女性医師の戦力ダウンを，外部医師を導入してカバーするとなると，当然その分だけコストがかかる。ここで経営コンサルタントたちは「医師の人件費をおさえろ」とまたしてもいう。大阪厚生年金病院の清野院長は，それは間違い，と次のように強調する。「医師1名増えれば病院は1億円の収益増といわれている。医師，看護師は大切な資源。そんなところでコストカットするより，雇えるだけ雇う。人件費節約はナンセンス」。実際，外部医師の支援を得て，同病院の人件費は3000万円増加した。だが，病院の収益は2億円アップした。

　たとえば産婦人科は男性医師4名，女性医師1名の計5名であったが，開業などで数名が退職，分娩件数は一時年290件まで落ち込んだ。だが，近隣病院が医師不足で分娩に対応できず閉鎖がつづくなかで，外部医師を導入して戦力を維持し続けたこの病院は，2006年504件，2007年600件を超えるまでになっている。

　「人材こそ命」と考えるワークライフバランス支援の好循環は企業収益面だけにとどまらない。子育て支援策を充実させ，超過勤務を3年間減少し続けた病院は，まず女性医師が辞めずに定着した。大阪厚生年金病院では産科も麻酔科も小児科も適正人員を確保することに成功した。07年には男性医師，女性医師とも各2名が新たに産婦人科に採用された。このような子育て支援は，結

婚前の医師にも看護師にも喜ばれる。これは新卒の看護士採用が楽になったことにも現れている。

おわりに

　大阪厚生年金病院やプジョー・シトロエンにみられるワークライフバランス支援策への強い関心は，知識経済化と女性の高学歴化，少子化が同時に進む中での医師，エンジニアなど高度専門職業人の戦略的重要性を示している。このなかへますます参入してくるであろう女性たちの多くは，子供も生み育てたいという強い願望をもっている。これを受け入れない社会は貴重な人的資源を得る機会を失う。彼女たちは現在の貴重な潜在戦力であるだけでなく，未来の貴重な潜在戦力も生みはぐくむ。そして彼女ら高学歴者に差し伸べられる支援の手は，大阪厚生年金病院の事例にも示されているように，他の女性たちにも等しく差し伸べられていくであろう。

　これまで日本の少子化対策はとりわけ国の財政政策として考えられることが多かった。それはまた危機的な財政事情が少子化対策の貧しさを言い逃れる口実の役を事実上果たしていくことにもなってはいないだろうか。国家財政に頼るのでなく，こんなにも多くすることがある。そしておそらく，国民の意識変化や現実に進行する変化という点では，むしろ現実に男女が働いている企業の場における変化こそ，決定的な変化であるといってもよさそうである。

　同時に，フランスにおける政府の働きも立派というほかない。比較的景気が悪くないときに，少々無理をして，家族手当，保育施設，子育て休暇など，長期的展望へのしっかりした足がかりをつける。その後，ワークライフバランス，とりわけ企業レベルの努力を支える社会的インフラも，しっかり整備していく。つまり，ワークライフバランスが実現しやすい条件を整える。これは財政的支援というより，仕事と家庭の両立を助けるサービスを，より容易に獲得できるようにすることや，模範的企業を社会にアピールしていくこと，さら

に，育児を容易にするという社会的有用性の強い分野の企業の支出努力には，その分を税額控除すること，そしてこのようなインフラを欧州次元全土に拡大していこうとしていることなどである．

　企業や病院というレベルで展開されるワークライフバランス支援策の推進では，とくに大阪厚生年金病院の清野院長の例でもそうであったが，孤軍奮闘する企業や病院のリーダーの役割の重要性にあらためて思いを致すことになった．単にビジネスや医療の狭義のプロフェッショナリズムに埋没する専門職業人ではなく，社会変化にたいする深い理解と識見，現実に働きかける行動力がこうした先導的なリーダーには備わっているようである．

　もし失礼とあらばお許しをお願いするほかないが，こうしたリーダーたちの姿に現代の「赤ひげ」を見る思いのするのは私だけであろうか．

2
正規職員一時パート制等に見る 福井県民生協のワークライフバランス

中西泰之

はじめに

福井県民生協は近年以下のような多くの賞を受賞し表彰されている。

- 2000年度　福井県リサイクル推進功労者　知事表彰
- 2002年度　ファミリーフレンドリー企業　福井県労働局長賞
- 2003年度　福井県経営品質賞　優秀賞
- 2004年度　日本生活協同組合連合会　優良生協表彰
　　　　　　福井県経営品質賞　優秀賞（2年連続で受賞）
- 2005年度　関西エコオフィス大賞
　　　　　　福井県経営品質賞　知事賞
- 2006年度　福井県父親子育て応援企業　知事表彰
　　　　　　福井県バリアフリーのまちづくり最優秀施設賞（ハーツはるえ）
- 2007年度　CRMベストプラクティス賞
　　　　　　日本経営品質賞　大規模部門賞
- 2008年度　日経優秀製品・サービス賞　優秀賞　日経MJ賞

上記の受賞歴からわかるように，福井県民生協は近年では福井県そして全国の生協をも代表する先進的組織の一つとして認められているが，ワークライフバランスの面でも福井県内の代表的企業組織の一つである。2002年にはファミリーフレンドリー企業 福井県労働局長賞を受賞しているが，これは県内の6社しか受賞していない[1]。また，2003年の「次世代育成支援対策推進法」により，「次世代育成支援に取り組んでいる企業」は福井県内には2009年2月現在で4社が認定されている[2]が，福井県民生協は県内で2番目の認定である。県内第1号は国立大学法人福井大学で，これは同時に全国の大学で最初の認定であった[3]。3番目は福井村田製作所，4番目が福井信用金庫である。加えて，福井県民生協は2007年に次世代育成支援認定事業主「くるみんマーク」を取得している。さらに，2005年には当時の猪口邦子少子化担当大臣が福井県の推薦で県民生協の子育て家族サポート拠点の一つ「ハーツきっず羽水」を視察しているし[4]，上記のように，2006年には福井県父親子育て応援企業知事表彰を受けている。また，2007年の日本経営品質賞は全国の生協で最初の受賞

---

1) 財団法人女性労働協会女性と仕事の未来館「ファミリーフレンドリー企業表彰都道府県労働局長賞表彰企業一覧」(http://www.miraikan.go.jp/shien/kintou/h20/ichiranf_h20.pdf)。全国的には，大臣優良賞及び努力賞が計25企業，都道府県労働局長賞が計245社である (http://www.mhlw.go.jp/general/seido/koyou/family/kigyo.html)。
2) 福井労働局「次世代法第13条に基づく認定企業名一覧」(平成21年2月更新)による (http://www.fukuiroudoukyoku.go.jp/a_03/a03_4_6.html)。厚生労働省によると2007年4月末の認定企業数は128社 (http://www.mhlw.go.jp/houdou/2007/05/h0516-1.html)，同年9月末で366社 (http://www.mhlw.go.jp/houdou/2007/10/h1019-2.html)，2008年6月末で545社と急増している (http://www.mhlw.go.jp/houdou/2008/07/h0730-1.html)。現時点での認定企業の正確な総数は明らかでない。「630社超」(「未来育て 第4部 格差と少子化④」『毎日新聞』2009年2月28日)ともされる。公表了解済み企業数を各都道府県労働局ホームページから集計してみると，2009年3月10日現在で648社となり，急増を続けていることがわかる (http://www.mhlw.go.jp/bunya/koyoukintou/kijuntekigou/index.html)。
3) 福井大学「「子育てに優しい職場」仕事と家庭・育児の両立支援企業第1号に認定されました」(http://www.fukui-u.ac.jp/news/news_top/detail_00200.html)。
4) 厚生労働省 生協制度見直し検討会 参考人提出資料③「福井県民生協の概況報告―厚労省 生協制度見直し検討会資料―(報告者：福井県民生活協同組合 理事長 藤川武夫, 2006年8月31日)」(http://www.mhlw.go.jp/shingi/2006/09/dl/s0904-4d3.pdf)。

である。県内では福井キヤノン事務機が2006年度に中小規模部門賞を受賞しているが，大規模部門では県内初の受賞である。今年度は子育て支援施設などを併設した「ハーツ学園」が「優秀賞 日経MJ賞」を受賞している。

以下では，まず第1節で福井県民生協の概要を説明し，次にワークライフバランスの取り組みとして，いわゆる両立支援（ファミリーフレンドリー施策）を第3節で取り上げ，第4節で男女均等推進について説明する[5]。

第1節　福井県民生活協同組合の概要[6]

福井県民生協は1971年に誕生した福井労済生協物資部を前身として，1977年9月に創立された。翌1978年5月に福井県の正式認可を得て法人化し，創立30年の節目を迎えたところである。事業内容は無店舗事業（共同購入，2007

---

[5] 福井県民生協だけでなく，全国各地で「ファミリーフレンドリー企業表彰」や「均等推進企業表彰」を受賞したり，次世代法の「くるみん」マークを取得する生協が相次いでいる。2007年現在で「ファミリーフレンドリー企業表彰」を受けた生協は18，「均等推進企業表彰」を受けた生協は6，「くるみん」マーク取得は2008年6月末現在で11生協・1事業連合にのぼる。日本生活協同組合連合会『生協の社会的取り組み報告書　2008』43頁（http://jccu.coop/aboutus/csr/csr2008/csr2008all.pdf）を参照のこと。この3年前の2004年の状況は，日本生活協同組合連合会　第4期男女共同参画小委員会報告「女性のチャレンジ支援・リーダー育成に向けての提言」（2005年3月）の参考資料を参照してほしい（http://www.jccu.coop/sankaku/2info/pdf/info_2005_0419_01_01.pdf）。この第4期男女共同参画小委員会の委員として福井県民生協理事長の藤川武夫氏の名があげられている（http://www.jccu.coop/sankaku/2info/info_2005_0419_01_01.htm）。藤川理事長は第5期男女共同参画小委員会の委員でもある（http://www.jccu.coop/sankaku/1news/news_vol17_01.htm）。

[6] 以下で用いる福井県民生協関係の資料は，特に断らない限りは，福井県民生活協同組合ホームページ（http://www.fukui.coop/），同『第30回　通常総代会議案書』（2008年6月），同「ワーク・ライフ・バランスの取り組み～職員がイキイキと働き続けることができる職場づくりを目指して～」2008年12月（非公刊資料），同 管理福祉本部 執行役員 統括部長 広辻光生氏への我々のインタビュー（2008年12月19日），富山県経営品質協議会平成17年度通常総会記念講演会「福井県民生協の経営品質活動の取り組みと到達点（講師：福井県民生活協同組合理事長　藤川武夫氏，2005年5月11日）」（http://www.toyama-tmqa.jp/activity3.html），および前注4の資料による。

年度事業高122億4005万円），店舗事業（同57億7673万円），共済事業（同5億8768万円），介護福祉事業（同2億9890万円），子育て支援事業（同3826万円）の計5事業である。従業員数は2008年3月末現在で528名（うち正規職員187名，パート職員341名），平均年齢35.5歳となっている。

中心的事業となっている無店舗事業では，共同購入以外にも，共働きの多い福井県民のニーズにあわせて1990年から全国に先駆けて個人でも利用可能な大型班業態（注文した商品を週1回の定曜日に生協施設で受け取る形態）を展開している。この年に組合員数が3万人を越え，1994年には5万人を越えた。翌1995年には個人宅配（共同購入や個人大型班では利用できないという組合員の要望により，配達手数料100円で各家庭の玄関先まで利用商品を届ける利用形態）も始まった。2003年以降，この個人宅配を無店舗事業の主力業態と位置付けて急速な拡大を図っている。無店舗事業への世帯加入率29.1％は全国の生協で第1位となっている。

生鮮食品等を提供する店舗の第1号店は1996年の出店で，現在は5店舗に拡大しており，食品販売のシェアは県内で6-7％の水準とされている。

組合員を対象とした共済事業は1999年の開始であるが，現在では医療保障のほかに火災共済も扱っている。介護保険制度が始まった2000年には高齢者福祉事業を開始，いまではデイサービス（2ヶ所），ホームヘルプサービス，小規模多機能型居宅介護（3ヶ所），居宅介護支援，福祉用具のレンタル・販売，介護タクシーを展開している。在宅介護の県内シェアは3.8％に達している。

また，2005年からは子育て支援事業を開始し，先の店舗あるいはデイサービス施設に併設するなどの形で親子教室・一時預かり・保育事業などを行っている。この子育て支援の事業化は全国の生協でも初めての取り組みで，福井県民生協の特徴となっている[7]。このためもあってか，20代・30代組合員の割

---

7) さいたまコープは2006年に北本市で子育て支援の事業化を模索したが，さいたまコープのホームページに2008年3月時点では何の記載もないことから，その後の進展はない模様である。「資料集　5. さいたまコープの北本市における子育て支援活動」，日本生活協同組合連合会　男女共同参画小委員会調査報告『男女で築く地域社会づくりに向けて』

表1　過去5年度の実績（単位：百万円）

年度	組合員数	供給高	経常剰余金	出資金
2007	119,981名	17,922	390	6,988
2006	117,981名	18,046	406	6,664
2005	115,503名	17,726	404	6,339
2004	107,624名	17,450	440	5,996
2003	106,545名	16,345	406	5,784

合は25％と全国生協平均21％よりも高い。

　2007年度現在の出資金は69億8864万円，事業高189億4161万円，経常剰余金3億9007万円，組合員数11万9981人で，世帯加入率は43.7％の高さ（全国の生協で第6位）を誇っている。先に見たように近年の事業拡張が目立つ。表1は過去5年間の出資金と組合員数の推移であるが，両者はともに1978年の認可以降ずっと増加し続けている。ただし，2000年から2002年にかけての3年間は減収微増益に苦しんだ。理事長の藤川武夫氏によると，①創立以来の成功体験による驕りと挫折，②「利益が出ているから問題ない」という生協としての目的喪失状態，③業績＝数値主義型マネジメントによる組織風土モラルの低迷，④拡大する事業と組織実態の乖離，⑤生協の新しい社会的役割イメージを提示できず存在価値喪失，という危機的な状況にあった。福井県民生協はこの危機意識から経営品質の向上に取り組み始めたのであるが，冒頭にあげた数々の受賞歴は，そのような危機意識をバネに組織内啓蒙と革新活動を展開してきた成果であり，ワークライフバランス面での成果もその中で達成されてきた。

　さて，消費者生活協同組合法が2007年4月に改正され，緩和されるまで，生協には重い員外利用禁止条項や県域制限条項が課されており，競合する業態の他社と比較して規模拡大によるスケールメリットを追求する上での制約と

2007年5月 (http://www.jccu.coop/sankaku/1news/pdf/news_070720_01_01.pdf)，所収。61-73頁。62頁では，今後の課題として，「事業として実施するにあたっては……（中略）……人材確保，参加者確保といった事業戦略の構築が必要」，「現在まだ赤字構造であり，一定の投資が必要。事業として採算ベースにのせることが重要な課題」とされている。

表2 福井県内食品市場のシェア状況（2005年度）

順位	会社名	食品市場シェア	本社所在地	資本金	売上高	経常利益
1	バロー	10.4%	岐阜県	117.1億円	1634.6億円	98.2億円
2	平和堂	8.2%	滋賀県	116.1億円	3249.4億円	109.3億円
3	県民生協	6.8%	福井県	63.4億円	183.9億円	4.0億円

なっていた。表2で県内食品市場の状況を見ると，県外資本がシェア上位を占めていることがわかる。福井県民生協は1位のバロー（本社：岐阜県，福井県内でスーパーを展開しているユースを2005年に子会社化して進出した）や2位の平和堂（本社：滋賀県）と比べ資本金（出資金）で5割強，売上高（総事業高）で1割弱程度の規模しかない。また，食品をも扱う県内資本との競争を見ると，スーパーセンター業態を展開するプラントやヤスサキも，ディスカウント業態（ドラッグストア）のゲンキーも，県外に数多くの店舗を展開しており，やはり規模の経済を追求する上で県域制限条項は根本的な制約であるというべきであろう。そのような制約に対して，1996年にコープ北陸事業連合（現在事業高300億円弱）が設立されている。北陸3県3生協（富山県生協，コープ石川，福井県民生協）が加盟し，無店舗事業を中心にコープ商品の共同開発・企画・仕入を開始し，効率化を図ってきたが十分ではない。

このように，資本金・売上高・規模拡大に対する県域制限などの制約がある中で，県内の食品市場に限定すればシェア6.8%で3位に位置している[8]のだから，健闘しているとはいえようが，圧倒的な事業規模の落差を質的な面でどのように埋めていくのかが問われてきたし，その回答の一つがワークライフバランスの推進も含めた数々の受賞歴に現れているともいえよう。

---

8) 表2は注4に示した「福井県民生協の概況報告」掲載の表に資本金（出資金）と経常利益（経常剰余金）の項目を付加したもの。

第2節　いわゆる両立支援策

　日本生活協同組合連合会は，すでに1995年に第1次行動課題「男女共同参画を促進するために生協がめざすこと」をまとめ，男女共同参画促進の取り組みを全国の生協に呼びかけていたが，「全体として必ずしも順調にとりくまれたとは言えない」という状況であった[9]。しかし，1999年に「男女共同参画社会基本法」が施行され，2001年には内閣府に男女共同参画局が設置されて多くの予算をともなう施策が出されるようになり，各生協においても，男女共同参画の推進に力が入れられるようになった。

　福井県民生協でのインタビューによれば，県民生協におけるワークライフバランスへの取り組みは，組合員数が10万人を越え，「ファミリーフレンドリー企業」として表彰された2002年にさかのぼる。当時はまだワークライフバランスという言葉がそれほど流通しておらず，男女共同参画という用語の方がずっとポピュラーであった。その2002年に2009年までの「男女共同参画ポジティブアクション」を策定した。現在から振り返ってみると，これがワークライフバランスへの取り組みの始まりになるという。組合員の大半は女性であることから，また，福井県最大の女性組織団体となったことでもあり，「男女共同参画社会づくりにおいても，先進的な役割を果たしていきたい」[10]という思いがあったという。

　とはいえ，2002年度に「ファミリーフレンドリー企業福井県労働局長賞」を

9）　日本生活協同組合連合会　男女共同参画小委員会調査報告「女性が輝く元気な職員組織のマネジメント事例調査（2001年5月）」，男女共同参画小委員会「男女共同参画促進に関する重点課題の提言（1999年6月）」（http://www.jccu.coop/sankaku/2info/index.html）。

10）　組合員用リーフレット「もっとすてきに輝くために　男女共同参画活動学習資料2003年度～2009年度」にある言葉。前掲「ワーク・ライフ・バランスの取り組み」3頁。なお，ファミリーフレンドリーやワークライフバランスという言葉を，わが国にはじめて紹介したのは，1999年9月の『「ファミリー・フレンドリー」企業研究会報告書』だという（藤井龍子「「ファミリーフレンドリー」の由来」労働政策・研修機構『ビジネス・レーバー・トレンド』2007年3月号所収）。

受賞していることからもわかるように，当事者の現在の意識は別として，2002年以前からワークライフバランスへの取り組みは相当になされていた，というのが，正確なところであろう。そのことは，日本生活協同組合連合会「男女共同参画促進に関する第二次中期的行動課題 (2001年5月)」に「参考事例」として掲げられた3例の1つに「女性職員の育成を包括的に進める福井県民生協の例」がとりあげられている[11]ことからもわかる。この例示は具体的には後で触れる両立支援策（正規職員が一時的にパートに転換できる制度）であって，このことからも推測されるように，生協に限らず日本の事業組織の中でも，先進的といえる取り組みをしていたのである。

この背景としてあげておかなければならないのは，福井県ではいわゆる女性の社会進出が高水準である，という事情である。2005年国勢調査の結果を見ると，女性労働力率は53.5％で1980年以降ずっと全国第1位，女性就業率は51.6％で全国第1位，夫婦のいる一般世帯に占める夫婦共働き世帯の率も58.2％でこれも1995年以降全国第1位であり，また，女性労働力率は20代後半で78.5％，30代前半72.2％，後半76.1％となっており，いわゆるM字型カーブの谷も浅いことがわかる[12]。

以下では，現在までの福井県民生協の主要な取り組みを紹介する。具体的には，仕事と育児の両立支援，そして正規職員や管理職の男女比率の改善である。

---

11)「【4】. 参考事例 1. 女性職員の育成を包括的に進める福井県民生協の例（2000年9月関西地連男女共同参画懇談会における事例報告レジメから）」，日本生活協同組合連合会男女共同参画小委員会答申『男女共同参画促進に関する第二次中期的行動課題』（2001年5月, http://www.jccu.coop/sankaku/2info/info_2001_0606_07.htm）。

12) 福井県統計情報システム「平成17年国勢調査第2次基本集計結果（福井県分）の概要」(http://toukei.pref.fukui.jp/www/contents/1170315622678/files/fulldownroad2.pdf)。一般世帯全体に対する共働き世帯率をとると39.55％となるが，2007年と2008年の2年連続でやはり全国第1位である），同「一目でわかる福井のすがた」(平成18・19・20年版）参照 (http://toukei.pref.fukui.jp/icity/browser?ActionCode=genlist&GenreID=1123565395266)。財団法人女性労働協会「「平成19年版 働く女性の実情」（厚生労働省）付属統計表」「付表104 都道府県別年齢階級別労働力率」(http://www.miraikan.go.jp/toukei/002/statistics/data/pdf/p104.pdf)。

(1) 育児のための休暇制度

育児のための休暇制度には2種類ある。第1は育児休業で，最大1年6ヶ月（女性は産後8週間より取得できるので法定期間より8週間長く，パート職員も同条件で取得できる）であり，女性の取得者は概ね1年6ヶ月の育休をとっている。理由は，福井市の保育所入所は全体をならせば待機児童ゼロであるが，個別の保育所で見れば待機せざるをえない場合がでてくるからだという。

育児休業は1991年の導入で，取得実績は正規20名パート14名の延べ34名（うち男性2名，管理職1名）である。取得率は100％になっているが取得者数は年によって当然ばらつきがあり，少ない年は1人，2008年の現在は5人である。男性の取得者はまだ1名で，取得期間も1ヶ月にとどまっている。福井県では三世代同居世帯も多い（三世代世帯の割合は20.2％で全国第2位[13]）ので，男性の育児休業取得に潜在的なニーズ・希望はあっても顕在化しにくいのであろう。

第2はベビー休暇という独自の制度で，育休を取得しなかった者が，子が1歳になるまでに連続7日間の休暇を取得できるというものである。取得を促進するために取得時にお祝い金1万円を給付することまでしている。これは2008年に導入したばかりだが，すでに男性1名が取得している。

(2) 短時間勤務制度と一時パート制度

育児のための短時間勤務にも2種類ある。第1は育児短時間制度で，子が小学校就学前（法律上は3歳未満）まで1日2時間以内（前後どちらでも可）の短縮ができるというもので，給与は取得時の賃金を時給換算して支払われ，身分は正規職員のままである。この制度は1995年より導入され，取得職員は延べ9名である。現在，女性管理職で短時間制度を取得している者が1名いる。部署内での仕事上の問題はないが，必ずしも時間通りには帰れないという問題はある。その場合には，延長保育でなんとか対応している状況であるという。

---

13) 福井県統計情報システム「平成17年国勢調査第1次基本集計結果（福井県分）の概要」(http://toukei.pref.fukui.jp/www/contents/1162277522451/files/gaiyoupdf.pdf)。

第2は一時パート制と呼ばれている独自の制度で，両立支援を求める職員からの意見で導入された。子育て期の正規職員が最長6年間パート職員に転換し（身分はパート職員），終了時に再度正規職員に戻るというものである。労働時間は個人の申告により（極端ではあるが1日1時間でも可），給与は職員時の給与の80%を時給換算したものになる。2000年に導入され，延べ7名が取得（うち，男性は1名）している。類似の制度は福岡県でふくや（明太子製造販売）が導入しているがパートの期間は3年までであるし，石川県の福島印刷では1日の勤務時間を4時間まで短縮でき事由を限らない「勤務時間選択職制度」があるが，1年で通常勤務（正規社員）に復帰するものとされている[14]。福井県民生協の6年という期間の長さと労働時間の柔軟性は大きな特徴である。

　通常の再雇用制度ではなく，一時期のみパートに転換して就業を継続するという方法は，保育所に比較的恵まれ・三世代同居世帯が多く・通勤時間が短い地方都市での就業継続，という条件に適合しているものと思われる。さらに，再雇用制度の場合は急速に変化し続けているビジネス環境から長期間離れていたことによる再適応への不安感が高くなりがちであるが，一時パート制の場合はそのようなブランクが少なくなることから，復職希望者にとっては正規職員への復帰のハードルを引き下げる意義もあろう。

　また，一般的に，小学校に入ると昼の給食後すぐに子が帰宅することも多く，かえって就学前よりも仕事との両立が難しくなると言われることがあるので，その点をインタビューで聞いてみると，そのような声は福井県民生協内ではちらほら聞かれる程度で，今後要望が出てくるようであれば検討しなければならない，という状況であった。福井市近郊では祖父母の支援が期待できること，そして放課後の学童保育が整備されている[15]ということであろう。

---

14) 内閣府政策統括官「少子化社会対策に関する先進的取組事例研究報告書（平成18年3月）」図表2-7 (http://www8.cao.go.jp/shoushi/cyousa/cyousa17/sensin/index.html)。内閣府『共同参画』平成20年7月号，17頁。

15) 新聞報道によると，「(福井)市は「新年度は目標とする二年生までの完全入会にめどが立ったと考えている」と話している」という。「旧校舎など空き施設活用　児童クラブ整備着々」『福井新聞』2009年3月6日付。

なお，ここでは一時パート制を育児のための短時間制度として紹介したが，制度導入の経緯を見ると「育児休業法に基づく休業・時短制度は整え，利用者もいるものの，結婚等を理由とする退職については受け皿になり得ていなかった。そこで，より一層働き続けやすい労働環境整備の一環として「一時パート制度」をスタートさせた」[16]と説明されている。そのため，導入時の取得可能期間は最長5年間であったが，その後，県民生協は福井県が募集した「子育て応援プラスワン宣言企業」に応募し，その宣言の中で「正規職員の「一時パート制度」の期間を6年間に拡大し，運用を行います」と謳っている[17]。このように，本来は就業継続意欲のある女性の離職を減らして男女共同参画を推進するという役割を期待した制度であり，もともと育児との両立に限定された制度ではなかったのである。

この点は重要である。勤務時間を短縮する場合に通常とられる方法である短時間正社員制度についての厚生労働省の調査結果[18]を見ると，短時間勤務を希望する理由は非常に多様であり，未就学を理由とする者は56.0％であるが，介護70.3％・高齢期71.0％・学習活動71.6％・社会活動67.2％となっていて，育児以外の方が高くなっている。さらに希望する勤務時間をフルタイム正社員の3/4程度とする者が39.8％，1/2程度とする者が53.7％もいる。現に正社員のまま勤務時間を半減に近い水準にまで減らして勤務するという選択を可能にしている企業も存在している[19]が，勤務時間と職務内容の面でパート

---

16) 前注11に同じ。
17) 福井県産業労働部労働政策課「「子育て応援プラスワン宣言企業」の募集について」(http://www.pref.fukui.lg.jp/doc/rousei/shokubakankyou/purasuwan.html)。同「子育て応援プラスワン宣言企業のご紹介」(http://info.pref.fukui.jp/rousei/plus1/top.htm, http://info.pref.fukui.jp/rousei/plus1/seikyou.htm)。
18) 厚生労働省「多様就業型ワークシェアリング制度導入意識調査・制度導入状況実態調査結果の概要（2004年6月18日）」(http://www.mhlw.go.jp/houdou/2004/06/h0618-3a.html)，図表10，23，26。
19) 日本IBMでは子どもが中学校入学まで基準労働時間（7時間36分）の60％を最短とする短時間勤務制度がある（前掲「少子化社会対策に関する先進的取組事例研究報告書」図表2-7)。週3日勤務とすることで平日の2日を親の介護に費やすという活用事例もあ

社員に一時的に転換する福井県民生協の方式が適切であると考える企業も多いだろう。また，短時間正社員制度の処遇上の心配として「希望した時にフルタイム正社員になれるかどうか」という点を半数以上の52.1％の人々があげているが，期間限定でパートに転換し期間満了時に正規職員に復帰するという県民生協が導入している一時パート制度は，職員にとって不安の少ない制度であり，ワーク・ライフ・バランスを促進する制度として，特に勤務時間の大幅短縮を希望する社員のいる企業では有力な選択肢の一つとなるであろう。

(3) その他の両立支援制度

その他の両立支援制度としては，年次有給休暇分割取得（正規職員は2時間単位，パート職員は半日単位）・子の看護休暇（中学校就学前まで年間5日間，法律上は小学校就学前まで）・配偶者出産休暇（出産日前後5日間，法定制度はない）・キャリア形成促進休暇制度（1週間以上2年以内，理事会の承認が必要）がある。

最後のキャリア形成促進休暇制度は育児と関係が無く，異質なものであるかのように見えるかもしれない。しかし，先に述べた調査結果からもわかるように，短時間勤務の希望は育児以外の方が多い。また，そもそもワークライフバランスとは労働者の権利でもあって，介護はもちろん，自己研鑽などにも開かれたものであるべきである[20]。従業員数100人以上の企業1万社に対する調査で「今後利用したい勤務制度」の第1位が「学習等の自己啓発のための休暇

る（http://www-06.ibm.com/jp/employment/jp/life/modus/balance.shtml）。東武宇都宮百貨店では，小学校就学までか介護で最長3年の間，最短4時間10分の勤務が可能な制度がある。厚生労働省「平成12年度ファミリー・フレンドリー企業表彰」（http://www.mhlw.go.jp/general/seido/koyou/family/kigyo2.html#2）。富士ソフトでは最短4時間の短時間勤務が可能。日本経団連出版編集『ワークライフバランス推進事例集』日本経団連出版，2008年．234頁。日立情報制御ソリューションズでは育児や介護で利用可能な短時間勤務制度（1日4～6時間）がある（http://www.hitachi-ics.co.jp/recruit/job/talk.html）。日立製作所でも同様だが（「父親が子育てしやすい会社アンケート主要結果」http://www.fathering.jp/pdf/result.pdf），前掲『ワークライフバランス推進事例集』（182頁）では多少内容が異なっており日立製作所のホームページ上でも確認できなかった。

20）西村智ほか『ワークライフバランス入門』ミネルヴァ書房，2007年，10-12頁。

制度」(複数回答可で25.3％)であった[21]という結果も報告されている。この点で，県民生協の一時パート制度も育児支援に限定されたものではなかったことは注目すべきである。また，企業内で時間と費用をかけて育成した意欲ある労働者に長期間にわたり能力を十分に発揮し成長させることは，企業の利益でもあり，その意欲・能力とは無関係な要因で退職させてしまうことは大きな損失である。この観点からワークライフバランスを推進していくのであれば，上記のような自己研鑽のための休暇制度も，就業を継続させ意欲と能力を高め生産性の向上をもたらす戦略の一部として有用であろう。

(4) 制度を支える仕組み

上述の諸制度は，それだけで十分に機能するわけではない。つまり，両立支援策に限らず，有給取得にしても，我が国では制度はあっても取得率は十分とは言い難い。仕事をなによりも優先しようとする意識はまだまだ強固であるから，単に制度を作るだけではなく，人事部や上司が積極的に取得を促すことも含め，実質的に制度を機能させる仕組みを必要としている。

福井県民生協の場合，まず，支援制度に対する職員の理解を高めるために，労働条件職場説明会・管理職学習会・部内報掲載による周知徹底をはかっている。支援制度の取得には，本人のみならず，同僚と上司の理解と配慮が必要不可欠であるからである。

次に，支援制度を利用する可能性のある職員を事前に把握してフォローするために，「赤ちゃんが産まれます報告書」を提出してもらう(男性は配偶者が妊娠6ヶ月に入ったとき，女性は妊娠がわかったとき)。報告書が出されたら，「職員のためのリーフレット(妊娠・出産・育児編)」を渡し，各種休暇制度の取得を促す。出産3ヶ月前に男性には「配偶者出産に伴う休暇計画書」，女性には「育

---

[21] 才川智広「ワーク・ライフ・バランスの現状と課題」，労働政策・研修機構『ビジネス・レーバー・トレンド』2008年2月号，26頁。2位は僅差の23.9％で短時間正社員制度。これらは休暇取得が難しく長時間労働という問題の指摘(24頁の図表26参照)に対応している。

児計画書」を提出してもらう。また，上司に直接申し出ることには抵抗があるので，所属長には人事の方から事情を説明するという細やかな配慮もおこなっている。そして，先の計画書に応じて，所属長や業態責任者と制度取得時の人員配置を協議することになる。

　問題は必要となる代替要員の確保であるが，基本は配置転換である。しかし，育休開始と人事異動が時期的に一致しない場合があるので，支援スタッフ2名からなる業務支援部門が設置されており，一時的に人員不足が生じた事業所に支援スタッフを配置し支援する，という体制を整えている。支援スタッフは両立支援だけでなく，年次有給休暇（2007年度取得率56.64％）などの取得時にも随時必要な支援に入り，各種制度の取得率の向上に努めている。

　また，出産予定情報は上記の「赤ちゃんが産まれます報告書」で把握できるが，それ以外の情報を得るために，全職員に年に1回，自己申告書を提出してもらい，これによって「心身の状態や仕事を続ける上での悩みを聞き取り，人事異動などの配慮や両立支援制度の取得推進を行って」いる。

　このように，福井県民生協では現場の職員から直接の声を聞くという姿勢を強く持っている。他の例では，「労働組合がないので，毎年の労働条件を決める際には労働条件の職場討議をやります。事業所別かつ正規職員，パート職員の階層別に，必ず常勤役員（理事長，専務，常務，常勤役員のうち一人），人事担当が参加して，労働条件についてのヒアリングを行います。やはり職場ごとの問題があるので，改善問題に優先順位を付けもう一度役員会で改善を行っています。そのようなことで役員が直接現場に出向いて，現場の声を聞きましょうということです」。その他にも，全職員に対して2002年から年1回の職員満足度調査を実施してパートも含めた職員の満足度を把握して制度改善に役立てようとしている（基本的に無記名であるが，2008年度調査では3割程度の職員が記名）。調査の質問項目は全部で30-40項目あるが，分類すると大きく8分野にわたっており，そのうちの一分野がワークライフバランスについてである[22]。

---

22) ①生協としての理念・目標を理解しているか，②上司と上手くいっているか，③自分達の職場や違う職場とのコミュニケーションが出来ているか，④社員教育の満足・不

総合評価では満足度は45％強で目標としている50％に近い。ワークライフバランス（あるいは男女共同参画）についての満足度は2004年度の25％強から2007年度の35％まで上昇しているが、まだ十分ではない。おそらく、支援制度を必要としているのは全職員中の一部で、子育てに直面しない限り必ずしも自分自身の問題とは捉えられていない、という状況なのであろう。だとすれば、ワークライフバランス＝育児との両立支援という限定的な意味でしか多くの職員には認識されていないということであり、例えば、せっかくの「キャリア形成促進休暇制度」や「一時パート制度」の意味が減殺されてしまう。今後、この点に関して一層の啓発活動が必要であると思われる。

　そのような事情もあってか、やはり当事者である出産・育児期にあたる職員の意見を十分に聞くことが重要であるとして、福井県民生協では「くるみんの会」という内部組織をつくっている。これは両立支援制度を取得した職員もしくは取得中の職員から構成されており、全部で10人位の集まりである。この

満足、⑤賃金制度、⑥賃金以外の福利厚生の制度について、⑦ワークライフバランスについて（男女とも働き易いか、制度は色々ある実際に取り易いか等）、⑧総合して生協で働くことに対して満足しているか、の8分野。結果の公表はしていないし、他生協は調査していないようなので比較できない、とのことである。特徴的な結果としては、賃金に対する満足度は低いのに仕事のやりがいは感じている、ということがある。2003年度には「やりがいを感じる」職員は45％だったが、2008年度では57.5％と、5年で10％ポイントも上昇している。同様に生協の理念・目標を理解している職員の比率も上昇しているので、理念・目標の浸透が仕事のやりがいを高めている要因の一つであろうし、また、上司に対して、怒るのではなく小さなことでも褒めるようにと啓発を続けてきたことも要因であろうし、さらに、業績に対して表彰することを止めて、職員から渡される「ありがとうカード」が多い職員やコールセンターなどに例外的に届く組合員からの感謝の声（2007年度では124,948件中365件、当然ながらクレームが多い）を把握して、感謝されることの多い職員を毎月表彰するようにしたこと、これらが仕事のやりがいの増加に結びついているのではないか、と福井県民生協では分析している。なお、職員満足度調査で、組合員から感謝される時にやりがいを感じるという声が8～9割もあったので、上記のように表彰制度に変えたということである。なお、この調査結果は人事部で分析していたが、職員自身の目線からのズレがないように、3年前から各職場の代表者で構成する職場満足度向上委員会で議論し答申をまとめて役員会へ提出するようにしているとのことである。ここでも職員の声を汲み取って直接反映させようとする姿勢が現れている。

会を2～3ヶ月に1回開催し，意見交換をして支援制度の見直し等に役立てようというものである。当事者として体験しないとわからないことも多々あるので，その立場から意見を出してもらおうという試みである。この会は同時に，休職中の職場の状況や新しい動き・情報を育休取得者に知らせて，育休あけの職場復帰に戸惑うことがないようにするという役割も果たしている。つまり，職場復帰への支援ともなっている。一般的に育休からの復職支援では上司から定期的に電子メール等で連絡をいれることなどが行われる。育休からの復帰直前に退職してしまうというような残念な事例を防ぐため[23]であるが，「くるみんの会」では，実際に育休を取得した経験者と現在取得中の同僚とも顔を合わせて語り合うという点で，1年半もの休業期間から生じる復職への不安と職場情報からの疎外状態を緩和し，仕事へのモチベーションを維持し高めるという積極的な役割を担っているものと思われる。

第3節　男女均等推進 ―― 女性比率とその是正

　前節では両立支援の制度がよく整っており独自性もあること，そして職員の直接の声を聞き配慮しようとする仕組みがあることがわかった。しかも，形式を整えるだけではなく，「全ての制度で希望があれば取れます」「だめとは言わないです」との姿勢で運用されているとのことであった。

　両立のしやすい職場であることはわかったが，そのことと女性管理職が多く女性の活用が進んでいる職場とは必ずしも一致しないとの指摘がある[24]。前者は定着率が高く，後者は激務で既婚女性が少ない傾向があるということであるが，福井県民生協ではどうなのだろうか。

　2008年3月末現在の職員状況と職員男女比率は表3と表4の通りである。

---

23) 小室淑恵『新しい人事戦略　ワークライフバランス　考え方と導入法』日本能率協会マネジメントセンター，2007年，187-89頁。
24) 前田正子『子育てしやすい社会』ミネルヴァ書房，2004年，178頁。

表3 職員状況

項　目	男性	女性	合計
正規職員数	143名	44名	187名
パート職員数	30名	311名	341名
合　計	173名	355名	528名
うち管理職数	49名	6名	55名
うち監督職数	35名	19名	54名
平均勤続年数	11.6年	6.4年	10.4年
平均年齢	36.2歳	33.5歳	35.5歳

表4 職員男女比率

項　目	数　値
女性比率① 全職員	67.2%
女性比率② 正規職員	23.5%
女性比率③ 管理職	10.9%
新規採用正規職員女性比率(08年)	50%
正規職員への登用者(01年度以降)	46名
(うち女性)	3名
全職員に占めるパート比率	64.6%

　これまでの7年間の取り組みの成果として，2009年までの目標のうち，新規採用正規職員女性比率40％以上は達成され，正規職員女性比率25％以上もほぼ達成されている。ただ，女性常勤役員はまだ現れていないし，管理職女性比率は目標には達しておらず10.9％である。全国の生協では課長級以上の女性比率は2005年で4.8％でしかないが[25]，福井県民生協は2002年でも6.7％であったし，現在では全生協平均の倍以上になっており，かなり高いことになる。民間の女性管理職割合は2007年の総務省「労働力調査」では9.9％である[26]から，民間平均を1％ポイント上回っていることにもなる。

　この状態を更に改善していくために取り組んでいることは，採用時の女性比率の増大と女性離職率の低減であるという。採用に関しては，ここ4・5年は新卒採用で男女を同数にすることを採用方針としている。女性正規職員の絶対数が足りないという認識があるからだが，同時に男女共同参画あるいはワークライフバランスに力を入れているということが知られるようになって，特に新卒女性の応募が増えてきたからでもある。次に離職率の低減が必要である。実態としては，5-6年前には3年で全員離職ということもあったが，ここ4-5年は採用3年たっても8-9割は残っているという。2007年から離職率低減に取

---

25) 2005年11月調査。日本生活協同組合連合会「誰もが安心して気持ちよく暮らせる社会へ（2006年7月）」(http://www.jccu.coop/sankaku/1news/pdf/news_070723_01_01.pdf)，3頁。
26) 内閣府男女共同参画局『平成20年版男女共同参画白書』佐伯印刷，2008年。75頁。

り組みが始まり，そのためもあってか 2007・08 年の新卒採用では一人も辞めていない。

　だが，以上の 2 点の改善は，現時点での若い女性職員を増やすことになるから，正規職員女性比率を引き上げ，女性管理職比率を引き下げる効果をもたらすはずである。加えて，ファミリーフレンドリー施策やワークライフバランスを追求して一層新卒女性比率や定着率が上昇すれば，なおさらそうなるのではないか，という疑問が生まれるであろう。しかしながら，時間軸を短期から中長期に移して考えれば，必ずしも両者はトレードオフの関係ではないであろう。むしろ優秀で意欲のある女性を引きつけ勤続年数を中長期的に高めることで，女性の活用の可能性も高まると考えられる。男女共同参画・ファミリーフレンドリー施策・ワークライフバランスを追求し始めてから 7 年であるが，管理職女性比率の上昇を一層上昇させるには，いま少し時間が必要であろう。

　そこで女性管理職が 10.9％にとどまる点についてインタビューで尋ねてみると，そもそも女性の絶対数が少ないということのほかに，「ちょうど今は管理職に登用する年代の女性がいないという感じです」という答が返ってきた。1986 年の男女雇用機会均等法施行の頃から大卒女性を採用し，その前から男女賃金格差はなかったし，総合職と一般職の区分もないというが，表 3 の平均勤続年数をみると女性の勤続年数は男性の 55％強しかなく，数年前までの離職率の高さを反映している。しかし，「子育てをしながら管理職になった女性もいます」ということであるし，管理職と一般職員の中間に位置する監督職では（目標には達していないが）54 名中 19 名が女性で 35.2％を占めている。今後，女性の勤続年数もさらに上昇し，数年先以降には管理職につく女性も増えてくるものと思われる。これまでは短期的効果が現れていたが，今後は徐々に中長期的効果も顕在化してくるであろう。

　ただし，そうなるためには別個の条件も必要となってくるのではないかと思われる。

　第 1 は，女性の管理職や役員を育てる意識的な努力である。この点については，現在，職員の成長過程のモデル集を作成しているところだという。子育て

しながら管理職となった女性も含めて，職場の様々な先輩たちの成長モデルを整理して職員に提供し，自分の目標となる将来像を形成しキャリアをつんでほしいということである。このようなモデルの提供は，支援制度の目的が単なる育児との両立ではなく，女性の意欲と能力の向上を望んで支援しているのだ，というメッセージを明示する点でも重要な意味があろう。とはいえ，このモデル集の提供で十分なのかどうかは問題である。今後の経過を見ないとわからないが，より積極的に，女性の管理職や役員への昇進を目標とするメンター制度を導入するなどの他の方策も必要なのではないかと思われる。

　第2は一事業体の努力で可能なものではないが，考慮すべき条件である。前述したような両立支援策があっても，育児や介護の性別役割分担意識が強固であれば，育児休暇・育児短時間制度・一時パート制・看護休暇などの両立支援策を取得するのは，結局は女性が主体となる。福井市という地方都市の郊外に位置することでの三世代同居の多さと性別役割意識の強固さは，昇進面では阻害要因となりうるものであろう。特に育児休業と一時パート制は合計で最長7年半を越えるので，両立支援がかえって管理職への女性の登用を難しくすることにもなりかねない。この問題は大都市の企業とは異なる地方企業の女性活用面での不利な点であり，地方にある企業ほど意識しておかねばならない点であろう。したがって，やはり，先にあげた第1の条件である女性登用の積極策を意識的に展開する必要があると思われる。

第4節　むすび

　福井県民生協のワークライフバランスへの取り組みを，両立支援（ファミリーフレンドリー施策）と男女均等推進の二つの側面から見てきた。前者の面では，制度および制度を支える仕組みの双方が整っており，特に子育て支援には限定されない一時パート制という独自の制度が整備されていた。これは最長6年という期間と労働時間の申告制という柔軟さ，そして職員の希望によって創設さ

れた育児支援に限定されない制度であるという独自性がある。通常の短時間勤務制度や再雇用制度よりも一時パート制が適切だと考える企業も数多いであろう。

　後者の面では，職員の男女構成比や管理職の女性比率から見て，まだ十分とはいいにくい。その原因の一つは，正規職員女性比率の上昇にはそれほどの期間は必要としないが，女性の活用・登用には長い期間が必要とされる，という時間軸の違いであろうから，後者の面での成果は今後を見なければならない。

　ただし，時間が全てを解決するわけではない。大都市部ではなく，小都市あるいは地方に立地している場合，保育園の待機児童が平均的にはゼロでかつ三世代同居が多いために乳幼児期の祖父母の援助が期待でき，女性にとって仕事と家庭の両立が成り立ちやすくなるのではあるが，そして両立支援策は女性だけでなく男性をも対象としているのであるが，結局は女性のみが支援策を取得し，その結果，昇進できずにおわるということになりがちである。であるから，個別の事業体が女性の意欲と能力を十分に活用できるためになしうることは，意識的に女性管理職・役員を育成する制度や仕組みを整備することであろう。注意すべきことは，時間という要因以外にも，女性の側の意欲・能力さらには地域によっても異なってくる規範意識あるいは性別役割意識の問題も当然ながら関わってくるのだから，単純に男女比率を1対1にすることを目標として済むわけではないということである。そこで，何が昇進の壁となっているかについて，女性職員の生の声を注意深くすくい上げることで，より現状に即した，そして効果的な制度や仕組みを構築することができるだろう。福井県民生協にはそのような職員の直接の声を聞いて応えていくという土壌あるいは風土があるのだから，この姿勢を徹底することに困難はないはずである。

　いま述べた意識的な女性登用策の整備を怠るなら，第3節冒頭であげたような両立支援と女性活用の二律背反状態に陥り，ワークライフバランスと経営効率あるいは生産性向上とがトレードオフの関係とされてしまいかねない。確か

にワークライフバランスは無条件に経営効率を高めるのではない[27]だろうが，だとするならば，両者をともに成立させるような各事業体の特性に応じた制度と仕組みを開発し構築することが必要であろう。先進事例のモノマネではない柔軟な応用と独自制度の開発が重要であり，どの企業にとっても，それが今後の課題となっていくものと思われる。

　以上のように考えると，福井県民生協が取り組んでいる職員満足度調査は重要となってくる。他県の生協ではそのような調査を実施していないとのことだが，両立支援および男女均等推進の状況を職員の満足度の観点から調査し，常に満足度を引き上げていく方向に制度・仕組みを編成しかつ柔軟に修正を加えていくこと，これこそが，個別企業として可能であるとともに，時代と地域状況に応じ時間と共に変化していく，各事業体ごとの特性に応じたワークライフバランスの望ましい推進の仕方であろう。また，第2節 (4) で触れた自己申告書は年に1度完全記名性で全職員に出してもらっているが，「来年どんな仕事がしたいか」「将来どんな仕事がしたいか」など配置転換希望を聞くものでもあり，例えば「来年結婚しようと思うので異動しないで欲しい」などという希望がでてくる。ここにも，まさに職員によって異なるワークライフバランスにかかわる希望を汲み取って柔軟に対応していこうという姿勢，県民生協のめざす「職員重視」と「多様性を認めあう組織」[28]が制度・仕組みとなって現れているといえよう。このような職員の希望に即して組織を運営していこうとする姿勢は，ワークライフバランスとは大げさに難しく考えるのではなく，基本的には「働く人の幸せを考えた施策」であり，「これからの人材マネジメントの基礎部分」で，「一種のインフラだ」という見方[29]とも適合的であるだけでなく，

---

27) 中村良二「両立支援施策を企業から見れば」『ビジネス・レーバー・トレンド』2008年6月号。この点は前掲「少子化社会対策に関する先進的取組事例」でも言及されている。
28) 福井県民生協の基本的価値観は「組合員本位」「独自能力」「職員重視」「社会との調和」の4つであり，「職員満足を高める「ありたい組織」」として，「多様性を認めあう組織」「ワークライフバランスを推進する組織」「ロールモデルをみんなで作り，育てる組織」「職員と，職員の家族の元気を創出する組織」の4つを掲げている。
29) 守島基博「「ワークライフバランス」に対する三つの誤解」『プレジデント』2007年

その具体化でもあると考えることができる。

追記：日本経済新聞の連載企画記事「働くニホン」（2009年4月27日付け）は，「りそな銀行は育児や介護で仕事を減らさざるを得ない人を対象に，正社員からパート社員に変われる制度を導入した。いったんパートになっても子供が小学校三年生までなら，いつもで正社員に戻れる。昨年十一月には基本給や評価基準も正社員と同じにした」と伝えている。りそなグループ『RISONA WAY —— CSR REPORT 2008』（http://www.resona-gr.co.jp/holdings/csr/report/pdf/csr2008.pdf）で「社員・スタッフ転換制度」のごく簡単な紹介があるが，上の記事内容の確認はできない。

9.3号（http://www.president.co.jp/pre/backnumber/2007/20070903/2868/1282/）。

統計資料

付表1　中国経済の主要指標

	2001年	2002年	2003年	2004年	2005年	2006年	2007年
実質 GDP 成長率	8.3	9.1	10.0	10.1	10.4	11.6	11.9
国内総生産（GDP・億ドル）	13248	14538	16410	19316	22446	26452	32816
一人当たり GDP（元）	8,622	9,398	10,542	12,336	14,053	16,165	18,934
一人当たり GDP（ドル）	1,042	1,135	1,274	1,490	1,715	2,028	2,489
都市世帯一人当可処分所得（元）	6860	7703	8432	9421	10493	11760	13786
農村世帯一人当純収入（元）	2366	2476	2622	2936	3255	3587	4140
直接投資受け入れ額（億ドル）	469	527	536	606	603	630	748
貿易総額（億ドル）	5097	6208	8510	11546	14219	17604	21737
輸出額	2661	3256	4382	5933	7620	9689	12178
同伸び率（％）	6.8	22.4	34.6	35.4	28.4	27.2	25.7
輸入額	2436	2952	4128	5612	6599	7915	9560
同伸び率（％）	8.2	21.2	39.8	36.0	17.6	19.9	20.8
経常収支（億ドル）	174	354	459	687	1608	2532	3718
外貨準備（億ドル）	2122	2864	4033	6099	8189	10663	15283
為替レート（元/ドル）	8.2770	8.2770	8.2770	8.2768	8.1917	7.9718	7.6040
通貨供給（M2 前年比％）	17.6	16.8	19.6	14.9	16.3	17.0	16.7
消費者物価指数（前年比％）	0.7	▲0.8	1.2	3.9	1.8	1.5	4.8
小売物価指数（前年比％）	▲0.8	▲1.3	▲0.1	2.8	0.8	1.0	3.8
財政収支（億元）	▲2517	▲3150	▲2935	▲2090	▲2281	▲1663	1541
歳入	16386	18904	21715	26396	31649	38760	51322
歳出	18903	22053	24650	28487	33930	40423	49781
上海株価総合指数　最高	2245.44	1748.89	1649.60	1783.01	1328.53	2698.90	6124.04
最低	1514.86	1339.20	1307.40	1259.43	998.23	1161.91	2541.53
年度末	1645.97	1357.65	1497.04	1266.5	1161.06	2675.47	5261.56
食糧生産（万トン）	45264	45706	43069	46947	48402	49804	50160
穀物生産量	39648	39799	37429	41157	42776	45099	45632
コメ	17758	17454	16066	17909	18059	18172	18603
小麦	9387	9029	8649	9195	9745	10847	10930
トウモロコシ	11409	12131	11583	13029	13937	15160	15230
豆類生産量	2053	2241	2128	2232	2158	2004	1720

肉類生産量 (万トン)	6334	6234	6444	6609	6939	7089	6866
豚肉	4185	4123	4239	4341	4555	4651	4288
牛肉	549	522	543	560	568	577	613
自動車生産台数 (万台)	234	325	444	509	570	728	889
乗用車	70	109	207	228	277	387	480
トラック	89	109	112	158	149	180	218
自動二輪車生産台数 (万台)	1041	1199	1461	1675	1691	2055	2508
自動車個人保有数 (万台)	771	969	1219	1482	1848	2333	2876
携帯電話生産台数 (万台)	8032	12146	18231	23752	30354	48014	54858
エアコン生産台数 (万台)	2334	3135	4821	6390	6765	6849	8014
パソコン生産台数 (万台)	878	1464	3217	5975	8085	9336	12073
洗濯機生産台数 (万台)	1342	1596	1964	2533	3036	3561	4005
冷蔵庫生産台数 (万台)	1351	1599	2243	3008	2987	3531	4397
カラー TV 生産台数 (万台)	4094	5155	6541	7432	8283	8375	8478
粗鋼生産量 (万トン)	15163	18237	22234	28291	35324	41915	48929
化学繊維生産量 (万トン)	841	991	1181	1700	1665	2073	2414
化学肥料生産量 (万トン)	3383	3791	3881	4805	5178	5345	5825
農薬生産量 (万トン)	79	93	77	82	115	138	176
原油生産量 (万トン)	16396	16700	16960	17587	18135	18477	18632
原油輸入量 (万トン)	6026	6941	9102	12281	12682	14518	16317
大豆輸入量 (万トン)	1394	1131	2074	2023	2659	2827	3082
小麦輸入量 (万トン)	69	63	45	726	354	61	10
原木輸入量 (万立方米)	1686	2433	2546	2631	2937	3215	3709
海外渡航者数 (万人)	695	1006	1481	2298	2514	2880	3492

注：GDP（ドル）および一人当たり GDP（ドル）は，政府発表の各年の年平均レートによりドル換算。
　　為替レートは年平均レート。
　　財政は中央政府と地方政府の合計。
　　海外渡航者数は私的目的のみ。
資料：中華人民共和国国家統計局編『中国統計年鑑』，『中国統計摘要』各年版，他より作成。

付表2　中国の主要貿易相手国（2007年）

	総額		輸出		輸入		収支
	億ドル	構成比	億ドル	構成比	億ドル	構成比	億ドル
米　国	3021	13.9	2327	19.1	694	7.3	1633
日　本	2360	10.9	1020	8.4	1339	14.0	▲319
香　港	1972	9.1	1844	15.1	128	1.3	1716
韓　国	1599	7.4	561	4.6	1038	10.9	▲477
台　湾	1245	5.7	235	1.9	1010	10.6	▲775
ドイツ	941	4.3	487	3.9	454	4.7	33
ロシア	482	2.2	285	2.3	197	2.1	88
シンガポール	471	2.2	296	2.4	175	1.8	121
マレーシア	464	2.1	177	1.5	287	3.0	▲110
オランダ	463	2.1	414	3.4	49	0.5	365
オーストラリア	438	2.0	180	1.5	258	2.7	▲78
英　国	394	1.8	317	2.6	78	0.8	239
インド	386	1.8	240	2.0	146	1.5	94
タ　イ	346	1.6	120	1.0	227	2.4	▲107
フランス	337	1.6	203	1.7	133	1.4	70
イタリア	314	1.4	212	1.7	102	1.1	110
フィリピン	306	1.4	75	0.6	231	2.4	▲156
カナダ	303	1.4	194	1.6	110	1.2	84
ブラジル	297	1.4	114	0.9	183	1.9	▲69
サウジアラビア	254	1.2	78	0.6	176	1.8	▲98
インドネシア	250	1.2	126	1.0	124	1.3	2
スペイン	210	1.0	165	1.4	44	0.5	121
イラン	206	0.9	73	0.6	133	1.4	▲60
総　　計	21737	100.0	12178	100.0	9560	100.0	2618

資料：中華人民共和国国家統計局編『中国統計年鑑』2008年版より作成。

付表 3 対中国直接投資 (実績)

(単位：100 万ドル)

	2001 年	2002 年	2003 年	2004 年	2005 年	2006 年	2007 年
日　　本	4348	4190	5054	5452	6530	4598	3589
韓　　国	2152	2721	4489	6248	5168	3895	3678
台　　湾	2980	3971	3377	3117	2152	2136	1774
シンガポール	2144	2337	2058	2008	2204	2260	3185
マレーシア	263	368	251	385	361	393	397
米　　国	4433	5424	4199	3941	3061	2865	2616
ドイツ	1213	928	857	1058	1530	1979	734
英　　国	1052	896	742	793	965	726	831
フランス	532	576	604	657	615	383	456
オランダ	776	572	725	811	1044	841	617
イタリア	220	177	317	281	322	350	348
香　　港	16717	17861	17700	18998	17949	20233	27703
マカオ	321	468	417	546	600	603	637
バージン諸島	5042	6117	5777	6730	9022	11248	16552
ケイマン諸島	1067	1180	866	2043	1948	2095	2571
サモア	543	879	986	1129	1352	1538	2170
モーリシャス	306	484	521	602	908	1033	1333
総　　額	46878	52743	53505	60630	60325	63021	74768

注：バージン諸島，ケイマン諸島，サモア，モーリシャスは課税回避地。香港，マカオは現地子会社からの投資を含む。
資料：中華人民共和国国家統計局編『中国統計年鑑』各年版より作成。

付表4 中国の対外直接投資（非金融部門・ネット，実績）

(単位：100万ドル)

	2004年	2005年	2006年	2007年	07年末残高
香　　港	2628	3420	6931	13732	68781
ケイマン諸島	1286	5163	7833	2602	16811
バージン諸島	386	1226	538	1876	6627
米　　国	120	232	198	196	1881
シンガポール	48	20	132	398	1444
オーストラリア	125	193	88	532	1444
ロ シ ア	77	203	452	478	1422
カ ナ ダ	5	32	35	1033	1255
韓　　国	40	589	27	57	1214
英　　国	29	25	35	567	950
マ カ オ	27	8	−43	47	911
ド イ ツ	128	129	77	239	845
南アフリカ	18	47	41	454	702
インドネシア	62	12	57	99	679
ナイジェリア	46	53	68	390	630
日　　本	15	17	39	39	558
ベトナム	17	21	44	111	397
アルジェリア	11	85	99	146	394
タ　　イ	23	5	16	76	379
総　　計	5498	12261	17634	26506	117911

資料：中華人民共和国国家統計局編『中国統計年鑑』各年版より作成。

付表 5 韓国経済の主要指標

	2000 年	2001 年	2002 年	2003 年	2004 年	2005 年	2006 年	2007 年
GDP 成長率（％）	8.5	3.8	7.0	3.1	4.7	4.2	5.1	5.0
民間最終消費支出（％）	8.4	4.9	7.9	▲1.2	▲0.3	3.6	4.2	4.5
総固定資本形成（％）	12.2	▲0.2	6.6	4.0	2.1	2.4	3.6	4.0
建設投資（％）	▲0.7	6.0	5.3	7.9	1.1	▲0.2	▲0.1	1.2
設備投資（％）	33.6	▲9.0	7.5	▲1.2	3.8	5.7	7.8	7.6
失業率（％）	4.4	4.0	3.3	3.6	3.7	3.7	3.5	3.3
製造業生産指数	100.0	100.2	108.4	114.2	126.2	134.0	148.1	160.5
製造業常庸月額賃金（万ｳｫ）	160	170	191	207	228	246	259	277
同　上昇率（％）	8.5	6.3	12.0	8.7	10.0	7.8	5.6	6.9
労働生産性（％）	8.2	▲2.4	10.7	8.4	15.9	19.7	21.0	12.5
外貨準備高（期末：億ﾄﾞﾙ）	962	1,028	1,214	1,554	1,991	2,104	2,390	2,622
為替レート（年末：ｳｫ/＄）	1,260	1,326	1,200	1,198	1,044	1,013	929	938
輸出（億ﾄﾞﾙ）	1,723	1,504	1,625	1,938	2,538	2,844	3,255	3,715
輸入（億ﾄﾞﾙ）	1,605	1,411	1,521	1,782	2,245	2,612	3,094	3,568
貿易収支（億ﾄﾞﾙ）	118	93	103	150	294	232	161	146
消費者物価（％）	2.3	4.1	2.8	3.5	3.6	2.8	2.2	2.5
一人当たり国民所得（ﾄﾞﾙ）	10,841	10,160	11,499	12,720	14,193	16,413	18,372	20,014
対外直接投資（100 万ﾄﾞﾙ）	5,069	5,164	3,697	4,062	5,989	6,557	10,958	20,352
市中銀行一般貸出金利	8.53	7.79	6.70	6.24	5.90	5.58	5.99	6.55
株価指数 80 年 1 月 = 100	734.2	572.8	679.8	679.8	832.9	1073.6	1352.2	1713.2
乗用車登録台数（万台）	798	850	934	1,010	1,048	1,088	1,140	1,190

注：製造業生産指数 2000 年 = 100，貿易収支は輸出入の差額．対外直接投資は国際収支基準，一般貸出金利は期中平均，乗用車登録台数は期末，％は前期比または前年同期比．

資料：Bank of Korea, *National Account*, Korea National Statistical Office, *Monthly Statistics of Korea*, The Export-Import Bank of Korea, *Overseas Direct Investment Statistics Yearbook*, 他より作成．

付表6　日本と東アジア諸国との貿易

	2006年							2007年						
	総		額	輸		出	輸		入	総		額	輸		出	輸		入
	億ドル	伸び率	億ドル	伸び率	億ドル	伸び率	億ドル	伸び率	億ドル	伸び率	億ドル	伸び率
中　　　国	2113.7	11.6	928.5	15.6	1185.2	8.6	2367.0	12.0	1090.6	17.5	1276.4	7.7
香　　　港	379.9	0.7	364.7	0.9	15.2	▲3.7	402.7	6.0	388.2	6.4	14.5	▲4.8
韓　　　国	776.7	8.8	503.2	7.3	273.5	11.4	814.5	4.9	542.0	7.7	272.5	▲0.3
台　　　湾	645.0	3.9	441.5	0.6	203.5	11.9	645.9	0.1	447.8	1.4	198.1	▲2.6
シンガポール	268.5	6.2	193.6	4.4	74.9	11.0	288.1	7.3	217.8	12.5	70.3	▲6.1
タ　　　イ	398.2	4.1	229.2	1.4	169.0	7.8	438.3	10.1	255.5	11.5	182.8	8.2
マレーシア	287.1	4.8	132.2	4.9	154.9	4.8	324.0	12.9	150.3	13.6	173.7	12.1
インドネシア	315.3	4.3	73.8	▲20.6	241.5	15.3	355.0	12.6	90.5	22.6	264.5	9.5
フィリピン	169.8	0.5	90.2	▲1.1	79.6	2.5	181.6	6.9	94.6	4.9	87.0	9.3
ベトナム	94.4	15.5	41.4	14.7	53.0	16.1	118.0	25.0	56.7	37.0	61.3	15.7
イ ン ド	85.2	26.0	44.6	25.9	40.6	26.2	103.0	20.9	61.5	38.0	41.5	2.4
アジア計	5602.9	7.7	3077.8	6.3	2525.1	9.6	6110.4	9.1	3431.1	11.5	2679.3	6.1
世　界　計	12265.8	9.8	6472.9	8.2	5792.9	11.7	13338.2	8.7	7127.4	10.1	6210.8	7.2

資料：日本貿易振興機構編［JETRO貿易投資白書2007］より作成。

付表7 東アジア諸国の成長率

	Average 71-80	Average 81-90	Average 91-97	1997	1998	1999	2000	2001	2002	2003	2004	2005	2006	2007
IES			6.8											
韓　国	9.0	8.8	7.2	5.0	▲6.7	9.4	8.5	3.8	7.0	3.1	4.6	4.2	5.1	5.0
台　湾	9.3	9.9	6.5	6.7	4.6	5.4	5.9	▲2.2	4.6	3.5	6.2	4.2	4.8	5.7
香　港	9.3	8.5	5.3	5.0	▲5.0	3.4	10.2	0.6	1.8	3.0	8.5	7.1	7.0	6.4
シンガポール	7.9	7.2	8.3	8.5	▲1.4	7.2	10.0	▲2.4	4.2	3.5	9.0	7.3	8.2	7.7
ASEAN・4	7.4	6.3	6.9											
マレーシア	7.8	6.1	8.5	7.3	▲7.4	6.1	8.9	0.5	5.4	5.8	6.8	5.3	5.8	6.3
タ　イ	7.9	5.2	6.8	▲1.4	▲10.5	4.4	4.8	2.2	5.3	7.1	6.3	4.6	5.2	4.9
インドネシア	7.7	7.8	7.4	4.5	▲13.1	0.8	4.9	3.8	4.4	4.8	5.0	5.7	5.5	6.3
フィリピン	6.0	5.5	3.1	5.2	▲0.6	3.4	6.0	1.8	4.4	4.9	6.4	5.0	5.4	7.2
中　国	7.9	1.0	11.2	8.8	7.8	7.1	8.4	8.3	9.1	10.0	10.1	10.4	11.6	11.9
ベトナム	—	10.1	8.5	8.2	5.8	4.8	6.8	6.8	7.1	7.3	7.7	8.4	8.2	8.4
インド	3.7	6.1	—	4.8	6.5	6.1	4.4	5.8	3.8	8.5	7.5	9.4	9.6	9.0
日　本		5.8		0.0	▲1.5	0.7	2.6	▲0.8	1.1	2.1	2.0	2.3	2.3	1.9

資料：The Asian Development Bank, *Asian Development Outlook*, 各年版および各国政府統計より作成。

付表 8　東アジア諸国の一人当たり GDP の推移

(単位：ドル)

	韓国	台湾	香港	シンガポール	マレーシア	タイ	インドネシア	フィリピン	中国	ベトナム	日本	インド	ロシア
1965 年	120	200	500	450	260	120	85	150	na	na	760	90	1,000
1970 年	275	390	963	914	394	196	80	183	na	na	1,978	110	1,790
1980 年	1,632	2,330	5,655	4,854	1,812	703	519	677	na	na	9,184	230	na
1990 年	5,917	7,870	13,111	13,472	2,411	1,531	590	721	344	138	24,706	368	3,430
1991 年	6,799	8,725	14,949	15,318	2,591	1,735	637	722	356	131	27,137	319	3,220
1992 年	7,053	10,223	17,324	17,215	3,117	1,931	688	824	419	170	29,478	313	2,820
1993 年	7,554	11,629	21,723	20,318	3,281	2,154	842	813	519	213	34,449	300	2,350
1994 年	8,567	12,439	23,291	24,245	3,605	2,438	928	934	469	268	37,632	331	2,650
1995 年	10,857	12,382	22,492	24,114	4,417	2,919	1,038	1,055	604	337	41,075	362	2,281
1996 年	11,422	13,006	23,784	24,876	4,764	3,040	1,155	1,152	700	361	37,322	409	2,836
1997 年	10,360	13,372	26,069	24,961	4,626	2,494	1,079	1,117	774	350	34,203	437	2,913
1998 年	6,829	12,679	24,480	21,116	3,268	1,830	467	870	821	364	31,372	429	1,844
1999 年	8,666	13,609	23,968	21,226	3,519	2,034	671	1,026	865	403	35,336	448	1,339
2000 年	9,818	14,519	24,907	22,807	3,927	2,012	789	1,002	949	424	37,408	460	1,784
2001 年	10,176	13,093	24,227	20,953	3,746	1,863	775	922	1,042	430	32,745	471	2,139
2002 年	11,487	13,291	24,072	21,273	3,974	2,027	932	976	1,135	450	31,277	478	2,377
2003 年	12,710	13,587	23,024	22,001	4,253	2,264	1,092	993	1,274	543	33,113	553	2,984
2004 年	14,165	14,663	23,822	25,180	4,759	2,539	1,155	1,062	1,490	635	36,051	634	4,112
2005 年	16,441	15,714	25,233	27,040	5,155	2,750	1,288	1,184	1,715	723	35,627	726	5,337
2006 年	18,390	16,111	27,608	30,153	5,388	3,169	1,663	1,345	2,028	809	34,253	797	6,899
2007 年	20,014	16,855	28,751	35,162	7,027	3,841	1,869	1,638	2,489		34,306	975	9,049

注：1965 年は一人当たり GNP。インドは 80 年までは一人当たり GNP。ロシアは 94 年までは一人当たり GNP。中国は，政府発表の中間レートでドル換算。

資料：IMF, *International Financial Statistics*, および各国政府統計より作成。

付表9　東アジア諸国の貿易額と増加率（2007年）

（単位：億ドル，％）

	総額		輸出		輸入		収支	
	金額	増加率	金額	増加率	金額	増加率	金額	増加率
中　　国	21737	23.5	12178	25.7	9560	20.8	2618	47.5
韓　　国	7283	14.7	3715	14.1	3568	15.3	146	▲9.3
台　　湾	4660	9.2	2467	10.1	2193	8.2	274	28.6
シンガポール	5625	10.2	2993	10.1	2632	10.2	361	9.1
タ　　イ	2885	13.2	1500	17.3	1385	9.1	116	417.9
マレーシア	3230	10.7	1761	9.6	1469	12.0	292	▲1.0
インドネシア	1886	16.5	1141	13.2	745	22.0	396	▲0.3
フィリピン	1060	6.9	505	6.4	555	7.2	▲50	▲13.6
ベトナム	1113	31.4	486	21.9	627	39.6	▲141	▲176.5
インド	3972	30.4	1585	26.3	2387	33.3	▲802	▲49.6
ロシア	5523	25.8	3526	17.0	1997	44.9	1529	▲6.4

資料：各国政府統計および『JETORO貿易投資白書』より作成。

付表10　日本とインドの貿易動向

（単位：100万ドル）

	総額		輸出		輸入	
	金額	伸び率	金額	伸び率	金額	伸び率
1999年	4645	1.5	2409	0.3	2236	2.8
2000年	5121	10.2	2474	2.7	2647	18.4
2001年	4159	▲18.8	1932	▲21.9	2227	▲15.9
2002年	3948	▲5.1	1862	▲3.6	2086	▲6.3
2003年	4540	15.0	2374	27.5	2166	3.8
2004年	5649	24.4	3039	28.0	2610	20.5
2005年	6755	19.6	3541	16.5	3214	23.1
2006年	8514	26.0	4457	25.9	4057	26.2
2007年	10305	20.9	6152	38.0	4153	2.4

注：税関長公示の年平均為替レートでドル換算。伸び率はドルベース。
資料：財務省貿易統計より作成。

付表11 福井県の経済・社会指標

	項目		調査年	データ	単位	R
面積	面積		06年10月	4,189.25	km²	34
	人口密度		07年3月末	195	km²/人	33
	可住地面積		00年	1,066.03	km²	42
	都市計画区域面積		03年3月末	973.10	km²	40
人口・世帯	人口（住民基本台帳）		07年3月末	818,443	人	43
			97年3月末	827,171	人	44
	増減率		07/97年	▲1.1	%	25
	世帯数（住民基本台帳）		07年3月末	266,948	世帯	46
			97年3月末	245,044	世帯	46
	増減率		07/97年	8.9	%	37
	世帯当たり平均人員		07年3月末	3.07	人	1
	人口（国勢調査）		05年	821,592	人	43
			95年	826,996	人	44
			85年	817,633	人	45
	労働力人口		05年	442,747	人	43
	対人口比		05年	53.9	%	4
	完全失業者		05年	18,788	人	45
	非労働力人口		05年	249,098	人	45
	産業別就業人口構成比	第1次産業	05年	4.7	%	32
		第2次産業	05年	33.1	%	7
		第3次産業	05年	61.5	%	32
	高等教育卒業比率		05年	20.7	%	30
	出生者数		06年	7,284	人	42
	死亡者数		06年	7,670	人	46
	自然増減		06年	▲386	人	17
	転入者数		06年	20,449	人	46
	転出者数		06年	22,808	人	46
	社会増減		06年	▲2,359	人	16

310　統計資料

	項目		調査年	データ	単位	R
行財政	地方公務員数（全職種）	職員数	05年4月	14,415	人	45
		採用者数	04年度	427	人	40
	歳入		05年度	492,422,494	千円	41
	地方税		05年度	102,624,354	千円	38
	地方交付税		05年度	126,881,107	千円	41
	地方債		05年度	78,695,000	千円	37
	歳出		05年度	484,889,880	千円	41
	財政力指数		05年度	0.34		30
	経常収支比率		05年度	92.1	%	28
	実質公債費比率		05年度	15.5	%	15
	人口1人当たり地方債現在高		05年度	954,678	円	10
	ラスパイレス指数		05年度	101.3	%	6
	人口10万人当たり職員数		05年度	1,637.61	人	5
	人口1人当たり人件費・物件費等決算額		05年度	173,549.00	円	5
経済計算	県内総生産		05年度	3,358,434	百万円	41
		一次産業比率	05年度	1.1	%	35
		二次産業比率	05年度	29.2	%	21
		三次産業比率	05年度	73.3	%	25
	県内総生産		96年度	3,396,231	百万円	40
	県内総生産増減率		05/96年度	▲1.1	%	22
	人口あたり県内総生産		05年度	410.3	万円	9
事業所	事業所数		04年	46,808	ヶ所	42
			91年	56,907	ヶ所	40
	増減率		04/91年	▲17.7	%	37
	事業所従業者数		04年	358,769	人	40
			91年	427,390	人	41
	増減率		04/91年	▲16.1	%	36
	新設事業所		04年	3,799	社	44
	廃業事業所		04年	7,062	社	42
農業産出額			05年	5,130	千万円	44

統計資料　311

	項目		調査年	データ	単位	R
製造業	製造業事業所数		05年	3,152	ヶ所	27
			95年	4,449	ヶ所	27
	増減率		05/95年	▲29.2	%	32
	従業者300人以上		05年	23	ヶ所	36
	大工場（300人以上）比率		05年	0.7	%	39
	製造業事業所従業者数		05年	75,209	人	34
			95年	95,606	人	32
	増減率		05/95年	▲21.3	%	26
	製造品出荷額等		05年	1,852,261	百万円	35
			95年	1,923,466	百万円	36
	増減率		05/95年	▲3.7	%	28
	粗付加価値額		05年	803,601	百万円	35
			95年	779,962	百万円	36
	増減率		05/95年	3.0	%	19
	従業員あたり製造品出荷額等		05年	2,463	万円	37
	従業員あたり粗付加価値額		05年	1,068	万円	30
	製造品出荷額等業種別割合	第1位業種	05年	デ 16.0	%	—
		第2位業種	05年	化 13.0	%	—
		第3位業種	05年	繊 10.4	%	—
		第4位業種	05年	電 7.3	%	—
		第5位業種	05年	プ 6.3	%	—
小売業	小売商店数		04年	10,355	店	41
			94年	12,274	店	44
	増減率		04/94年	▲15.6	%	10
	取扱品目別小売店舗数割合	各種商品	04年	0.6	%	7
		織物・衣服・身の回り品	04年	15.7	%	6
		飲食料品	04年	34.1	%	36
		自動車・自転車	04年	8.4	%	6
		家具，じゅう器，機械器具	04年	10.7	%	5
		その他の小売	04年	30.5	%	47

	項目	調査年	データ	単位	R
小売業（つづき）	小売商店従業者数	04年	53,814	人	42
		94年	51,936	人	44
	増減率	04/94年	3.6	%	24
	年間商品販売額	04年	895,670	百万円	42
		94年	999,661	百万円	41
	増減率	04/94年	▲10.4	%	39
	百貨店・総合スーパー販売額割合	04年	6.9	%	39
	織物・衣服・身の回り品販売額割合	04年	7.3	%	17
	飲食料品販売額割合	04年	32.0	%	25
	うち各種食料品	04年	14.7	%	16
	自動車・自転車販売額割合	04年	16.5	%	3
	家具, じゅう器, 機械器具	04年	8.9	%	7
	その他の小売販売額割合	04年	27.5	%	32
	医薬品・化粧品	04年	3.4	%	46
	書籍・文房具	04年	3.2	%	23
	売場面積	04年	1,187,475	㎡	40
		94年	1,045,351	㎡	42
	増減率	04/94年	13.6	%	37
	従業員あたり年間商品販売額	04年	1,664.38	万円	17
	人口あたり年間商品販売額	04年	109.44	万円	9
	人口あたり売場面積	04年	1.45	㎡	2
	大型小売店舗数	06年4月	169	店	39
	大型小売店舗面積	06年4月	710,762	㎡	41
	1店舗あたり店舗面積	06年4月	4,205.69	㎡	30
	※）大型店面積占有率	06年	59.9	%	29
	※）流出入係数	04年	1.04	-	9
公示企業	法人申告所得（4000万円以上）	05年	487	社	32
		96年	601	社	37
	増減率	05/96年	▲19.0	%	22
	公示企業比率	05年	1.0	%	15

統計資料 313

	項目	調査年	データ	単位	R
納税・預貯金	高額納税者	04 年	302	人	40
		95 年	482	人	38
	増減率	04/95 年	▲ 37.3	%	37
	銀行預貯金残高	04 年	2,681,564	百万円	41
	一世帯当たり銀行預貯金残高	04 年	10,284	千円	8
建築・土地	新設住宅着工戸数	05 年度	5,307	戸	43
	新設住宅着工床面積	05 年度	588,189	㎡	42
	建築物着工床面積	05 年度	1,168,519	㎡	42
	製造業用	05 年度	10.8	%	18
	情報通信業用	05 年度	0.2	%	24
	卸売・小売業用	05 年度	8.2	%	18
	1 ㎡あたり平均地価　住宅地	05 年 7 月	426	百円	22
	商業地	05 年 7 月	825	百円	29
	工業地	05 年 7 月	155	百円	42
消費・福祉等	乗用車保有台数	06 年 3 月末	329,153	台	41
	世帯あたり乗用車保有台数（含む軽乗用車）	06 年 3 月末	1.76	台	1
	病院・一般診療所数	05 年 10 月	662	ヶ所	46
	医師数	04 年 12 月末	1,752	人	45
	都市公園面積	05 年 3 月末	1,075.60	ha	37
	公共下水道普及率	05 年 3 月末	62.3	%	23
	ごみ排出量　年間排出量	05 年度	318,447	t	42
	1 人 1 日当たり	05 年度	1,060	g	28

※) 大型店面積占有率＝06 年大型店売場面積/04 年小売商店売場面積
※) 流出入係数＝04 年小売業売上シェア/07 年人口シェア
項目の「R」は 47 都道府県中の順位（降順）

あとがき

　福井県立大学の特色ある研究の一環として，「東アジアと地域経済」の研究を『年報』という形で発刊されたのは，昨年の話である．今年は新たに京都大学学術出版会より刊行されることとなった．本書が，読者の皆様方の福井県と東アジアに対する経済的認識を深める一助となれば，幸いである．
　目下の東アジア，あるいは世界にとって，最大の問題と言えるのが，サブプライム金融危機と地球環境問題である．第1部ではこの2つの大問題を扱った．サブプライム金融危機の中で，アメリカの経済衰退にともない，中国やインドといった新興国の国際的な発言力が増大している．また世界同時不況が解決するかどうかに関わりなく，地球環境問題も大問題である．その急激な成長にともない，「人口大国」中国のCO_2排出量も，当然のことながら，急激に増大している．このように何れの問題についても，中国の動向は，これからの世界にとって大きな意味を持つであろう．
　第2部では一転して，福井県の雇用問題を扱った．福井県は小さな県であるが，その雇用状況には様々な特徴がある．例えば，失業率が低い，女性の就業率が高い，女性の正社員比率も高い，それにもかかわらず，女性の管理職比率は低いなどである．第2部ではこうした福井県の雇用状況の特徴に切り込む論文を集めた．
　第3部と第4部はインタビュー調査である．福井県の企業もまた東アジアとの結びつきを深めている．そこで，第3部は福井県の代表的な製造業企業について，東アジア戦略を調査した．また先述したように，福井県は女性の就業率が高い．今流行のワーク・ライフ・バランスに積極的に取り組む企業も存在する．そこで第4部はワーク・ライフ・バランスに取り組み福井県内外に対する企業などを調査した．

本書に収録された論文の基となる研究のいくつかは，福井県「県民参加による県立大学地域貢献研究推進事業」，福井県立大学「学長裁量枠研究費（特定研究推進枠）」より助成を受けた。福井県ならびに祖田学長以下福井県立大学の関係者にお礼を申し上げたい。

　2009 年 5 月　執筆者を代表して

　　　　　　　　　　　　　　　　　　　　　　　　　服　部　茂　幸

編者紹介

葉山　滉（HAYAMA Hiroshi）　福井県立大学名誉教授，千葉大学名誉教授
1938年大阪府生まれ。パリ政治学院（IEP）後期博士課程DEA（旧制）。
専門分野：労働経済学。
主著：『現代フランス経済論』（単著）日本評論社，2001年。
　　　『フランスの経済エリート —— カードル階層の雇用システム』（単著）日本評論社，2008年。

服部茂幸（HATTORI Shigeyuki）　福井県立大学経済学部教授
1964年大阪府生まれ。京都大学大学院経済学研究科博士課程修了。
専門分野：経済理論
主著：『貨幣と銀行―貨幣理論の再検討』（単著）日本経済評論社，2007年。
　　　『金融政策の誤算 —— 日本の経験とサブプライム問題』（単著）日本経済評論社，2008年。

執筆者紹介

大鹿　隆（OSHIKA Takashi）　福井県立大学経済学部教授
1948年東京都生まれ。東京工業大学工学部卒業。
専門分野：企業戦略論
主著：『日本自動車産業の実力』（共著）ダイヤモンド社，2000年。
　　　『最新日本自動車産業の実力』（共著）ダイヤモンド社，2002年。
　　　『アジア自動車産業の実力』（共著）ダイヤモンド社，2006年。
　　　『世界自動車メーカー　どこが一番強いのか』（共著）ダイヤモンド社，2007年。

邵　永裕（SHAO Yongyu）　民間金融機関エコノミスト
1960年中国生まれ。東京大学大学院総合文化研究科博士課程修了。
専門分野：中国の地域経済及び産業・環境経済
主著：「中国の地域開発と人口都市化・産業発展の研究」東京大学博士論文，2007年。

「資源・環境制約下における中国工業化戦略の転換」『経済統計研究』(経済産業統計協会) 第35巻Ⅲ号, 2007年12月。

岡　敏弘 (OKA Tosihiro)　福井県立大学経済学部教授
1959年広島県生まれ。京都大学大学院経済学研究科博士後期課程修了。
理論経済学, 環境経済学
主著：『環境経済学』岩波書店, 2006年。
　　　『環境政策論』岩波書店, 1999年。
　　　『厚生経済学と環境政策』岩波書店, 1997年。

荘　貴陽 (ZHUANG Guiyang)　中国社会科学院都市発展・環境研究センター研究員
1969年中国生まれ。中国社会科学院大学院世界経済研究科博士課程修了。
専門分野：低炭素経済, 気候変動政策
主著：『国際気候制度与中国』(共著) 世界知識出版社, 2005年。
　　　『低炭経済：気候変化背景下中国的発展之路』(単著) 気象出版社, 2007年。

飛田正之 (TOBITA Masayuki)　福井県立大学経済学部准教授
1968年神奈川県横浜市生まれ。
早稲田大学商学部卒, 法政大学大学院社会科学研究科経営学専攻博士課程単位取得退学。
専門分野：人的資源管理
主著：『プロフェッショナルの人材開発』(共著) ナカニシヤ出版, 2006年。

中里弘穂 (NAKAZATO Hiroho)　愛知産業大学造形学部准教授
1956年　東京都生まれ, 福井県立大学大学院経済・経営学研究科修士課程修了。
専門分野：キャリアマネジメント, 人的資源管理
主著：「福井県研究開発型モノづくりと地域資源活用」(共著)『ふくい地域経済研究』第7号, 2008年。
　　　「若年労働者の雇用における地域格差」(単著)『地域公共政策研究』第16号, 2009年。

山本　潤 (YAMAMOTO Jun)
ジュンズ・オプティカル・ハウス (眼鏡枠輸出業), 代表。
1947年福井県生まれ。

福井県立大学大学院経済・経営学研究科博士後期課程在学中。

中西泰之（NAKANISHI Yasuyuki） 福井県立大学経済学部教授

1957年和歌山県生まれ。京都大学大学院経済学研究科博士後期課程満期退学。

専門分野：経済学史，人口学

主著：『人口学と経済学 —— トマス・ロバート・マルサス』（単著）日本経済評論社，1997年。

坂田幹男（SAKATA Mikio） 福井県立大学経済学部教授

1949年山口県生まれ。大阪市立大学大学院経済学研究科博士課程修了。

専門分野：アジア経済，開発経済

主著：『北東アジア事典』（共編著）世界書院，2006年。

『中国の成長と東アジアの発展』（編著）ミネルヴァ書房，2009年（発行予定）。

鄭　海東（ZHENG Haidong） 福井県立大学経済学部教授

1958年中国・上海生まれ。京都大学大学院経済学研究科博士課程修了。

専門分野：中国経済，国際経済

主著：『日本最大企業100家』（共著）復旦大学出版社，1995年。

『中国対外経済論』（片岡幸雄との共著）渓水社，2004年。

東アジアと地域経済　2009	ⓒ Fukui Prefectural University 2009

2009年7月15日　初版第一刷発行

編集・発行　　福 井 県 立 大 学

福井県吉田郡永平寺町松岡兼定島4-1-1
（〒910-1195）
電話（0776）61-6000
FAX（0776）61-6011

発売　　京都大学学術出版会

京都市左京区吉田河原町15-9
京大会館内（〒606-8305）
電話（075）761-6182
FAX（075）761-6190
URL　http://www.kyoto-up.or.jp
振替　01000-8-64677

ISBN 978-4-87698-784-9　　　　印刷・製本　㈱クイックス東京
Printed in Japan　　　　　　　　定価はカバーに表示してあります

『東アジアと地域経済』2008　創刊号
特集　東アジアの成長と地域経済

福井県立大学の北東アジア研究会を軸に，成長著しい東アジアの現状と課題を分析。地域経済のとるべき戦略を模索する。

［目次］

創刊にあたって	……………………………………………	祖田　修
序　章	東アジアの成長と日本…………………………	坂田幹男
第 1 章	加速する東アジアの地域統合…………………	坂田幹男
第 2 章	中国経済の新局面……………………………… ── 変化する外資政策と投資環境 ──	鄭　海東
第 3 章	中国企業における R&D の進展と課題………… ── R&D 投資の決定要因と効果 ──	唱　　新
第 4 章	中国の地域経済の特色………………………… ── 長江デルタ・浙江地域の成長と発展 ──	王　寿春
第 5 章	中国の財政制度の概要と問題点………………	桑原美香
第 6 章	中国の金融制度とその改革の行方……………	吉田真広
第 7 章	中国の成長と東北アジア………………………	坂田幹男
第 8 章	東アジア生産ネットワークの形成と変容…… ── 日米の角逐と技術革新の政治経済学 ──	伊　春志
第 9 章	韓国の対外経済関係と FTA 戦略………………	金　昌男
第10章	ロシアの対東アジア経済政策…………………	アンドレィ・ベロフ
第11章	ベトナム経済の現状と展望……………………	坂田幹男
第12章	地域経済の活性化と東アジア…………………	南保　勝
第13章	ジェトロ福井から見た県内企業の海外展開への取り組み…	伊藤敏一
短信．	東アジアにおける福井の産業を考える………	須藤　治
統計資料		
あとがき		

創刊号（2008年度版）申し込み先　1,500 円（送料別），後払い）
福井県立大学研究推進課
〒910-1195　福井県吉田郡永平寺町松岡兼定島 4-1-1
　　　　　　　電話　0776-60-6000　内線 1017
　　　　　　　Fax　 0776-61-6012
　　　　　　　Mail　openfpu@fpu.ac.jp